ISBN 978-0-656-58085-9
PIBN 11029034

English
Français
Deutsche
Italiano
Español
Português

www.forgottenbooks.com

Mythology Photography **Fiction**
Fishing Christianity **Art** Cooking
Essays Buddhism Freemasonry
Medicine **Biology** Music **Ancient**
Egypt Evolution Carpentry Physics
Dance Geology **Mathematics** Fitness
Shakespeare **Folklore** Yoga Marketing
Confidence Immortality Biographies
Poetry **Psychology** Witchcraft
Electronics Chemistry History **Law**
Accounting **Philosophy** Anthropology
Alchemy Drama Quantum Mechanics
Atheism Sexual Health **Ancient History**
Entrepreneurship Languages Sport
Paleontology Needlework Islam
Metaphysics Investment Archaeology
Parenting Statistics Criminology
Motivational

Die

Propheten in ihrem sozialen Beruf

und das

Wirtschaftsleben ihrer Zeit.

ie

ropheten in ihrem sozialen Beruf

und das

Wirtschaftsleben ihrer Zeit.

————

Ein Beitrag zur Geschichte der Sozialethik

von

Dr. Franz Walter,

Privatdozent an der Kgl. Universität München.

————

Freiburg im Breisgau.
Herdersche Verlagshandlung.
1900.
Zweigniederlassungen in Wien, Straßburg, München und St. Louis, Mo.

Imprimatur.

Friburgi Brisgoviae, die 13. Martii 1900.

‡ **Thomas,** Archiep͠ps.

Druck der Kgl. Universitätsdruckerei von H. Stürtz in Würzburg.

Dem Andenken

meines unvergeßlichen Vaters.

Vorwort.

Gelegentlich einer Abhandlung über „Jüdische Wirtschaftsgeschichte", die ich für ein von Professor Dr. Gustav Ruhland bearbeitetes System der Nationalökonomie verfaßte, wurde ich gewahr, daß in den prophetischen Büchern des Alten Testamentes eine Unzahl von Hinweisen darauf enthalten sei, daß die Propheten auch in den sozialen Bewegungen und wirtschaftlichen Kämpfen ihrer Zeit eine hervorragende und, wie mir scheint, zu wenig beachtete Rolle gespielt haben. Die Erkenntnis dieser Thatsache rückt die Wirksamkeit dieser Gottesboten in ein neues, glänzendes Licht. In einigen Artikeln, die ich im vorigen Jahre in der „Zeitschrift für katholische Theologie" (Innsbruck, 1899, Heft 3 und 4) veröffentlichte, suchte ich diese verstreuten einzelnen Züge unter prinzipielle Gesichtspunkte zusammenzufassen und in einem einheitlichen Gesamtbilde darzulegen, und die Schwierigkeit war nur die, eben die beherrschenden wirtschaftlichen und sozialen Gesichtspunkte zu finden.

Die freundliche Zustimmung, welche diese Aufsätze auf mehreren Seiten fanden, veranlaßte mich, noch einmal an den Gegenstand heranzutreten und die Skizze bedeutend zu erweitern. Mein Streben war, die Stellung der Propheten zum Wirtschaftsleben ihrer Zeit so erschöpfend als möglich zu behandeln.

Meines Wissens ist in früherer Zeit noch nicht der Versuch gemacht worden, den sozialen Gehalt der prophetischen Reden zu erheben und in einer speziellen Darstellung vorzuführen. Erst in jüngster Zeit wurde diesem Gegenstand Interesse entgegengebracht in einer kurzen Abhandlung, die für das unter Ruhlands Leitung stehende staatswissenschaftliche Seminar der Universität Freiburg (Schweiz) bestimmt war, und in einem Vortrag, den der ehemalige Berliner Hofprediger Stöcker auf der Generalversammlung der evangelischen Arbeitervereine zu Altona im Frühjahr 1899 gehalten hat.

Das Bild des prophetischen Wirkens auf sozial-ökonomischem Gebiet, wie es auf den folgenden Blättern zu zeichnen unternommen wurde, kann nach meiner Auffassung nur dann ein Bild voll Leben und Farbe werden, wenn die Propheten selbst möglichst zum Worte kommen und zugleich im Zusammenhang mit der ganzen Zeitlage beleuchtet werden. Bloße Verweise darauf, wo die einschlägigen Prophetenstellen zu finden sind, haben wenig Wert und lassen auch die Ursprünglichkeit und Kraftfülle sowie den herrlichen Freimut der prophetischen Rede verloren gehen.

Der Vorwurf freilich ist an sich ganz berechtigt, daß bei dieser Art der Behandlung eine Wiederholung desselben Gedankens, der bei mehreren Propheten sich findet, die notwendige Folge sein wird. Aber man bedenke, daß es sich eben nicht um Aussprüche eines einzelnen, sondern verschiedener Propheten handelt, und daß diese gleichen Gedanken oft ganz andern Menschenaltern, ja verschiedenen Jahrhunderten angehören, wie ja auch die Träger dieser Ideen räumlich wie zeitlich von einander getrennt wirkten. Oftmals ist eben seitens der Propheten die Klage über die Störung der sozialen Ordnung und der Ruf nach Gerechtigkeit im Wirtschaftsleben erhoben worden.

Das alttestamentliche Gesetz ist in seiner Bedeutung für das soziale Wohl des theokratischen Staates auch von solchen unumwunden anerkannt worden, die seinen göttlichen Charakter in Abrede stellen. Herder sagt in seinen „Ideen zur Philosophie der Geschichte" (12. Buch. III. Hebräer): „Wunderbar durchdacht sind alle Gesetze Mosis: sie erstrecken sich vom Größten bis zum Kleinsten, um sich des Geistes seiner Nation in allem zu bemächtigen und, wie Moses so oft sagt, ein ewiges Gesetz zu werden." Dann verdienen aber auch diejenigen unsere volle Bewunderung, welche das Gesetz gegenüber dem materialistischen Geist ihrer Zeit wieder zur Anerkennung zu bringen suchten.

Jahrtausende schon haben die Stimmen der Propheten ausgeklungen. Aber es sind ewige Wahrheiten, die sie verkündet, Wahrheiten, die hoch über allem Wechsel der Zeiten stehen und deswegen auch in den sozialreformatorischen Bestrebungen der Gegenwart Beachtung verdienen: auch im zwanzigsten Jahrhundert bringen diese Wahrheiten der in ihren Tiefen erregten Gesellschaft Rettung und Frieden.

München, Februar 1900.

Der Verfasser.

Inhaltsübersicht.

IX. Kapitel.

Der Kampf der Propheten für eine geordnete Rechtspflege.

XIII. Kapitel.

Hindernisse der sozialen Wirksamkeit der Propheten. Schluß= bemerkungen.

I. Kapitel.

Die Stellung des alttestamentlichen Prophetentums innerhalb der israelitischen Wirtschaftsgeschichte; sein Verhältnis zur Politik und zur Sozialpolitik im besondern.

1. Der nachfolgenden Darstellung des Verhältnisses der Propheten zum israelitischen Wirtschaftsleben mögen einige einleitende Bemerkungen über die israelitische Wirtschaftsgeschichte überhaupt vorausgeschickt werden.

Der Mangel einer speziellen Untersuchung über die altjüdische Wirtschaftsgeschichte ist schon des öfteren als eine empfindliche Lücke in der Litteratur beklagt worden. Aus dem fast völligen Brachliegen dieses Gegenstandes erklärt es sich auch, daß sich schiefe Auffassungen über die Entwicklung des jüdischen Handelsgeistes gebildet haben. Man ist zu der Annahme geneigt, der Sinn für Handelsthätigkeit, der die Israeliten in so hohem Grade beseelt, sei eine ursprüngliche Naturanlage dieses Volkes gewesen. Dem gegenüber sagt Herzfeld: „Der jüdische Stamm hatte nicht von seiner Urzeit her eine besondere Naturanlage für Handelsthätigkeit, wie ihm eben nicht aus Wohlwollen oft nachgesagt worden ist.“[1] Es giebt allerdings nicht wenige Monographien, welche die soziale und wirtschaftliche Bedeutung des alttestamentlichen Gesetzes zu beleuchten suchen und die sozialen Zu-

---

[1] Herzfeld, Handelsgeschichte der Juden des Altertums (Braunschweig 1879) S. 271.

ſtände und Verhältniſſe der Israeliten erörtern, wie das
noch neueſtens von Nowack[1] und Buhl[2] geſchehen iſt.
Aber die im Fluſſe der Entwicklung ſtehende Wirtſchafts-
geſchichte Israels iſt ein Gegenſtand, an welchem die
Nationalökonomie, die in erſter Linie dazu berufen wäre,
demſelben ihr Augenmerk zu ſchenken, ziemlich achtlos vorüber-
gegangen iſt[3]. Und doch hat dieſe gerade in der Gegenwart
den Namen „hiſtoriſche Nationalökonomie" auf ihren Schild
geſchrieben. „Leider", ſo klagt v. Nathuſius, „fehlen
Darſtellungen von nationalökonomiſcher Seite faſt gänzlich."[4]

Eine Folge der Vernachläſſigung dieſes Gebietes iſt,
daß der Geſchichte Gewalt angethan und vieles in dieſelbe
hineingetragen worden iſt, was ihr völlig fremd iſt. So
hat ſie ſich eine Auffaſſung bezw. Umdeutung im Sinne
der ſozialiſtiſchen Geſchichtsphiloſophie gefallen laſſen müſſen;
man hat getreu den Marxſchen Grundſätzen nichts als
eine Geſchichte von Klaſſenkämpfen in ihr erblicken zu können
geglaubt[5]. Der einzige, wirklich wertvolle Verſuch, die Entwicklung des jüdiſchen Wirtſchaftslebens zu beleuchten, iſt
die ſchon vor einigen Jahrzehnten von Herzfeld geſchriebene
„Handelsgeſchichte der Juden des Altertums"; aber ſie will

---

1 Nowack, Die ſozialen Probleme in Israel. Straßburg 1892.
2 Buhl, Die ſozialen Verhältniſſe der Israeliten. Berlin 1899.
3 Einige kurze Bemerkungen und Ausführungen abgerechnet, die
bei Kautz, Geſchichte der Nationalökonomik, und bei Roſcher, Grundlagen der Nationalökonomie ſich finden.
4 v. Nathuſius, Die Mitarbeit der Kirche an der Löſung der
ſozialen Frage (2. Auflage, Leipzig 1897) S. 298 Anm., woſelbſt auch
ein Teil der vorhandenen Litteratur angegeben iſt.
5 Beer, Beitrag zur Geſchichte des Klaſſenkampfes im hebräi-
ſchen Altertum. In der „Neuen Zeit" Jahrg. XI (1893), Bd. 1.
Der kurze Artikel von Profeſſor Adler „Sozialreform im alten Israel"
im zweiten Supplementsband des Handwörterbuches der Staatswiſſen-
ſchaften S. 695—699 giebt einige geſchichtliche Ausblicke, kann aber
ſchon ſeiner Kürze wegen den Gegenſtand nicht erſchöpfend behandeln.

eben nur eine Entwicklung des israelitischen Handelslebens bieten, das doch immer nur eine Seite der Volkswirtschaft darstellt, während andere Momente, die sozial und
volkswirtschaftlich von größtem Interesse wären, in Übereinstimmung mit dem gesteckten Ziele einfach beiseite gelassen
sind. Die Schwierigkeiten, etwa eine Agrargeschichte
des jüdischen Volkes zu schreiben, sind in der That sehr
groß. Der Nationalökonom Max Weber ging deswegen
in seiner Bearbeitung einer Agrargeschichte des Altertums dem Versuch, auch die Entwicklung der agrarischen
Zustände bei den Israeliten hereinzuziehen, ganz aus dem
Wege; aber die Begründung, mit der er sein Verfahren zu
rechtfertigen sucht, trifft nicht das Richtige: „Bei Verwendung der alttestamentlichen Schriften ist die Frage, wo
die nachexilische ‚Staatsroman‘-Produktion aufhört, die
thatsächlichen Zustände zu färben, gerade für die charak-
teristischsten angeblichen Institutionen — man denke an das
Jobeljahr — höchst dunkel ... Von einem Versuche, die
historische Wirklichkeit der israelitischen Agrarverhältnisse
herauszuschälen, ist hier ganz abgesehen worden.“[1] Die
Schwierigkeit erklärt sich dadurch, daß es eben nicht Aufgabe
und Absicht der alttestamentlichen Bücher ist, eine Wirtschaftsgeschichte zu bieten; sie begnügen sich mit mehr gelegentlichen
Hinweisen.

2. Aber ob das so ganz im Rechte ist, die Wirtschaftsgeschichte dieses merkwürdigen Volkes, die zum großen Teil
seine Kulturgeschichte ausmacht, so stark zu ignorieren? Man
untersucht die wirtschaftliche Entwicklung bei den Römern
und Hellenen, geht dagegen achtlos an der israelitischen
Geschichte vorüber, und doch ist auch diese in gewissem Sinn
eine klassische und hat eine höchst lehrreiche Seite. Wir
werden über die Kulturgeschichte Roms und Griechenlands

---

[1] Handwörterbuch der Staatswissenschaften I (2. Aufl., Jena 1898),
61, Art. Agrargeschichte.

so sorgsam und eingehend unterrichtet, wir wissen über die Ein-
teilung des römischen Volkes, die König Numa zu fiskalischen
Zwecken getroffen, oder über die Agrarreformen, welche die
Gracchen anstrebten, so wohl Bescheid — und über Israel?
Und doch verknüpfen uns so mannigfache Fäden mit der
Geschichte dieses Volkes! Es sei hier ein schönes Wort Cornills
angeführt: „Eine gewisse Orientierung über die Geschichte
von Griechenland und Rom wird stets gefordert werden
müssen als ein notwendiger Bestandteil der allgemeinen
Bildung. Und warum? Weil unsere ganze Kultur wurzelt
in Hellas und Latium ... Die Geschichte des Volkes, dem
wir unser ganzes Geistesleben nach seiner profanen Seite
verdanken, müssen wir kennen; und da uns das Erbe
des griechischen Geistes zugekommen ist durch die Römer,
deren ganze Kulturmission darin bestand, die griechische
Kultur den von ihnen unterworfenen Völkern zu bringen,
so müssen wir auch die Geschichte dieses Volkes kennen,
welches das geistige Bindeglied zwischen Hellas und uns
bildet, weil nur, wer sie kennt, auch das eigene Volk und
seine eigene Gegenwart ganz verstehen kann.

Als drittes im Bunde der Völker, welchen
von dem Lenker der Geschichte eine Weltmission
ohnegleichen zuerteilt war, tritt Israel neben
Hellas und Rom. Zwar in der Weltgeschichte im
üblichen Sinn hat Israel keine bedeutende Rolle gespielt,
es ist auch niemals an der Spitze der Zivilisation marschiert:
in Wissenschaft und bildender Kunst hat es nichts geleistet,
es hat keinen Plato und Aristoteles, keinen Phidias und
Praxiteles und auch keinen Homer und Sophokles hervor-
gebracht — aber es hat der Welt Moses und die Propheten
gegeben, und nur aus ihm konnte nach dem Fleische Jesus
von Nazareth hervorgehen. Wie unser ganzes Geistesleben
nach seiner profanen Seite in Hellas und Latium, so wurzelt
unser ganzes Geistesleben nach seiner religiösen Seite in

Israel: Israel hat der Welt den wahren Gott und die wahre Religion gegeben ... Und die Geschichte des Volkes, dem wir das Beste und Edelste verdanken, was wir besitzen, sollte uns gleichgültig sein, das sollte uns nichts angehen?"[1]

3. Doch nicht nach der rein religiösen Seite soll uns hier die Geschichte dieses Volkes beschäftigen; auch in seiner profanen Kulturentwicklung, in der Entfaltung des sozialen und ökonomischen Lebens, bietet sich des Merkwürdigen genug. Die jüdische Volkswirtschaft war ganz auf die mosaische Gesetzgebung gestellt. Diese bildet die große gemeinsame Grundlage, auf welcher sich alle Gebiete des nationalen Lebens, das kirchliche und religiöse, das staat-liche und wirtschaftliche Leben des Volkes aufbauen und entfalten sollten. Volkswirtschaft und Religion waren in die engste Beziehung zu einander gesetzt. Der Gedanke einer Durchdringung der Ökonomie mit der Moral, der charakteristische Zug der modernen ethischen Nationalökonomie, tritt uns nirgendwo schärfer und reiner als in der alt-testamentlichen Wirtschaftsordnung entgegen. Die Volks-wirtschaft der Juden sollte die eines theokratischen Staates sein; alle rein irdischen Verhältnisse sollten von religiösem Geiste durchweht sein. Die Religion ist in der mosaischen Gesetzgebung „nicht etwa ein um staatspolizeilicher Zwecke willen auch berücksichtigtes Etwas, kein Gegenstand wie andere Gegenstände. Sie ist geradezu die Hauptsache, die Achse, um welche sich das Leben der einzelnen wie der Gesellschaft dreht, der Herzschlag des Lebens, der Mittel-punkt, um dessentwillen Staat und Volk überhaupt vorhanden sind, die Wurzel, ans welcher die innere wie die äußere Politik hervorgehen soll."[2] Nationalökonomie und Ethik

---

1 Cornill, Geschichte des Volkes Israel (Chicago-Leipzig 1898) S. 1 ff.

2 Historisch-politische Blätter XXVI, 71 f. „Die sozialen Zustände des hebräischen Volkes im Altertum."

sind heute in gleicher Weise bemüht, die lange Zeit unterbrochene Verbindung untereinander wieder herzustellen und aufeinander die gebührende Rücksicht zu nehmen. Man entsetzt sich nicht mehr davor, bei den Nationalökonomen Gedankengängen zu begegnen, welche in das Gebiet der Ethik hinüberleiten, und umgekehrt bei den Moralisten wirtschaftlich-soziale Erörterungen eingeflochten zu finden. Vielleicht kann auch die jüdische Wirtschaftsgeschichte unter diesem Gesichtspunkt einiges Interesse für sich beanspruchen, um so mehr, da wir heute gewohnt sind, den sozialen und volkswirtschaftlichen Fragen vor allem unser Augenmerk zu schenken.

Wenn wir dieser Seite der israelitischen Geschichte unsere Beobachtung zuwenden, so vollzieht sich vor unsern Blicken ein ganz eigenartiges Schauspiel: Zwei mächtige geistige Strömungen, nennen wir sie Idealismus und Materialismus, liegen miteinander im Streit. Auf der einen Seite verlangt das Bewußtsein des Volkes, Träger einer hohen Idee, einer religiösen Weltmission zu sein, nach praktischer Anerkennung; auf der andern Seite wogt eine Strömung heran, welche das Bundesvolk in den Strudel des rein Weltlichen, in den damaligen Weltverkehr mit den hochentwickelten heidnischen Kulturvölkern und in sinnlichen Lebensgenuß hineinziehen und es seine religiöse Aufgabe vergessen lassen möchte. Das Ringen dieser beiden Strömungen, das Auf- und Niederwogen derselben, bei dem bald die eine, bald die andere den Sieg davonzutragen scheint, das macht die altjüdische Wirtschaftsgeschichte, wenn sie sich auch in dem engen Rahmen des theokratischen Staatswesens abspielt, so abwechslungsreich und spannend, und einen jeden, der an die Bedeutung idealer Faktoren auch im Gange des ökonomischen Lebens glaubt, fesselt unwillkürlich dieses kleine israelitische Volk.

Das Bewußtsein des Volkes von seiner Aufgabe, der Welt den wahren Gottesglauben zu vermitteln, findet seine

Verkörperung in den **Propheten**; sie sind die Träger der einen geistigen Strömung, oder besser: sie sind die Steuer- männer, die mit starkem Arm das auserwählte Volk durch die gefährliche Brandung, in der sein religiöses Leben unter- zusinken droht, hindurchführen möchten. Die Propheten stehen gleichsam auf der Schneide, an der das Weltliche und das Ewige aneinander grenzen; sie suchen in dem Interessen- konflikt die wahre Versöhnung des Irdischen und Ewigen herzustellen: sie erstreben nicht die feindselige Trennung beider, sondern ihre Verbindung und Harmonie, die lebendige Erfüllung des irdischen Geschäftslebens durch die Macht der Religion; sie soll der Sauerteig sein, der die irdischen Bestrebungen in ihrer Gesamtheit durchbringt und läutert, und das lag ja im Berufe des auserwählten Volkes. „Durch seine Erhebung zum Volke Gottes wurde Israel in eine so innige und lebendige Beziehung zu Gott dem Herrn gesetzt, daß der sein religiöses Leben normierende und richtende Geist auch auf die Entfaltung und Aus- bildung der natürlichen Seiten des Volkslebens einen hei- ligenden Einfluß ausüben mußte, damit teils durch Aus- scheidung der Elemente in den natürlichen Sitten und herkömmlichen Ordnungen dieses Volkes, welche mit seiner weltgeschichtlichen Bestimmung unvereinbar oder doch der Erreichung des gottgewollten Zieles hinderlich waren, teils durch Kräftigung, Pflege und Veredlung der Keime des Volksgeistes und Volkslebens, welche der Verklärung und Umbildung in das geistige Wesen des Reiches Gottes in seiner zeitlichen Erscheinung und volkstümlichen Gestaltung fähig waren, das erwählte Volk für das Ziel seiner gött- lichen Berufung zubereitet würde."[1] Darin bestand zum weitaus größten Teil die Aufgabe der Propheten, die der Bedeutung ihres Namens nach nicht bloß Verkündiger des

---

[1] Keil, Handbuch der biblischen Archäologie (2. Aufl., Frank- furt 1875) S. 448.

zukünftigen, ſondern die Vermittler des göttlichen Willens
an ſein Volk waren [1].

4. Es wäre nun überaus verlockend, von einer „Sozialpolitik der Propheten" zu ſprechen, wenn nicht das Wort
„Sozialpolitik" uns allzu modern anmutete und zugleich
den Gedanken eines förmlichen in ſich abgeſchloſſenen Syſtems
nahelegte, und wenn es endlich, was am wichtigſten iſt, die
Stellung des Prophetentums im israelitiſchen Staate, nicht
in ein falſches Licht zu ſetzen geeignet wäre. Denn mit
Politik hatten ſich die Propheten, dem oberſten Zweck
ihrer göttlichen Sendung nach, gar nicht zu befaſſen. Ihre
Miſſion war in erſter Linie nicht eine politiſche, ſondern eine
religiöſe, ſie waren nicht Berufs-Diplomaten und Politiker
vom Fach, ſondern Bußprediger.

Gleichwohl finden wir die Propheten bisweilen auf
dem Gebiet der Politik thätig. Sie haben nicht ſelten bedeutungsvoll in den Gang der politiſchen Ereigniſſe einge-
griffen und noch öfter entſcheidend einzugreifen verſucht,
wo es ihnen freilich nicht gelungen iſt, mit ihren Rat-
ſchlägen durchzudringen. Wenn große Ereigniſſe am politiſchen Himmel wetterleuchten, wenn das israelitiſche Volk
an großen Wendepunkten ſeiner Geſchichte ſteht, da tritt
oft plötzlich der Prophet unter die nichts ahnenden Zeit-
genoſſen, um ihre Aufmerkſamkeit auf die bedeutungsvollen
Zeichen hinzulenken. Die Propheten ſtehen wie die Wächter auf
der Warte, um weit über den geiſtigen Horizont ihres Volkes
hinaus den Lauf der großen Weltgeſchichte zu beobachten.
„Stets haben weltgeſchichtliche Kataſtrophen die Prophetie
in Israel erweckt, und man hat die Propheten deshalb wohl
als die Sturmvögel der Weltgeſchichte bezeichnet." [2] Das
hat höchſt charakteriſtiſch der Prophet Amos ausgeſprochen:

---

[1] Cornill, Der israelitiſche Prophetismus (Straßburg 1894)
S. 11 ff.

[2] Ebd. S. 35.

„Stößt man in die Posaune in einer Stadt, ohne daß das Volk erschrickt? Kommt ein Unglück über eine Stadt, das nicht der Herr gethan? Auch Gott der Herr thut nichts, er offenbare denn sein Geheimnis seinen Knechten, den Propheten" (Amos 3, 6 f.). „Der Prophet hat eben", wie Cornill sagt (a. a. O.), „die Fähigkeit, Gott in der Geschichte zu erkennen. Er empfindet es, wenn Katastrophen in der Luft liegen. Da steht er auf seiner Warte und späht aus nach den Zeichen der Zeit, um diese dann seinem Volke zu deuten und ihm den rechten Weg zu weisen, der es sicher durch die Katastrophe hindurchleitet." Auch an die maßgebenden Leiter der Politik, an die Könige, richteten die Propheten ihre Ermahnungen und nicht selten ihre scharfen Strafreden, sie gingen furchtlos in die Paläste, sie rügten die falsche Politik, mit fremden Mächten verderbliche Bündnisse einzugehen, auf übermächtige heidnische Staaten ihr Vertrauen zu setzen, und die Könige nahmen auch selbst in Bedrängnissen ihren Rat in Anspruch [1].

Diese spezielle Aufgabe, auch den zeitlichen Interessen des theokratischen Staates, den großen Fragen der Politik ein reges Augenmerk zuzuwenden, war dem Prophetentum sozusagen schon in die Wiege hineingelegt worden. An dem bedeutungsvollen Abschnitt der israelitischen Geschichte, wo in dem Volke die Erkenntnis sich Bahn bricht, daß es in seiner Zersplitterung bloß der Spielball unruhiger Nachbarn sei, und wo aus dieser Erkenntnis die Sehnsucht nach einem starken Königtum erwacht, steht der Prophet Samuel, „ein gotterleuchteter Seher, welcher das Elend des Volkes auf betendem Herzen trägt und den Ausweg aus der Not klar begreift, der in dem Benjamiten Saul den Mann der Zeit erkennt und in dessen Heldenseele den zündenden Funken wirft und ihm die

---

[1] Döllinger, Heidentum und Judentum (Regensburg 1857) S. 802 f.

religiöse Weihe mit auf den Weg giebt."[1] Und wie an der
Wiege des israelitischen Königtums, beim Anbruch der
Glanzepoche Israels, so stand auch an dem Punkte, wo
die absteigende Linie beginnt, am Ursprung des Doppel-
königtums und der unseligen Zersplitterung des Reiches,
welche eine Periode des Götzendienstes und des Bruderkrieges
inaugurierte, abermals ein Prophet, Ahias, der im göttlichen Auftrag den Jeroboam zum Abfall vom Scepter
Salomos ermunterte und ihm das Zehnstämmereich in Aussicht stellte. Und als die falsche Politik der jüdischen Könige
der ersten großen Katastrophe, die über Juda und Jerusalem
hereinbrechen sollte, entgegentrieb und die drohenden Anzeichen
des Untergangs sich einstellten, da war es Jeremias, der
zu einer vernünftigen, staatserhaltenden Politik riet, und
ebenso begegnen wir wieder den Spuren der prophetischen
Thätigkeit, als nach dem Exil Staat und Volk ihre Wieder-
geburt erlebten.

5. Dieses zeitweise Übergreifen der Propheten in das
profane Gebiet der Politik darf uns aber nicht einmal wundernehmen. Sie bekümmern sich auch um die zeitlichen Interessen des Staates, weil eben mit diesen auch seine religiösen
Aufgaben verknüpft sind. Ist das Staatsleben erschüttert
und seine Existenz in Frage gestellt, wie sollte das Volk
noch seiner Aufgabe, die es in der Weltgeschichte zu erfüllen
hatte, gerecht werden? Und es giebt auch Punkte, wo das
soziale und das politische Moment mit dem religiösen und ethischen sich nahe berührt, und bei
großen zeitbewegenden Fragen ist dies zumeist der Fall.
Die „Wirtschaftspolitik" der Bibel und die darauf beruhenden
wirtschaftlichen Einrichtungen des jüdischen Volkes weisen
ja zudem auf den Bund mit der Religion hin; ist doch
beispielsweise die wirtschaftlich und sozial so weittragende
Sabbats- und Jobeljahrsordnung ein Gesetz der israelitischen

---

[1] Cornill, Der israelitische Prophetismus S. 28.

Religion. Wenn auch dem vorbereitenden, der Vollendung erst entgegenführenden Charakter des Alten Testamentes entsprechend noch nicht das absolut Vollkommenste für das wirtschaftliche und gesellschaftliche Leben aufgezeigt wird[1] und der Partikularismus in starken Zügen hervortritt, — erinnert sei an das Zinsverbot, das sich auf die Volksgenossen beschränkt[2], an die Erlaubnis, sich heidnische Leibeigene zu erkaufen[3] — der enge Konnex der sozialen und wirtschaftlichen Fragen mit dem ethisch-religiösen Gebiet ist trotzdem nicht zu leugnen. Es wäre deswegen bloß sehr zu verwundern, wenn die Propheten, die immer mit ganzer Seele in ihrer Gegenwart und deren aktuellsten Fragen lebten, denen das Schicksal ihres Volkes, als des gotterkorenen,

---

[1] Kübel, Die soziale und volkswirtschaftliche Gesetzgebung des Alten Testamentes (Wiesbaden 1870) S. 72.

[2] Der Versuch, dieses völlige Verbot des Zinsennehmens durch das Vorherrschen der Landwirtschaft zu erklären, scheint mir nicht zu genügen. So meint Schulte, zum Mosaischen Privatrechte (Paderborn 1871) S. 20: Bei vorwiegendem Ackerbau konnte jemand Darlehen nur aus Not begehren. Wäre dagegen das Geld zum Handel verwendet worden, so würde das Zinsverbot eine Ungerechtigkeit gegen den Darleiher eingeschlossen haben. Deshalb gestattet das Gesetz (5 Mos. 23, 19) von Nichtisraeliten Zins zu nehmen. Freilich war das gänzliche Zinsverbot für die Landwirtschaft, die keinen hohen Zinsfuß verträgt, eine große Wohlthat. Aber man macht auch bei der Landwirtschaft Anleihen nicht bloß aus Not, sondern auch zu produktiven Zwecken, z. B. zur Melioration. Der letzte Grund liegt vielmehr darin, daß der Israelite in seinem Volksgenossen einen Bruder erblicken sollte.

[3] Es besteht eine gewisse Berechtigung, „von einem Einfluß der ökonomischen Struktur auf das alttestamentliche Gesetz zu reden. Aber, wie schon gesagt, trat hier überhaupt das Sinnliche und Materielle mehr in den Vordergrund. Das Alte Testament ist nur das Vorbild und der Schatten des Neuen. Vollständig verfehlt aber wäre es, die Sittengebote wie die alttestamentliche Religion überhaupt in letzter Instanz auf wirtschaftliche Verhältnisse zurückzuführen". (Schaub, Die Eigentumslehre nach Thomas von Aquin und dem modernen Sozialismus [Freiburg 1898] S. 117.)

am Herzen lag, die mit scharfem Auge die Wechselbeziehungen
von Sittlichkeit und weltlicher Kultur durchschauten, nicht
auch zuweilen stark das sozialökonomische Gebiet gestreift hätten.

Für den Propheten stand die Rangordnung zwischen
Irdischem und Ewigem unabänderlich fest, und von diesem
festen Standpunkt aus beurteilte er, an dieser Richtschnur
maß er alle politischen und sozialen Angelegenheiten. Für
ihn stand ein für allemal fest, „daß der Mensch nicht vom
Brot allein und die Völker nicht von der Macht allein leben;
für ihn kam Israel nur in Betracht als der Träger einer
höheren Idee: wurde es dieser untreu, so half alle äußere
Macht nichts, es trug den Todeskeim in sich. Israel sollte
nicht ein gewöhnliches Volk sein, wie die andern auch;
es sollte Jahve allein dienen, dadurch daß es ein frommes
und reines Volk war — mit diesem mosaischen Gedanken
hat Elia" — es gilt dies aber ebenso von den andern
Propheten — „heiligen Ernst gemacht, hat nach diesem Maß-
stabe seine Zeit und ihre Ereignisse gemessen: er hat die
zeitlichen Dinge unter einen ewigen Gesichtspunkt gestellt
und darnach beurteilt."[1] Da die seit den Tagen Salomos
eingedrungene heidnische Richtung nie wieder völlig unterdrückt
wurde, so war damit die ganze theokratische Ordnung in
Verwirrung gebracht. Wenn man aber dazu noch die äußeren
Gefahren in Betracht zieht, welche das an sich schwächere
südliche Reich Juda von seiten der benachbarten Völker
bedrohten, so war die prophetische Wirksamkeit zugleich ein
politisches Wächteramt, dessen Eingreifen in die wichtigsten
Ereignisse sich genau verfolgen läßt[2].

6. Solcherart war das Verhältnis der Propheten zum
Gebiet der Politik. Der ganze Bereich des sozialen wie
des öffentlichen Lebens nach all den Richtungen, in denen

---

[1] Cornill, Der israelitische Prophetismus S. 34.

[2] Kuper, Das Prophetentum des Alten Bundes (Leipzig 1870)
S. 136.

es sich äußert, war demgemäß ihr Wirkungsfeld, wenn sie darin eine Verletzung der sittlichen Ordnung erblickten. Sie setzten Politik und Religion in enge Beziehung, weil sie in der Religion auch zugleich das Fundament des Staates erkannten, und deswegen war ihnen der Götzendienst, den sie vom Standpunkt der Religion aus bekämpften, auch der Haupt= feind des staatlichen und bürgerlichen Wohles.

Sie sind aber, wie sich nach dem Gesagten ganz von selbst versteht, keine einsamen Theoretiker, die fern vom Schau= platz des Lebens ihren Problemen nachgehen, sondern sie stehen mit warmem Herzen und offenem Auge mitten in dem hoch= gehenden Gewoge des Volkslebens, beobachtend und mit= erlebend, und werden selbst von dem Wellenschlag desselben erfaßt und getragen. Hieraus wird aber auch zur Genüge klar, daß die Wirksamkeit des Prophetentums, soweit sie uns hier hauptsächlich interessiert, nur im Zusammenhang mit der damaligen Zeitlage und der historischen Entwicklung, welche das wirtschaftliche Leben Israels durchläuft, voll begriffen werden kann. Das große Ganze des jüdischen Volkslebens und der jüdischen Volksgeschichte bieten den notwendigen Hintergrund und die wirksame Folie für die mächtigen Prophetengestalten. Es soll deshalb im Nach= stehenden zu allererst eine Skizze der damaligen sozialen und wirtschaftlichen Entwicklung, wie sie dem Auftreten der Pro= pheten voraufging, zu zeichnen versucht werden.

II. Kapitel.

Die Entwicklung des Kapitalismus in der israelitischen Volkswirtschaft.

1. Die Periode der Naturalwirtschaft.

1. Es fragt sich, von welchem Zeitpunkt in der Ge=
schichte des israelitischen Volkes an von einer eigentlichen
Volkswirtschaft die Rede sein könne. Zum Begriff der=
selben sind nach Adolf Wagner folgende konstituierende
Momente erforderlich: „Ein persönliches und nationales,
das im Volk und seiner geschichtlichen Entwicklung, ein
natürliches, geographisches, das im Lande und seiner
Naturbeschaffenheit, ein technisches, das in der Gestaltung
des Produktionsbetriebes und in engem Zusammen=
hange mit dem zweiten Momente, in der Gestaltung der
Kommunikations= und Transportverhältnisse,
endlich ein rechtliches und politisches, das im Staat
und in der Gestaltung der wirtschaftlichen Rechts=
ordnung liegt."[1] Darnach ist auch die Frage, ob man
auf jene Perioden im Wirtschaftsleben der Israeliten, die
vor der Ansiedlung im Lande Kanaan liegen, den Begriff
der Volkswirtschaft anzuwenden habe, im verneinenden Sinn
zu beantworten. Alle diejenigen Formen, in welchen das
Wirtschaftsleben der Patriarchen sich geäußert hat, aber auch

---

[1] Adolf Wagner, Grundlegung der politischen Ökonomie
(3. Aufl., Leipzig 1892) S. 356.

alle diejenigen Erscheinungen, in welchen die Wirtschaft des ganzen Volkes sich dargestellt hat, sei es im Lande Ägypten, wo es überhaupt des selbständigen nationalen Lebens entbehrte, sei es auf dem Zug durch die Wüste, sind nicht Volkswirtschaft, da das eine oder andere wesentliche Element bei ihnen fehlt. Sie sind die Vorstufen und Ansätze gewesen, aus welchen späterhin die Volkswirtschaft im Vollsinn des Wortes sich herausentwickelt hat. Diese geht „von älteren einfacheren Gestaltungen, in welchen sie noch unentwickelt und selbst nur erst im Keime vorhanden ist, durch die verschiedenen Phasen hindurch, welche insbesondere die menschlichen Gemeinschaften selbst von Geschlecht, Gens, Stamm hindurch bis zum Volke durchlaufen [1].“

Von einer Volkswirtschaft der Israeliten im strengen Sinn läßt sich demgemäß erst von dem Zeitpunkt ab sprechen, als auf der Grundlage des mosaischen Gesetzes der israelitische Staat in dem neu eroberten Land Kanaan ins Leben getreten war. Damit waren erst die Bedingungen geschaffen, auf welchen die israelitische Volkswirtschaft erwachsen konnte, als ein, wenn auch nach innen nicht festgeschlossenes Ganzes — was die Sonderbestrebungen der einzelnen Stämme verhinderten — so doch als ein von andern Volkswirtschaften sich unterscheidender selbständiger Organismus von Einzelwirtschaften. Wir haben es bei der Volkswirtschaft wesentlich zu thun mit einem Arbeitsteilungs- und Tauschverkehrssystem innerhalb bestimmter menschlicher Gemeinschaften, denen wir den Namen Volk geben. Der Hauptverkehr eines Volkes ist ein innerer, er wird nur ergänzt durch den Verkehr mit dem Ausland.

2. Als die Israeliten die Ansiedlung im Lande Kanaan vollzogen hatten, waren sie dem Charakter des Landes und ihrer eigenen Neigung entsprechend ein in einfachen Verhältnissen lebendes Bauernvolk geworden, das vorwiegend

---

[1] Ebd. S. 356.

dem Ackerbau oblag. Beruhte doch diese Lebensweise auf uralter väterlicher Tradition. Schon der Patriarch Isaak hatte sich dem Ackerbau zugewendet (1 Mos. 26, 12), „und daß auch Jakob diesen fortsetzte, ist einigermaßen durch Josephs Traum von den Garben verbürgt"[1]. In Ägypten freilich, im Lande Gosen, waren sie fast ausschließlich Viehzüchter gewesen, und sie rückten auch mit großem Herdenbesitz, den sie von den unterworfenen Volksstämmen erbeutet hatten, in Palästina ein[2]. Diese beiden Seiten des landwirtschaftlichen Betriebes, Feldbau und Viehzucht, sind die zwei großen Hauptzweige der israelitischen Volkswirtschaft: Im großen und ganzen beruhte der israelitische Staat auf dem Ackerbau der seßhaft gewordenen Bevölkerung. Aber es zeigte sich eine Nachwirkung der nomadischen Vergangenheit deutlich darin, daß das Volk daneben immer eine große Vorliebe für die Viehzucht und das Hirtenleben besaß[3]. Für diese Betriebsarten war auch das Land wie geschaffen. „Auf den Höhen und Hochflächen der Gebirge ostwärts des Jordan blieb das Hirtenleben und die Viehzucht vorherrschend wie in den weniger ergiebigen Strecken im Westen des Jordan. Auf den Ebenen und in den Thälern des Westlandes gewöhnte sich die Mehrzahl der Ansiedler an die Pflege der Reben und an regelmäßigen Ackerbau."[4] Jehovah wird, so heißt es 5 Mos. 7, 13, dein Getreide, deinen Most und dein Öl, den Wurf deiner Rinder und die Frucht des Kleinviehs im Lande segnen.

3. Aber verschiedene Umstände treffen und wirken zusammen, um die ursprüngliche Einfachheit der Sitten all-

---

1 Herzfeld, Handelsgeschichte der Juden des Altertums S. 3.
2 Ebd. S. 9.
3 Stade, Geschichte des Volkes Israel (Berlin 1887), „Das Leben beim Ackerbau" S. 363.
4 Dunker, Geschichte des Altertums II (4. Aufl., Leipzig 1875), S. 50.

mählich im Verlaufe von etlichen Jahrhunderten zu beseitigen. Die Eingewanderten fanden schon eine ziemlich hochentwickelte Kultur bei den ersten Bewohnern des Landes vor. Den Israeliten gelang es freilich erst nach langen Kämpfen, sich endlich in den Besitz des Landes zu setzen; aber damit brachten sie es zweifellos zu einem beträchtlichen Wohlstande. Die in üppigem Leben erschöpften Kananiter konnten der jugendfrischen Kraft des israelitischen Volkes auf die Dauer nicht standhalten. Sie wurden teilweise ausgerottet oder in Knechtschaft versetzt, teilweise blieben sie friedlich im Lande wohnen. Durch ihre Unterwerfung fiel den Siegern eine reiche Beute zu. Die Israeliten nahmen den Urbewohnern ihr Eigentum ab und gewannen hierdurch nicht bloß Äcker und Wohnungen, sondern auch alle sonstige Habe derselben, die gar nicht unbeträchtlich gewesen sein muß, wie aus folgenden Anzeichen erhellt: „Der Landbau war in Flor gewesen, und unter der Beute von Jericho wird Gold und Silber erwähnt, sowie daß aus ihr Achan einen kostbaren babylonischen Mantel, 200 Sekel Silber und eine kleine Goldstange im Gewicht von 50 Sekel entwendet habe, wobei der babylonische Mantel wieder zeigt, daß man hier damals schon fremde Luxusgegenstände ankaufte. Und es ist nicht abzusehen, weshalb nicht eine ähnliche Wohlhabenheit von dem übrigen Lande anzunehmen wäre; es sollen ja nach 5 Mos. 6, 11 die kanaanitischen Häuser ‚voll des Guten‘ gewesen sein, und wirklich ist Jos. 22, 8 erzählt, daß die drittehalb Stämme mit vieler Beute an Silber, Gold und Kleidern über den Jordan zurückzogen“[1]. Aber selbst dann, als die Israeliten das Land in Besitz genommen hatten, behielten die der Vernichtung entronnenen Kananiter bis auf David immer noch das soziale Übergewicht im Lande: die vom Ackerbau verdrängten Ureinwohner verlegten sich mit

---

[1] Herzfeld, a. a. O. S. 10.

um so größerer Intensivität auf das Betreiben des Handels,
so daß der aktive Handel ganz in ihren Händen lag, während
die Eroberer bloß auf den passiven beschränkt waren. Es
ist dies leicht erklärlich. Der Landwirt, Ackerbauer wie Hirt,
hat nun einmal eine Abneigung gegen den direkten Handelsverkehr. Er zieht es vor, daß die Ware bei ihm abgeholt
werde, statt daß er sie selbst auf den Markt bringt. Dies
überläßt er den Zwischenhändlern. „Der Kananiter wurde
Krämer und Lieferant für die Bedürfnisse der Israeliten,
die nicht groß und zahlreich waren, zunächst Metalle und
Hausgeräte, Luxusartikel, Sklaven, Fabrikate für Rohwaren.
Der Handel war meistens Tausch, das Geld selten und zunächst
in den Händen der Kananiter, der Geldverleiher und Bankiers
der Israeliten."[1] Industrie entwickelt sich vorderhand fast
keine. Von den Handwerken sind von alters her nur zwei
im Lande bekannt: das der Schmiede und das der Töpfer.
Jeder Bauer ist sein eigener Handwerker, soweit er eben nicht
von den handeltreibenden Kananitern seine Bedürfnisse deckt[2].

Da ist es nun eine höchst merkwürdige Erscheinung,
daß die Israeliten, dieses in den einfachsten Verhältnissen
lebende Nomadenvolk, von den ihnen an Kultur weit über-
legenen Kananitern nicht aufgesogen wurden, daß die Wüsten-
söhne ihren Volkscharakter bewahrten und nicht nur nicht zu
Kananitern wurden, sondern vielmehr diese in den Israeliten
aufgingen. „Wenn Israel die Kraft hatte, dieses jahrhunderte-
lange Ringen zielbewußt und siegreich durchzuführen, so
verdankt es das lediglich Moses und seinem Werke. Moses
hatte dem Volke eine Nationalität und damit ein unver-
lierbares Palladium gegeben, welches, geläutert und ge-
kräftigt durch die Macht der Religion, sich nicht unterdrücken
ließ, sondern seinerseits erobernd vorging."[3]

[1] Schegg, Biblische Archäologie (Freiburg 1887) S. 278.
[2] Stade, a. a. O. S. 365. Adler, a. a. O. S. 695.
[3] Cornill, Geschichte des Volkes Israel S. 49.

4. Aber trotzdem, wenn sich auch die Israeliten als die schließlichen Sieger behaupteten und Herren des Landes wurden, in einer Beziehung waren sie doch die Besiegten. Die Kultur-entwicklung der Autochthonen blieb nicht ohne tiefgreifenden Einfluß auf sie. Von den Unterworfenen nahmen sie den Ackerbau, die seßhafte Lebensweise und gewiß auch manche Verfeinerung des Lebens an. So kommt es denn in der That zu einer gewissen Amalgamierung des israelitischen Wesens mit kananitischem Volkstum. Indem der Rest der Eroberung des Landes, wenn es schon ohne einige Gewalt-thätigkeiten nicht abgeht, überwiegend durch Connubium und Commercium sich vollzieht, saugen zwar die israelitischen Stämme mehr und mehr die Kananiter auf, nehmen aber auch infolgedessen manche Elemente kananitischer Kultur in sich auf und werden vor allem ein ackerbautreibendes, fest ansässiges [1] — aber nach und nach auch ein handel-treibendes Volk, welches den ursprünglichen Landesbe-wohnern es abzulernen versteht, die reichen Produkte des Bodens gewinnbringend zu verwerten. Der Boden gab ihnen reichlich, nicht bloß, was sie selber brauchten, sondern lieferte auch einen Überschuß an Getreide und andern Produkten, die man gelegentlich durch die Vermittlung durchziehender Händler zu guten Preisen außer Landes verkaufte. Das Volk erfreute sich so eines bedeutenden Wohlstandes, der in einem gewissen Prunk sich äußert. „In dem Lied der Debora ist die Rede von Reitern auf weißen Eselinnen, von Sitzenden auf Teppichen, von einer kostbaren Schale, aus welcher selbst ein Hirtenweib dem geflohenen Sissera Rahm gereicht, und von buntgewirkten Gewändern, welche der Feind zu erbeuten gehofft habe. Das setzt Wohlstand und sogar einen gewissen Luxus des Volkes voraus." [2]

---

[1] Buhl, a. a. O. S. 13. Sellin, Beiträge zur israelitischen und jüdischen Volksgeschichte. 2. Heft: Israels Güter und Ideale (Leipzig 1897) S. 8.

[2] Herzfeld, a. a. O. S. 11.

5. Der so sich allmählich regende Handel hielt sich jedoch innerhalb bescheidener Grenzen. Von einem nennenswerten Handel konnte in der alten Zeit schon um deswillen keine Rede sein, weil die Israeliten fast ganz von der Meeresküste abgeschnitten, sich höchstens am Karawanenhandel hätten beteiligen können, was aber schon dadurch ausgeschlossen blieb, daß die Karawanenstraßen durch die Städte der Kananiter gingen, mit denen sie fortwährend um ihre Existenz zu kämpfen hatten; und noch in der ersten Zeit der Königsherrschaft, solange das Reich noch nicht fest konsolidiert war, konnte von derartigen Unternehmungen keine Rede sein[1]. Vielleicht war es lange Zeit gar nicht einmal ein Handel außer Landes. Denn wenn auch bei der Verteilung des Landes jeder Familie Grundbesitz zugewiesen worden war, so konnte es doch leicht vorkommen, daß für eine besonders zahlreiche Familie in manchen Jahren der Getreideertrag nicht ausreichte, oder daß einer verarmte aus irgend welchen Ursachen und um sein Grundstück kam; bis zum nächsten Jobeljahr lebte er deshalb nicht von seinem eigenen Grund und Boden, sondern war gezwungen, im Tauschverkehr sein Brotgetreide sich zu beschaffen. Desgleichen machte jeder Mißwachs in diesem Lande den Kornhandel unentbehrlich; namentlich aber mußte das Land jenseits des Jordan, wo weit weniger Ackerbau als Viehzucht betrieben wurde, auf den Getreideüberschuß der westlichen Provinzen angewiesen gewesen sein[2].

Der Aktivhandel vollends lag den Israeliten so fern, daß er bis in die Königszeit herein weitaus überwiegend von den Kananitern und den benachbarten Phöniziern besorgt wurde. Diese zogen nach Art von Hausierern im Lande umher, brachten den Israeliten, was sie selbst nicht anfertigten, und tauschten Getreide, Wein, sowie auch die

---

[1] Nowack, a. a. O. S. 18.   [2] Herzfeld, a. a. O. S. 12.

Erzeugnisse einer sich allmählich entwickelnden häuslichen Industrie, Gewebe, Gürtel, dafür ein, wie es in dem bekannten Lob der Hausfrau ausgesprochen ist (Spr. 31, 22. 24). Aber wenn sich auch schon eine Hausindustrie für die genannten Gegenstände in diesen frühesten Zeiten annehmen läßt, von einer besondern Bedeutung war sie auf keinen Fall; denn es ist schwerlich anzunehmen, daß in allen Familien des Volkes die Kunst, die Muße und die Lust sich vereinigt gefunden hatten, diesem Bedarf selbst abzuhelfen[1]. Deswegen wird auch der Absatz dieser Industrieprodukte nicht beträchtlich gewesen sein; es ist weit eher anzunehmen, daß die meisten Kleiderstoffe und Schmucksachen, sowie alle besseren Kleidungsstücke vom Auslande importiert wurden. Es wäre ja die Annahme ganz unwahrscheinlich, daß in einem so wohlhabenden Volke, wie es die Israeliten unstreitig waren, die benachbarten Phönizier, die sich meisterhaft auf den Handel verstanden, für ihre Waren nicht Absatz gesucht und gefunden hätten[2]. Spuren größerer Prachtliebe schon aus der Zeit des ersten Königs Saul verraten in Davids Klagelied auf den Tod desselben die Worte: „Töchter Israels weinet über Saul, der euch in Karmesin gekleidet und Goldgeschmeide auf euer Gewand gebracht hat" (2 Kön. 1, 24). Diese ausländischen Herrlichkeiten wurden durch Vermittlung des Zwischenhandels ins Land gebracht. So vollständig befand sich der palästinensische Handel damals in den Händen der Ureinwohner des Landes, daß der Name Kananiter geradezu als Bezeichnung für Krämer gebraucht wurde. Deswegen waren auch die unterworfenen, ehemaligen Herren des Landes immer noch, was Reichtum und Üppigkeit des Lebensgenusses anlangt, den Israeliten lange Zeit überlegen. Das änderte sich erst, als die in den Städten lebenden Kananiter mehr

---

[1] Herzfeld, a. a. O. S. 13.   [2] Ebd. S. 14.

vom Handel zurückgedrängt waren, und dieser von den
Israeliten selbst in die Hand genommen wurde[1]. Dieser
Wendepunkt liegt in der Regierungszeit Davids, des größten
Königs von Israel, der sein Volk zu einer bedeutenden
politischen Machtstellung erhob.

6. Trotzdem der Handel sich schon frühzeitig regte, von
dem Aufkommen eines eigentlichen Großhandels
mit seinen mannigfachen Begleiterscheinungen
konnte natürlich so lange nicht die Rede sein, als
die ursprüngliche Bodenverteilung der Hauptsache nach unverrückt fortbestand und als damit
auch das Prinzip der Gleichheit wenigstens annähernd durchgeführt blieb. Aber wie schon bemerkt
wurde, wirkten verschiedene Umstände zusammen, um das Volk
alsbald auf eine höhere Wirtschaftsstufe emporzuführen.
Das war vor allem der Wohlstand, dessen sich das Volk
erfreute, die Fruchtbarkeit des Landes, die zu einer gewinn=
reicheren Verwertung der Produkte lockte; dann war es vor
allem auch das lebendige Vorbild, welches die Israeliten
an den bei ihnen wohnenden Kananitern und den ihr
Gebiet durchstreifenden phönizischen Handelsleuten hatten,
und das wesentlich mit dazu beitrug, die Israeliten zur Nach=
ahmung anzuregen. Es bedurfte bloß eines kräftigen Im-
pulses, um den Übergang aus der Naturalwirtschaft zur
Tauschwirtschaft, die nicht bloß für den Eigenbedarf, sondern
vor allem auch für den Absatz produziert, zu bewerkstelligen.
Dank der genannten Momente, der Fruchtbarkeit, des Wohlstandes, des äußeren Anreizes zum Handel, war die wirtschaftliche Entwicklung der Israeliten eine überaus lebendige
und kraftvolle. „In dem Zeitraum eines halben Jahr-
tausends seit ihrem Einzuge bis zur salomonischen Zeit haben
sie sich außerordentlich verändert . . . Dieser Wechsel zeigt
sich in allen Äußerungen des Volkslebens. Das wandelbare

---

[1] Nowack, a. a. O. S. 23.

Zelt und die schwanke Hütte waren großenteils — bis auf die zurückgebliebene Triftgegend — verschwunden und haben dem festen Hause aus Cypressenstämmen Platz gemacht. Die Bergspitzen waren von befestigten Städten belebt. Weide-plätze mit grasenden Herden und patriarchalischen Hirten waren seltener geworden. In den Thälern und an den sanft ansteigenden Berghöhen waren Getreidefelder aus-gebreitet, die, wenn der Regen nicht mangelte, reichen Segen spendeten. Der Boden trieb nicht bloß Weizen und Spelt, sondern auch schattige Bäume und saftige Früchte. Der Weinstock rankte sich an den Berglehnen und sog aus dem sorgfältig gepflegten Erdreich den Saft und von der glühen-den Sonne das Feuer."[1]

2. Soziale und volkswirtschaftliche Bedeutung des israelitischen Königtums.

1. In diese immerhin noch primitiven Verhältnisse griff das nunmehr auftretende Königtum machtvoll und um-gestaltend ein. Man wäre fast versucht, den geschilderten naturalwirtschaftlichen Zustand als idyllisch zu bezeichnen, wenn nicht die „Richterzeit" eine so sturm- und kampfbewegte Periode gewesen wäre, in der so häufig das rohe Faustrecht galt[2]. Völlig auf sich selbst gestellt und allein auf den Ertrag ihrer Scholle angewiesen, bewahrten die Israeliten „während des Jahrhunderte langen Kampfes um die nationale Selbständigkeit die Einfachheit der Vätersitten und damit auch im wesentlichen die soziale Einheit des Volkes."[3]

Die Zerrissenheit der einzelnen Stämme, die Unsicher-heit im Inneren des Landes, sowie die fortwährende

[1] Graetz, Geschichte der Juden I (Leipzig 1874), 332.

[2] Haneberg, Geschichte der biblischen Offenbarung (4. Auflage, Regensburg 1876) S. 221.

[3] Nowack, a. a. O. S. 19.

Beunruhigung durch feindliche Einfälle machten die Notwendigkeit einer kraftvollen Regierung ganz überzeugend klar.

Das Volk verlangte deshalb, um endlich einmal aus den
fortwährenden kriegerischen Bedrängnissen seitens der umwohnenden Völker herauszukommen, nach einem starken Führer,
dem es gelänge, die untereinander uneinigen und eifer-
süchtigen Stämme wie mit einem festen Reifen zusammenzufassen. Denn es war doch Israels stärkster Feind, den
es in seinem eigenen Schoße trug, ein Feind, der es zum
Spielball seiner Nachbarn machte und ihrem Übermut gegenüber zur Ohnmacht verurteilte. Dieser Feind war das stolze
Unabhängigkeitsgefühl und der stark entwickelte Familiensinn
des Nomaden, die mit dem Aufgeben des Nomadenlebens
nicht aus dem Volkscharakter schwanden. „Nachdem die gemeinschaftliche Anstrengung unter Josua aber nur den Grund
gelegt, zersplitterte sich das Volk wieder in Stämme und
Geschlechter, die nun jedes für sich, ohne Fühlung mit dem
Nachbar, planlos, ziellos, einen Ort zur Niederlassung suchten."[1]

So war das Königtum eine politische Notwendigkeit
geworden. Aber natürlich durfte es nur ein Volks-, kein bloßes
Stammeskönigtum sein, wenn es die zersplitterten Kräfte
einigen wollte. Das war es ja auch, was die Feinde Israels
stark und überlegen machte: ihre Organisation und Zentralisation in der starken Hand eines Herrschers. Mit scharfem
Instinkt hatte das Volk dies gefühlt und dringend nach
einem König verlangt.

2. Das Königtum betritt den Schauplatz, und mit ihm
nimmt eine neue wirtschaftliche Epoche ihren Anfang. Eine
merkwürdige Weissagung hatte der Prophet Samuel dem
Königtum auf den Weg mitgegeben: Sie hebt scharf den
despotischen Zug hervor, der den Königen Israels in ihrer
Mehrzahl anhaften wird. Das jüdische Gemeinwesen war
auf die Idee der Gleichheit der Menschen, der Brüderlich-

---

[1] Cornill, Geschichte des Volkes Israel S. 50.

keit der Stammesgenossen begründet. Daher das Entsetzen Samuels, als der Wunsch des Volkes nach einem Könige laut wurde. „Die Gleichheit aller Glieder des Volkes vor Gott und dem Gesetze, die freie Selbständigkeit jeder Familien= gruppe unter ihrem patriarchalischen Oberhaupte waren so sehr Lebensgewohnheit geworden, daß eine Änderung dieses Zustandes gar nicht recht faßbar war und das Allerun= glücklichste in sich zu verbergen schien."[1] Der greise Seher spricht warnend zu dem einen Fürsten heischenden Volke: „Eure Söhne wird er nehmen und auf seine Wagen setzen und sie zu seinen Reitern machen und zu Läufern vor seinem Wagen, und wird sie setzen zu seinen Hauptleuten über tausend und über fünfzig und zu Ackerleuten seiner Felder und zu Schnittern seiner Saaten und zu Schmieden für seine Waffen und Wagen. Und eure Töchter wird er zu seinen Salbenmischerinnen und Köchinnen und Bäckerinnen machen. Eure Felder und Weinberge und Ölgärten, und zwar die besten, wird er nehmen und seinen Knechten geben. Aber auch eure Saaten und die Einkünfte eurer Weinberge wird er zehnten und es seinen Verschnittenen und Knechten geben. Auch eure Knechte und Mägde und besten Jünglinge und Esel wird er nehmen und zu seinen Geschäften brauchen. Eure Herden wird er zehnten, und ihr werdet seine Knechte sein. An dem Tage werdet ihr schreien über euren König, den ihr euch erwählt habt; aber der Herr wird euch nicht erhören an jenem Tage, weil ihr einen König verlangtet" (1 Kön. 8, 11 ff.).

3. Als hätte Samuel das Regierungs=Programm für die kommenden Fürsten Israels entwerfen müssen! Er eröffnet

---

[1] Graetz, a. a. O. I, 163. Kübel, a. a. O. S. 25 f. sagt, das Volk Israel sollte nicht aus Atomen zusammengesetzt sein, sondern einen Organismus bilden, der sich in organischen Gliedern, Familie, Stamm, Geschlecht entfaltet. Außer diesen Gruppen existieren keine andern künst= lichen sozialen Verbindungen, keine Standesunterschiede, kein Adel, keine Hierarchie.

dem Volke eine Perspektive auf die Zukunft und zeigt, wessen
es sich von den Königen zu versehen haben werde. Die Thatsachen haben ihm auch glänzend Recht gegeben. Einzelne
Momente der Vorausverkündigung springen besonders in die
Augen. Einmal, mit der bisher bestandenen Gleichheit der
Volksgenossen wird es ein für allemal vorbei sein; nicht mehr
der vielköpfige Volkswille ist der Souverän des Landes, sondern
ein Wille, ein starker Wille ist es, der dem Volke gebietet
und das Joch des Gehorsams auflegt. Die ehedem Gleichen
werden zu Unterthanen eines Einzigen. Und nur allzu
fühlbar wird sich dieser eine Wille durchzusetzen wissen.
Über Person und Besitz wird ziemlich unumschränkt verfügt;
die Freiheit soll eine ganz empfindliche Schmälerung erfahren. Und da ferner das Königtum herausgewachsen ist
aus den Kampfesnöten, in welchen das Volk sich befand,
da es vor allem zur Verteidigung des Landes bestellt ist,
so ist es ein Militärkönigtum, das seine Stellung nur
wahren kann, wenn es dieser Aufgabe sich gewachsen zeigt,
und das sich deswegen vor allem auf kriegsgeübte Truppen,
auf ein stehendes Heer stützen muß. Es ist das Bild eines
militärischen Diktators, welches, nicht sehr einladend, aus
der Weissagung Samuels dem Volk entgegenblickt: Der
Druck dieser eisernen Faust wird schwer auf ihm lasten.
Dazu treten noch die wenig verlockenden Ausblicke auf einen
sich bildenden Kriegsadel und auf eine königliche Hofhaltung,
deren Unterhalt das Volk zu bestreiten haben wird, das
bisher von Steuern und Abgaben für politische Zwecke
keine Ahnung hatte[1]. Daß es am Königshof ziemlich

---

[1] Kübel, a. a. O. S. 93 ff. macht geltend, daß eine Belastung
durch ein Militär- und Unterrichtsbudget im Gesetze nicht ausgesprochen
war. Doch ist es zu viel gesagt, wenn er einen Idealzustand ohne jede
Belastung für öffentliche Zwecke annimmt. Die Erstlinge, Zehnten,
Opfer vertraten die Stelle der Steuer. S. ausführlich Keil, a. a. O.
S. 357 ff.

luxuriös hergehen wird, ist zwischen den Zeilen zu lesen; die Worte, daß die Töchter der Israeliten dortselbst als Köchinnen, Bäckerinnen und Salbenmischerinnen zu fungieren haben, lassen darüber keinen Zweifel.

So sehr nun schon die nächste Zukunft die Wahrheit dieser von Samuel gestellten Prognose erweisen sollte, daß ein König, ein Kriegsadel und ein stehendes Heer, ein Schwarm von Höflingen — lauter bis dahin unbekannte Dinge — am Wohlstande des Landes mitzehren werden, so trifft diese Voraussage des greisen Sehers doch bloß die eine Seite der Entwicklung. Die andere, nicht minder bedeutsame, war die, daß die Könige das in stiller Abgeschiedenheit lebende Volk aus seiner ererbten Haus- und Naturalwirtschaft heraus führen und in den hochgehenden Strudel des phönizischen und ägyptischen Handelslebens hineinziehen sollten. Daß dies einen gründlichen Umschwung im ganzen israelitischen Volksleben, eine radikale Umgestaltung der Produktion und Konsumtion, der Sitten und Anschauungen bedeuten sollte, lehrte der weitere Gang der Geschichte.

4. In dieser angedeuteten doppelten Richtung bewegt sich die Entwicklung unter der äußerlich glänzenden Regierung Davids und Salomos. Schon Saul sah sich durch die Verhältnisse genötigt, den unruhigen Nachbarn gegenüber sich in steter Kriegsbereitschaft zu halten. „Er verdankte die Krone dem Schwerte und mußte sie auch mit dem Schwerte erhalten, seine ganze Herrschaft ist ein ununterbrochener Kampf gewesen. Bei einer solchen Sachlage mußte sich das Bedürfnis nach einem stehenden Heere geltend machen; man konnte sich nicht darauf beschränken, in jedem einzelnen Falle erst den Heerbann Israels aufzubieten."[1] So behielt denn Saul eine Leibwache von etlichen Tausend um sich, und er suchte

---

1 Cornill, Geschichte des Volkes Israel S. 64.

ihre Zahl zu vergrößern und ihre Leistungsfähigkeit zu heben:
wo er einen tapfern und tüchtigen Mann ersah, da zog
er ihn an sich. Saul war ausschließlich Soldat und auf
dem besten Weg, Israel in einen Militärstaat zu verwandeln[1].
Im übrigen blieb er jedoch den einfachen Verhältnissen, aus
denen er hervorgegangen war, auch als König treu. Für
den Handel und die wirtschaftlichen Dinge hatte er kein
Auge und bei den unruhigen Zeitläuften auch keine Muße.
Aber mit der Erhöhung der politischen Machtstellung, zu
welcher die Israeliten unter David und weiterhin unter
seinem Sohne gelangten, erfolgte auch der Übergang zu
andern sozialen und ökonomischen Zuständen. Die Politik,
welche diese Fürsten einschlugen, stand freilich im Widerspruch
zur ganzen bisherigen Volkstradition. Die Volkswirtschaft
war vorher von dem Prinzip der Autarkie beherrscht, und man hatte sich dabei ganz wohl befunden.
Die Erzeugnisse des eigenen Landes dienten in erster Linie
dazu, den Bedürfnissen des Volkes zu genügen. Export
und Import waren von nebensächlicher Bedeutung und, zum
Ganzen gehalten, geradezu verschwindend. „Die erste Bedingung
zum Wohlstande einer Nation", sagt Schegg, „ist die Unabhängigkeit. Wir meinen dabei nicht die politische, sondern
die natürliche (ökonomische). Ein Volk, das eine Zukunft
haben will, muß sich selbst ernähren können; es muß vom
Ertrage seines Bodens zu leben im stande sein; anders
verkümmert es früher oder später. Flotten, Fabriken,
Kriegsheere mögen bereichern und eine große Machtstellung
verschaffen: eine Sicherheit gewähren sie nicht. Der Handel
ist ein Kind des Zufalles, Metallschätze werden erschöpft,
Fabrikate wertlos: immer gleich notwendig und unabhängig
von den Schwankungen des Weltganges bleibt das sich alljährlich erneuernde Erträgnis des Bodens, die Landwirt-

---

[1] Cornill, Geschichte des Volkes Israel S. 74.

schaft."[1] Etwas Handel freilich war auch vorher notwendig. Im Kleinhandel besaß auch das jüdische Volk ziemliche Bewegungs-freiheit. Der innere Kleinhandel, ohne welchen kein nur einigermaßen zivilisiertes Volk bestehen kann, mußte sich bei den Israeliten schon durch das ihnen zur Pflicht gemachte jähr-liche Erscheinen beim Heiligtum mit Opfergaben, Erstlingen und Zehnten ausbilden, insofern das Gesetz den Fernwoh-nenden gestattete, am Ort des Heiligtums selbst die vor-geschriebenen Opfergaben zu kaufen[2]. Eine maßvolle Ent-wicklung des Handels war auch durch das mosaische Gesetz nicht ausgeschlossen, wenngleich es, wie vorausahnend, das Überhandnehmen des Handelsgeistes nicht eben begünstigen wollte.

Für die Ansicht, daß die mosaischen Institutionen dem Handel nicht entgegenwirken wollten, verweist Herzfeld (Handels-Geschichte S. 6 f.) auf die mosaischen Vorschriften, welche den Handel betreffen, ferner auf 5 Mos. 33, 18. 19, wonach Moses dem Stamme Sebulun Seehandel und ver-mutlich auch schon reichen Gewinn aus der Glasbereitung verheißen habe. „Wenn uns Handelsintentionen desselben nicht aus andern Indizien wahrscheinlich werden, so lassen jene Vorschriften sich auf den kleinen Binnenhandel beziehen, dessen Erblühen er voraussehen mußte. Allein nach 4 Mos. 34, 5. 6 und Jos. 15, 4 können wir nicht daran zweifeln, daß vom ‚Bache Ägyptens‘ an die ganze Seeküste zum Lande Israel gehören sollte; von Philistäa wenigstens steht dieses auch Jos. 13, 2, ja nach ebb. 5, 6 und Richt. 1, 31 sollte selbst Sidon noch dazu gehören, natürlich mit denjenigen phönizischen Städten, welche südlicher lagen . . . Sollte nun wohl des Moses umfassender Geist alle Vorteile, welche diese hafenreiche Küste bot, übersehen oder verschmäht haben? oder vielmehr sollte er diese zu Wohlstand und Blüte bereits

1 Scheqg, a. a. O. S. 62.
2 Keil, Biblische Archäologie S. 621.

gelangte Küste haben dazu verurteilen wollen, im Besitze seines Volkes wieder in die Ärmlichkeit bloßen Fischfanges zurückzusinken? und warum auch wohl? Nicht entfernt dachte er daran, sein Volk zur Askese zu erziehen, und seine Satzungen, wenn sie nicht später stark ausgedehnt worden wären, hätten die nötigen Handelsreisen und all jenen Verkehr mit Ausländern, welchen der Handel erforderte, kaum fühlbar erschwert." — Herzfeld vermutet daher, daß Moses, als er jene ganze Küste bis Sidon hinauf seinem Volke zur Eroberung anwies, an ein allmähliches Übergehen des dort entwickelten lebhaften Handels auf die künftigen israelitischen Bewohner derselben wohl gedacht habe, wenn er auch gänzlich es der Zukunft überlassen habe, dieses Ergebnis herbeizuführen und auf volkstümlichen Grundlagen zu gestalten [1].

Der Umschwung von diesen einfachen Verhältnissen zu einer fortgeschrittenen Wirtschaftsstufe erfolgte in dem Augenblick, als ein machtvoller Herrscher den Anstoß dazu gab. Nun vollzog sich dieser Übergang aus dem reinen Agrikulturstaat mit seiner Naturalwirtschaft in den Handelsstaat ziemlich rasch. Fast sprungweise und unvermittelt, kann man sagen, trat Israel aus dem Stadium des passiven Kleinhandels in die Epoche des Großhandels und in den damaligen Weltverkehr hinein.

3. Die Entwicklung des israelitischen Handelslebens unter den Königen.

1. Dem König David gelang es infolge glücklicher Kriege, die Schranken zu durchbrechen, welche bisher die Israeliten von dem ringsum pulsierenden Handelsleben ausgeschlossen hatten. Er gewinnt das wichtige Emporium Damaskus und bedeutende Handelsstädte am Roten Meer; er erobert Gebiete,

---

[1] Auch Herzfeld, a. a. O. S. 18 nimmt an, der Handel sei während der Richterzeit auf einer „noch ziemlich niedrigen Stufe" gestanden, sowohl der aktive wie passive auswärtige jüdische Handel.

die von den belebtesten Handelsstraßen durchfurcht waren, und tritt in dauernde Handelsbeziehungen zu dem phönizischen Könige Hiram, einem der ersten Kaufherren damaliger Zeit. So bekam der Handel durch David einen kräftigen Impuls. Schon die größere Ordnung und Sicherheit, welche unter seiner Regierung einkehrten, konnten der Entwicklung des Handels nur vorteilhaft sein und ihm mehr Regelmäßig- keit und Ausdehnung verschaffen. Es ist bedeutungsvoll, daß zuerst unter David ein „Gewicht des Königs" erwähnt wird (2 Kön. 14, 26), über dessen Beschaffenheit zwar nur Ver- mutungen möglich sind; aber es genügt schon die bloße Thatsache der Einführung eines solchen durch David, um daraus eine größere Aufmerksamkeit der Regierung auf den Handel und eine eingetretene Belebung desselben abzuleiten[1].

Bahnbrechend für eine höhere Kulturentwicklung war aber vor allem die Gründung der Residenzstadt Jerusalem. Das war eine für alle Zukunft hochbedeut- same That und zwar nach verschiedenen Beziehungen. Ein- mal mußte schon die feste und uneinnehmbare Lage dieser Stadt einem Mann von Davids Feldherrnblick klar sein; sie ersah er sich deshalb zur Residenz seines neuen Reiches; er eroberte sie, that aber den Jebusitern kein Leid und sicherte sich so einen Grundstock von dankbaren und ihm ergebenen Bewohnern. „Jerusalem ist so ziemlich im Mittel- punkt des Landes gelegen, und als keinem der Stämme gehörig stand es über ihnen und ihrer Rivalität auf neutralem Boden. Wenn es geradezu ‚die Davidsstadt' genannt wird, so ist das keine bloße Redensart: denn Jerusalem ist völlig Davids Schöpfung, und wenn man erwägt, was Jerusalem dem Volk Israel und durch das Volk Israel der Menschheit geworden ist, so wird man in der Gründung dieser Davidsstadt gewiß eine That von weltgeschichtlicher Bedeutung anerkennen."[2]

---

[1] Herzfeld, a. a. O. S. 19. Adler, a. a. O. S. 695.
[2] Cornill, Geschichte des Volkes Israel S. 78.

2. Aber nicht bloß nach der strategischen, politischen und religionsgeschichtlichen Seite betrachtet, sondern auch wirtschaftsgeschichtlich war die Gründung dieser Residenz eine wichtige That. Auch für ein Handelszentrum war diese Metropole des Landes schon durch ihre Lage ganz geeignet. Jerusalem lag an dem Knotenpunkt der Karawanenstraßen, die von Phönizien einerseits in der geradesten Richtung nach Idumäa und zum Roten Meer, andererseits von Ägypten her über den Jordan zum Euphrat sich wandten[1]. Überdies mußte diese Stadt zufolge ihrer doppelten Bedeutung als religiöses Kultur-zentrum wie als politische Metropole des ganzen Landes ein wichtiger Marktplatz werden. Freilich in ersterer Beziehung zeigte sich das erst völlig unter Davids Nachfolger Salomon, als der Tempel erbaut war, an welchem eine zahlreiche Priesterschaft den Dienst zu besorgen hatte, und zu welchem an den Hauptfesten eine ungeheure Pilgerschar und in Ver-bindung damit ein Schwarm von Kaufleuten zusammenströmten. Auch als politische Metropole mußte Jerusalem natürlich eine große Anziehungskraft für den Handel besitzen. An dem könig-lichen Hoflager herrschte gewiß Überfluß und Prachtliebe, und der Handel hatte so reiche Gelegenheit, sich zu bethätigen. Am Sitze der Regierung befanden sich auch zahlreiche Beamten und hohe Militärs; ein Heer von Soldaten und ein Troß von Dienerschaft bevölkerte die Hauptstadt; ein glanzvolles Städteleben begann sich so zu entfalten; die Be-völkerungszahl nahm rasch zu, und beides vermehrte naturgemäß die Konsumtion, und damit steigerte sich der gewinnreiche Absatz nach der Stadt. Dies lockte selbstverständlich aus nah und fern zahlreiche Kaufleute an, sich daselbst niederzulassen. So wurde Jerusalem die Zentralstelle für den Binnenhandel des Landes; dieser hatte der Stadt einen bedeutenden Auf-schwung zu verdanken[2].

---

[1] Movers, Das phöniz. Altertum 2. Bd., 3. Teil (Berlin 1856), S. 204.
[2] Herzfeld, a. a. O. S. 19.

3. Was nun die aufstrebende Hauptstadt an Baumaterialien, Bauleuten und Architekten bedurfte, das stellte das hochentwickelte Volk der Phönizier bereitwillig zur Verfügung und erhielt dafür als Entgelt die köstlichen Landesprodukte der Israeliten. So waren wirkungsvolle Wechselbeziehungen mit dieser Handelsnation eingeleitet. Ungeheure Mengen an Getreide und sonstigen Naturalien wurden als Zahlungsmittel gegeben; der Getreidehandel wurde auf diese Weise nach und nach im größeren Stile etabliert. Trotzdem läßt sich schwerlich der Beweis erbringen, daß David die Absicht gehabt habe, einen regelmäßigen und dauernden Getreidehandel mit den Phöniziern zu begründen. Es war diese Getreideausfuhr wohl mehr als eine bloß vorübergehende gedacht, solange eben die Stadt Jerusalem der phönizischen Kunstfertigkeit bedurfte. Denn David war wohl weit von dem Gedanken entfernt, sein Volk zu einer politischen und merkantilen Großmacht erheben zu wollen. „Er begnügte sich mit dem Tribute der Vasallenstaaten und dem indirekten Gewinn, den der Transitohandel abwarf — und er bewährte darin eine Staatsweisheit, die unsere volle Bewunderung verdient. Kein Volk war weniger geeignet, eine politische und merkantile Großmacht zu bilden als Israel"[1]. Wenn man aber aus einer Stelle im vierten Buch der Könige (4, 6) folgern wollte, daß bereits zu Davids Zeiten jüdische Getreidehändler auftauchten, welche ihre Vorräte von allen Männern größeren Grundbesitzes zusammenkauften[2], so ist dieses wohl, der ganzen Zeitlage entsprechend, im hohen Grade wahrscheinlich, läßt sich aber durch den Sinn der Stelle selbst in keiner Weise rechtfertigen. Davids Förderung des Handels war mehr eine indirekte, die sich aus der größeren Sicherheit des Landes und aus den freundnachbarlichen Beziehungen zum Handelsvolk der Phönizier selbst ergab, als eine direkt auf die Hebung der Handelsthätigkeit

---

[1] Schegg, a. a. O. S. 279.   [2] Herzfeld, a. a. O. S. 12.

abzielende. Aber auf jeden Fall nahm unter ihm die
Getreideausfuhr schon große Dimensionen an. Um uns die
eingetretene Wendung besser zu veranschaulichen, können wir
sagen, es war ein ähnlicher Sprung, wie wenn aus einem
Schrannenbauer der guten alten Zeit plötzlich ein Kornhändler
en gros geworden wäre.

4. Die begonnene Entwicklung setzte sich aber mit
gesteigerter Energie unter Salomo fort, der sein Land dem
geistigen und kommerziellen Weltverkehr eröffnete. Durch
diesen König erhielt der jüdische Handel einen unvergleichlich
größeren Aufschwung. Die ihn begünstigenden Momente
mehrten und verstärkten sich. Salomo war keine Eroberer-
natur, er mehrte nicht nur nicht des Reiches Bestand, sondern
er büßte sogar Gebietsteile ein, die sein großer Vater
gewonnen hatte. So wurde ihm Damaskus entrissen (3 Kön.
11, 23—25), und der neue Beherrscher desselben zeigt eine
beharrliche Feindschaft gegen ihn. Aber er ließ es sein
eifrigstes Bestreben sein, daß die Verhältnisse im Inneren
sich konsolidierten. „Die Überlieferung sieht in ihm vor
allem den Richter und Regenten, der überall feste Ordnung
und strenge Disziplin herstellt. Und nach dieser Richtung
ist seine Thätigkeit unleugbar eine segensreiche und für die
ganze Folgezeit grundlegende gewesen: Hat David eine
israelitische Nation geschaffen, so hat Salomo einen israelitischen Staat geschaffen[1]." Der Friede nach außen und im
Inneren wurde während der langen Regierung Salomos
kaum jemals ernstlich getrübt, volle Sicherheit kehrte ein
und damit war die Hauptbedingung für eine höhere Entwicklung des Verkehrslebens geschaffen. Ackerbau und Viehzucht blühten, und reizten zur Ausfuhr der Produkte; auch
der Sinn für Kunstfertigkeit und Pracht wurde mehr und
mehr geweckt. Das Land erfreute sich großen Wohlstandes,
der sich in einer reichlichen Lebenshaltung äußerte: „Von

---

1 Cornill, Geschichte des Volkes Israel S. 92 f.

Dan bis Beerscheba saß jeder unter seinem Weinstock und unter seinem Feigenbaum, man aß und trank und war fröhlich" (3 Kön. 4, 20).

Die Politik Salomos war eine ausgesprochene Handelspolitik. Nicht dem Bauer und seinem Acker lächelte das Wohlwollen der Regierung, sondern dem Handel, der das edle Metall, die Produkte und Genüsse fremder Länder importierte. Auf jede Weise wurde dieser gehoben, und der Ackerbau hatte bloß den Zweck, dem Handel zu dienen. Auch das Münzwesen erhielt infolge des zunehmenden Handels und der geschäftlichen Verbindung mit dem Auslande eine feste Ordnung und eine zuverlässige Gangbarkeit. „Während man in der ältesten Zeit die Werte der Waren nur nach Kleinvieh berechnete oder nur ungefähr bestimmte, eigentlich nur Tauschgeschäfte machte, und später kleine walzenförmige Silberstücke in Verkehr kamen, hat es Salomo für nötig erachtet, den Wert der edleren Metalle, welche den Handel vermitteln sollten, nach feststehendem Gewichte zu regeln, nach babylonisch-phönizischem Muster. Ein Steinchen von einem angenommenen bestimmten Gewichte (Sekel) galt als Einheit und hieß der königliche Stein, wie die gebahnten Straßen königliche Wege genannt wurden"[1]. Nach Angabe des Josephus (Antiqu. VIII, 7, 4) hätte Salomo zuerst die nach Jerusalem führenden Landstraßen pflastern lassen[2]. Er wußte seine Situation voll und ganz auszunutzen. An den Karawanen-

---

[1] Graetz, Geschichte der Juden I, 333.

[2] Movers, a. a. O. S. 133. Hat Salomo dies auch nicht direkt und ausschließlich zur Begünstigung des Handels gethan, so ist doch nicht zu leugnen, daß er denselben dadurch jedenfalls wesentlich erleichtert hat. Herzfeld, a. a. O. S. 36. Anfangs wurden die Handelsstraßen einfach dadurch gebahnt, daß die Reisenden immer denselben Weg nahmen. Schon hierdurch wurde das Reisen beschwerlich. (Keil, Handbuch der biblischen Archäologie [2. Aufl., Frankfurt 1875] S. 623 f.) Vgl. Abler, Geschichte des Sozialismus und Kommunismus (Leipzig 1899) S. 53.

straßen, die durch fein Ländergebiet führten, wurden Zoll=
stätten errichtet und oftmals bedeutende Zolltarife festgesetzt[1].
Es ist schade, daß die Geschichte von den Handelsverträgen,
die zwischen israelitischen, phönizischen, damaszenischen und
ägyptischen Herrschern abgeschlossen wurden (3 Kön. 20,
34; 10, 29) nur dunkle Spuren aufbewahrt hat, die nähere
Aufschlüsse vermissen lassen[2].

6. Es ist ferner bekannt, daß Salomo es nicht unter seiner
königlichen Würde hielt, selbst aktiv am Handel teil=
zunehmen und besonders einträgliche Handelszweige, die
ihm eine erwünschte Geldquelle erschlossen, als Reservatrecht
der Krone vorzubehalten. So schickte er Händler nach
Ägypten mit dem Auftrage, auf seine Rechnung Pferde
anzukaufen, teils für seine eigene Verwendung — er unter=
hielt ja eine große Zahl von Kriegswagen und Reiterei,
also ein stehendes Heer zum Zweck der Defensive — teils
für den Weiterverkauf an ausländische Könige. Dieser
Zwischenhandel mit ägyptischen Rossen und
Prachtwagen wurde königliches Monopol, und
zu dessen Sicherung wurde auch ein regelrechter Handelsvertrag
mit dem Reich der Pharaonen abgeschlossen. Bezüglich der Preise
macht Herzfeld folgende Angabe: „Für ein ganzes Vier=
gespann vielleicht mit Einschluß des Kriegswagens, soll Salomo
600 Sekel (an 552 Mark), für das einzelne Pferd 150

---

[1] Sprechende Belege hierfür bei Movers, a. a. O. S. 49:
„Wenn der Ausgangszoll für ein Wagenpferd damals in dem von
jeher durch seine Rossezucht berühmten Ägypten 150 Sekel oder
125 (?) Thaler, für einen Streitwagen, die freilich, wie in der homerischen
Zeit und bei den Assyriern und Ägyptern, nach Arbeit und Verzierungen
sich auszeichnen mochten, 600 Sekel oder 500 (?) Thaler kostet: so
sollen hier (3 Kön. 10, 29) ebenfalls sehr hohe Preise angegeben werden"

[2] Movers, a. a. O. S. 134 f. Wahrscheinlich galt auch der
3 Kön. 10 so eingehend geschilderte Besuch der Königin von Saba
nicht allein der Bewunderung der Weisheit und der Schätze Salomos,
sondern auch der Befestigung der beiderseitigen Handelsbeziehungen.

Sekel haben zahlen müssen: solche feste Preise ohne Rücksicht auf den natürlich verschiedenen Wert jedes Tieres, setzen Lieferungsaccorde mit einem Durchschnittspreise voraus."[1] Diese Annahme ist nun allerdings im höchsten Grade unwahrscheinlich; es ist kaum glaublich, daß für Handelsobjekte, wie Pferde und Prachtwagen, wo die Qualität in zahllosen Differenzierungen spielt, nur ein fester Preissatz bestimmt gewesen sei. Das sind keine Artikel, die man in Massen nach Quantitäten kauft. Deswegen ist es das weit richtigere, mit Movers jene Preissätze von den Ausfuhrzöllen zu verstehen, wie auch Herzfeld zugiebt, daß nach 3 Kön. 10, 15 der König von den Karawanen Gefälle erhoben habe[2].

Freilich ist, wie Movers bemerkt, die Stelle über Salomos Handel nach Ägypten etwas dunkel: „Und was den Ausgang von Salomos Rossen aus Ägypten und aus Kaweh betrifft, so nahmen die königlichen Händler selbe aus Kaweh gegen Zahlung, und es kam hinauf und ging aus ein Wagen aus Ägypten um 600 Silbersekel und ein Roß um 150; und also führten sie (die königlichen Händler) aus für alle Könige der Chittier und für die Könige Syriens durch ihre Hand" (3 Kön. 10, 28. 29). Hier sind unverkennbare Hindeutungen auf ein Handelsmonopol Salomos und die damit verbundenen Zölle; denn es sind hier ja nicht die Preise der Rosse und Wagen angegeben — die Preise dafür müßten ja auch mannigfach verschieden sein — sondern es handelt sich vielmehr nach dem Wortausdruck um die für die Ausfuhr geleistete Zahlung. Als solche oder als Zoll betrachtet könnte die angegebene Summe zwar sehr hoch erscheinen; da jedoch von Luxusrossen die Rede ist, die nur für Könige

---

[1] Herzfeld, a. a. O. S. 35.

[2] A. a. O. S. 26. Nur möchten wir bezüglich der Umrechnung in unser Geld Herzfeld beipflichten, daß die Durchgangszölle hoch waren, sagt auch Cornill, Geschichte des Volkes Israel S. 94.

beſtimmt waren, und da Wagen gemeint ſind, „die, wie aus
den ägyptiſchen und aſſyriſchen Darſtellungen und auch aus
den homeriſchen Beſchreibungen bekannt iſt, höchſt kunſtvoll
verfertigt und verſchwenderiſch mit edlen Metallen, Elfenbein
oder gar mit Edelſteinen und Perlen ausgelegt waren: ſo kann
die angegebene Summe, auch als Zoll betrachtet, nicht im
mindeſten unglaublich erſcheinen. — Übrigens iſt in dieſer
Stelle angedeutet, daß die Ausfuhr der Roſſe als eine
Begünſtigung des mit dem ägyptiſchen Königshauſe ver=
ſchwägerten Salomo anzuſehen ſei, weswegen bemerkt wird,
daß die chittiſchen (d. h. die ciliciſchen und cypriſchen) und
die ſyriſchen Könige durch Vermittlung von Salomos Händlern
ihre Roſſe aus Ägypten erhalten hätten“ [1].

6. Salomo iſt auch der Begründer der israelitiſchen Schiffahrt, die freilich eine ziemlich kurzlebige
geweſen iſt und eigentlich ſich als lebensfähig nur unter
der ſalomoniſchen Regierung erwieſen hat [2]. Könnten wir
ſie daher wegen ihrer kurzen Dauer an dieſer Stelle ſtill-
ſchweigend übergehen, ſo ſoll ihrer doch kurz gedacht werden,
da ſie ein laut redender Beweis für die nun erwachte Unter-
nehmungsluſt der Israeliten iſt, wie ſie auch wieder auf
die Belebung des Handelsgeiſtes mächtig zurückwirken mußte.
Wir ſehen, die im Volke ehedem ſteckende Abneigung gegen den
Handel und ſeine Gefahren war gar bald überwunden; das
Kindesalter des Handels war ſchnell vorbei. Salomo rüſtete
in Verbindung mit ſeinem Handelsfreunde, dem König Hiram
von Tyrus, eine Flotte aus, die in Zwiſchenräumen von je
drei Jahren von dem am Roten Meere gelegenen Hafen
Eziongeber aus die ſo berühmt gewordenen Oſirfahrten [3]

1 Movers, a. a. O. Bd. II. Teil 3, S. 333 f.
2 Über die geringe Bedeutung der israelitiſchen Schiffahrt vgl.
Herzogs Realencyklopädie für proteſt. Theologie XIII, 513, Art.
„Schiffahrt“.
3 Über die Lage Oſirs im ſüdlichen Arabien ſ. Herzfeld, a. a. O. S. 30.

unternahm. Interessant ist die biblische Angabe, welcher Art die von solchen Seereisen heimgebrachten Produkte waren: große Mengen Goldes, Silber, sehr viel Sandelholz, Edelsteine, Elfenbein (3 Kön. 9, 26—28; 10, 11. 23), lauter Artikel, die dem Luxus zu dienen bestimmt waren. Es fragt sich nun, ob wir die israelitischen Teil- nehmer an den Ofirfahrten als eine für eigene Rechnung aus- laufende Handelsgesellschaft uns zu denken haben, zu deren Unter- nehmen Salomo bloß den Anstoß gegeben habe, oder ob es ein königliches Unternehmen gewesen ist. Letzteres wird daraus geschlossen, daß ziemlich alles, was sie mitbrachten, dem Könige gehörte: ausdrücklich wird erwähnt, daß das von der ersten Fahrt mitgebrachte Gold in seinen Schatz geflossen sei, das Sandelholz habe er für den Tempel und Palast verarbeiten lassen, das Elfenbein für seinen Thron; für den Ankauf der heimgebrachten Edelsteine sei das Volk noch nicht reich genug gewesen, und die unsägliche Mühe, auf so lang- wieriger Heimfahrt Affen und Pfauen mit sich zu führen, wäre sicherlich gar nicht übernommen worden, wenn dieselben nicht für den König bestimmt gewesen wären. „Es erscheint hiernach vielmehr, daß das ganze Unternehmen auf Kosten und zum Nutzen des Salomo ausgeführt worden ist, wenn auch die zu demselben verwendeten Männer mögen manches Kostbare für sich zurückbehalten haben, sowie nach der glück- lichen Rückkehr reich beschenkt worden sein; und vermutlich war es auf späteren Ofirfahrten zu Salomos Zeit nicht wesentlich anders"[1].

[1] Herzfeld, a. a. O. S. 32. Über die Exportwaren, welche auf den Schiffen befördert wurden, sagt Graetz, Geschichte der Juden I, 326, es seien wahrscheinlich phönizische Erzeugnisse, Purpur, Glas- waren gewesen, da Palästina nichts besessen habe, was für diesen See- handel geeignet gewesen wäre. Nur ein Erzeugnis habe es besessen, welches Gold aufwog: den Balsam von Gilead, welcher im Altertum als Heil- und Linderungsmittel ganz besonders geschätzt wurde.

Wenn auch durch diese von Herzfeld geltend gemachten
Gründe jedenfalls nicht der zwingende Nachweis erbracht wird,
daß diese Ofirfahrten ähnlich wie der ägyptische Pferdehandel
ausschließlich ein Handelsunternehmen des Königs gewesen
sind, so ist doch unbestreitbar, daß Salomo die Seele dieser Ex-
peditionen und jedenfalls auch der Hauptbeteiligte daran gewesen ist.   Das war vielleicht nach unsern heutigen Er-
fahrungen nicht ganz staatsökonomisch, aber unter den damaligen Umständen war es doch das wirksamste, absichtliche
oder unbeabsichtigte Mittel, allmählich auch mehr Privat-
leute dem Handel zuzuführen[1].   Die starke Beteiligung
eines Fürsten an kommerziellen Unternehmungen ist überhaupt ganz typisch für die frühesten Entwicklungsphasen
des erwachenden Handelsgeistes.   Die ersten eigentlichen
Händler waren nach den Ausführungen Schmollers
teils die Fürsten und Aristokraten, teils fremde Hausierer.
Die ersten bedeutenderen Handelsunternehmungen sind
gemeinsame Schiffs- und Karawanenzüge mit sehr aus-
geprägter genossenschaftlicher und gildenmäßiger, oft staatlicher Organisation.   Sie hingen von völkerrechtlichen
Verträgen ab und verbanden sich sehr häufig mit politischen
und Herrschaftszwecken, mit Eroberungs- und Beutepolitik.
Aber diese genossenschaftliche und politische Organisation des
Handels „hatte nicht leicht in älterer Zeit, soweit wir sehen
können, den Zweck, Geschäfte auf gemeinsame Rechnung
mehrerer zu machen, sondern immer nur den, die Reise, die
Unterkunft, die Warenauslegung gemeinsam zu organisieren,
den Markt zugänglich zu machen, zu ordnen, die Warenart
und die Preise zu regulieren"[2].   Jedoch das einzelne Geschäft
machten die einzelnen Beteiligten, der König oder Patriarch,
der Priester oder Aristokrat nur für sich allein.

[1] Herzfeld, a. a. O. S. 35.
[2] Schmoller, Die geschichtliche Entwicklung der Unternehmung
(Jahrbuch für Gesetzgebung, Verwaltung und Volkswirtschaft XIV. Jahr-
gang, 4. Heft (Leipzig 1890), 1 ff.).

7. Übrigens gingen die Seereisen nicht bloß nach Ofir. Etwas Schiffahrt, wenngleich in sehr mäßigem Umfange, hatte bereits zur Zeit der Debora nach Richt. 5, 17 der nördlich von Philistäa ansässige Stamm Dan, vermutlich vom Hafenort Joppe aus betrieben. Noch belangreicher soll die Schiffahrt des Stammes Sebulun gewesen sein. „Die Küstenstrecke von Achsib bis zum Karmel, mit Einschluß des an einem prächtigen Meerbusen gelegenen Acco, war eigentlich dem Stamme Ascher zugefallen, aber später muß Sebulun, welcher südöstlich daran grenzte, sich über diese Küste ausgebreitet haben."[1] Und einmal im Besitze derselben, mußte sich dieser Stamm schon durch das Beispiel der benachbarten Ufervölker zum Seehandel aufgemuntert fühlen. Auch in diese Schiffahrt, wie sie schon vor Salomo bestanden hatte, kam natürlich jetzt ein frischerer Zug. Der Handelsgeist, der unter diesem Fürsten erwacht war, schwellte der Seefahrt erst recht die Segel. Denn von einem Könige, der ein so offenes Auge für die Vorteile des Handels besaß, läßt sich sicher annehmen, daß er die oben nachgewiesene Handelsthätigkeit der Stämme Sebulun und Dan begünstigt haben werde, wenn uns auch biblische Andeutungen darüber fehlen. Es ist kaum denkbar, daß ein so intelligenter Fürst, der in einem verhältnismäßig entfernten Hafen des Roten Meeres, wie Ailat war, seinem Volke eine sehr gefährliche Handelsbahn eröffnet hatte, dem auf der heimatlichen Küste bereits etwas erblühten Handel alle Förderung vorenthalten habe[2].

4. Der israelitische Getreidehandel.

1. Stellen wir nun die Frage: Welches war denn das hauptsächlichste Handelsobjekt, was führten denn die Israeliten aus, entweder selbstthätig oder durch

---

[1] Herzfeld, a. a. O. S. 16 f.   [2] Ebd. S. 25.

Vermittlung der zahlreichen Karawanen, die ihr Land
durchzogen? so ergiebt sich aus dem früher Gesagten, daß
es vorherrschend Getreide, insbesondere Weizen, gewesen
ist, an welchem ihr Land so ergiebig war. Der Ackerbau
stand ja sowohl wegen der Fruchtbarkeit des Bodens als
auch wegen der eigenen, auf väterlicher Tradition beruhenden
Neigung des Volkes[1] im Mittelpunkt des jüdischen Arbeitslebens. Der Ackerbau war ebensosehr der Träger altväterlicher
Sitte, Einfachheit und religiösen Glaubens wie die vorzüg-
lichste materielle Lebens- und Erwerbsquelle. Wie hoch der
Ackerbau bei hoch und nieder in Ehren stand, zeigt sich deutlich daran, daß König Saul nach einem Sieg über die Philister
wieder zu seinem Acker und Pflug heimkehrte (1 Kön.11, 5). Der
Stolz und die Freude des Juden war der Grund und Boden,
den Gott selbst seinem Volke zugewiesen hatte, den die Familie in
steter Reihenfolge vererbte, mit dem auch das Leben und
die Geschichte der Familie aufs engste verbunden war, den endlich auch das Gesetz so ängstlich durch verschiedene Vorschriften
der Familie zu erhalten bemüht war.   „Mit dem väterlichen
Boden, wo auch das Familiengrab sich befand (vgl. 2 Kön. 19,
38), war der echte Israelit so eng verwachsen, daß er sich als
eine aus der Erde gerissene Pflanze fühlte, wenn er sein Gut
verlassen mußte.“[2]   Während der Ackerbau im klassischen Altertum etwas einseitig nur in seiner Bedeutung als die hauptsächlichste Nahrungsquelle gewürdigt wurde, ist ihm von der
Bibel auch nach der sittlich-religiösen Seite hin Wertschätzung
entgegengebracht worden. Die Bedeutsamkeit des Ackerbaues
fällt nach der Bibel mit dem Wachstum des materiellen und
sittlichen Wohles zusammen[3].   Im Ackerbau, den nach

---

[1] Movers, a. a. O. S. 200. Ekkli. 26, 29; 27, 1.

[2] Buhl, a. a. O. S. 55.

[3] Hamburger, Realencyklopädie für Bibel und Talmud. Artikel
„Ackerbau“ I (Strelitz 1884), 43 ff. Über die technische Seite der Landwirtschaft im alten Palästina, s. Hastings, A dictionary of the Bible,
art. „Agriculture“ (Edinbourgh 1898) p. 48 ss.

jüdischer Auffassung Jehovah selbst sein Volk gelehrt haben soll, verkörperten sich gleichsam die idealen und materiellen Volksgüter.

2. Aus dieser überragenden Bedeutung des Getreidebaues für das jüdische Volksleben ergiebt es sich mit Notwendigkeit, daß irgendwelche Veränderungen in diesen innigen Beziehungen von Familie und Grundbesitz zugleich auch die Volksseele, das ganze Volksleben mitberühren, vielleicht tiefgreifend umgestalten mußten. Und es muß deswegen hier, wo von dem Schwinden der althergebrachten Zustände und dem Übergang zu einer ganz veränderten Kulturperiode die Rede ist, dem in Schwung kommenden Getreidehandel im Judenland eingehende Beachtung geschenkt werden.

Der Getreidehandel brachte zunächst, wie wir bereits sahen, rege Verkehrsbeziehungen mit den Phöniziern. Einerseits waren die Hebräer selbst hinsichtlich des aktiven Handels zum großen Teil auf das unternehmungslustige Volk der Phönizier angewiesen, anderseits konnten diese bei der Lage und Beschaffenheit ihres Landes die Erzeugnisse des Ackerbaues und der Viehzucht nicht entbehren, welche das palästinensische Binnenland in reichster Fülle lieferte. Der phönizische Boden konnte eine so zahlreiche Bevölkerung, wie sie die Handelsstädte an der Küste besaßen, nicht ernähren. Das kleine, zwar vortrefflich, aber vorwiegend nur zu merkantilen und industriellen Zwecken kultivierte Gebiet bedurfte regelmäßiger Zufuhren an Lebensmitteln aller Art. Wo aber hätten namentlich die zu Lande fast ringsum vom israelitischen Gebiete eingeschlossenen, schmalen Küstenstreifen im südlichen Phönizien, wo hätte die Insel Tyrus mit dem stark bevölkerten Palätyrus diese Bedürfnisse besser befriedigen können als bei den angrenzenden, mit Ackerbau und Viehzucht ausschließlich beschäftigten israelitischen Stämmen des Binnenlandes, die für den Absatz ihrer Produkte wieder der Handelsvermittlung der Phönizier bedurften? Aber nicht allein zur Brotversorgung des eigenen Landes kauften die Phönizier israelitische Landesprodukte, sondern sie, das Seefahrervolk der alten Welt, trieben damit selbst wieder gewinnreichen Handel. Damit waren enge Beziehungen mit dieser kaufmännisch hochgebildeten Nation eingeleitet und geknüpft, die nach den verschiedensten Richtungen hin von großer Tragweite für die innere Geschichte Israels werden sollten. Die Macht der Umstände führte zu einer merkantilen Verbindung beider Völker, die für die Hebräer um so vorteilhafter war, da sie einzelne Strecken der Handelswege, zu Zeiten auch alle Handelsstraßen beherrschten, die zu Lande nach Phönizien führten. Auf dieser Interessengemeinschaft beruhte auch das äußerlich gute Einvernehmen beider, welches trotz aller nationalen Antipathien, die nicht selten zu Streitigkeiten führten, auf die Dauer dennoch niemals ernstlich gefährdet wurde. „Die israelitischen Stämme, namentlich die im angrenzenden Galiläa wohnenden, liefern regelmäßig die Erzeugnisse ihres Landes auf die phönizischen Märkte (1 Mos. 49, 20. Apg. 12, 20) und beteiligen sich in mehrfacher Weise an den industriellen Unternehmungen ihrer Nachbarn. Viele Hebräer sind bis in die späteste Zeit in den phönizischen Städten ansässig (vergl. 3 Kön. 7, 13 f. Mich 1, 10); die Könige beider Völker stehen in freundschaftlichem oder gar wie Salomo und Ahab in verwandtschaftlichen Verhältnissen, und vereinigen sich gegen gemeinschaftliche Feinde (Jer. 27, 3), zu Handelsverbindungen (3 Kön. 9, 27. 10, 22) oder sonstigen Gegenleistungen. Dafür pflegen dann die Hebräer mit den Erzeugnissen ihres Landes zu zahlen (3 Kön. 5, 11. 2 Par. 2, 14. Esdr. 3, 7), während die Phönizier Produkte ihrer Industrie oder edle Metalle oder auch Künstler und Baumeister samt den erforderlichen Baumaterialien für die königlichen Bauten in Jerusalem senden (3 Kön. 5, 10; 7, 13; 9, 11. 2 Kön. 5, 11)."[1]

---

[1] Movers, a. a. O. S. 203.

Der Getreidehandel war aber nicht der einzige Weg, auf welchem Gold ins Land floß. Es gab noch andere Produkte genug, die reichen Gewinn abwarfen. Palästina lieferte ein ganz vorzügliches Öl, Wein von ausgezeichneter Qualität, den hochberühmten Balsam, Erzeugnisse, deren Ausfuhr meist phönizische Schiffe besorgten[1]. Einige Zweige des jüdischen Großhandels wußten die Könige zu monopolisieren, wie das, abgesehen von dem Handel mit ägyptischen Pferden, mit dem Absatz des Balsams und der Früchte der Dattelpalme der Fall war[2].

3. Dieses so rasch aufblühende Verkehrsleben lockte auch zahlreiche phönizische Handelsleute ins Land, die teils herumziehende Händler, teils fest ansässige Kaufleute waren. Das israelitische Gesetz, welches ohnehin ein äußerst humanes Fremdenrecht kannte, wurde von Salomo an Entgegenkommen und weitgehendster Toleranz noch überboten, indem er sogar den in Israel weilenden Fremden die Errichtung eigener Kultstätten gestattete. Die fremden heidnischen Kaufleute durften nicht wie in späteren, wieder mehr gesetzeseifrigen Zeiten, etwa bloß draußen vor den Thoren der Städte ihre Bazare und Quartiere inne haben, sondern wohnten in den israelitischen Städten unbehelligt mitten unter den israelitischen Bewohnern. Sogar in Jerusalem, dem Herzen des religiösen Kultes, war eine starke phönizische Kaufmannschaft ansässig; die Damaszener hatten ein Stadtquartier in Samarien und die Israeliten in Damaskus[3]. Das konnte natürlich nicht ohne Rückschlag auf das sittliche und religiöse Leben des Judenvolkes bleiben; es hatte ja jetzt so reichliche Gelegenheit, die heidnische Ungebundenheit und Üppigkeit mit seiner Gesetzesstrenge

---

[1] Movers, a. a. O. S. 87 f.

[2] Ebd. S. 109. Ein ausführliches Verzeichnis der Gegenstände, welche die Israeliten exportierten, findet sich bei Herzfeld, a. a. O. S. 90 ff. Movers, a. a. O. S. 214 ff.

[3] Ebd. S. 115.

und schlichten Einfachheit in Parallele zu bringen. Charakteristisch für den vergiftenden Einfluß heidnischer Sittenlosigkeit
ist die Erzählung von dem buhlerischen Eheweib des fremden
Kaufmannes (Spr. 7, 6 ff.; vergl. 6, 24; 7, 5; 7, 19. 20.)
Die Berührung mit dem Heidentum machte die Israeliten
zwar „weltbürgerlicher und toleranter, aber vielfach auch
gleichgültiger gegen religiöse Satzungen, und wie klein
ist von da aus der Schritt zur Gleichgültigkeit gegen die
Religion überhaupt für jeden, der nicht durchgebildet ist!
Die vorwiegende Richtung auf Gewinn begünstigt dies
ebenfalls und schwächt zugleich den Lokalpatriotismus"[1].

Ein weiteres Eingehen auf die ethische Seite dieses
lebhaften Verkehrs der Israeliten mit den heidnischen Kaufleuten erfolgt an späterer Stelle.

4. Palästina war also die Kornkammer Phöniziens[2]
und durch Vermittlung der Phönizier wohl auch noch
anderer Länder. Der Prophet Ezechiel apostrophiert die
Handelskönigin Tyrus in seiner Schilderung des palästinensisch-
phönizischen Handels also: „Juda und das Land Israel
waren deine Händler; Minnithweizen[3] und Panagh[4], Honig
und Öl und Balsam geben sie dir zum Tausch" (Ez. 27, 17).
Besonders waren es die fruchtbaren Landschaften Galiläas,
welche das Getreide lieferten; von Joppe aus wurde dasselbe
dann zu Schiffe nach Phönizien verfrachtet.

Nach alledem war der Getreideexport ein beträchtlicher.
Über die Höhe des jährlichen Getreideexportes sagt Movers:

---

[1] Herzfeld, a. a. O. S. 71.

[2] Joret, Les plantes dans l'antiquité et au moyen âge
(Paris 1897) p. 388.

[3] „Minnithweizen (nicht Weizen von Minnith, wie wenn die
Tyrier ihn aus Minnith bezogen hätten), welcher seinen Namen von
einer Stadt in dem an Weizen reichen Lande der Ammoniter (vgl.
Richt. 11, 33 mit 2 Par. 27, 5) hatte, etwa in dem Sinne, wie bei
uns der Frankensteiner Weizen." Movers, a. a. O. S. 209.

[4] Darunter sind nach Herzfeld (a. a. O. S. 14) Datteln zu verstehen.

Die Ausfuhr war aber, wie man schon aus dem großen Fruchtreichtum Palästinas einerseits und dem starken Bedarfe des volkreichen Phöniziens anderseits schließen mag, außerordentlich groß. „Salomo entrichtete nach den Büchern der Könige dem Hiram für die beim Tempelbau gelieferten Materialien und Bauleute alljährlich 20 000 Kor[1] Weizen, gegen 150 000 Medimnen ‚für dessen Haus‘, d. h. allein für den königlichen Hof (3 Kön. 5, 11. 2 Par. 2, 10), ein Quantum, dessen Wert sich auf mindestens 300 000 Thaler beläuft und folglich auf die acht Jahre des Baues 2 400 000 Thaler betragen würde. Nach der Chronik erhielt Hiram alljährlich 20 000 Kor Weizen und ebensoviel Gerste (2 Par. 2, 10), nach Eupolemos aber jeden Monat (!) 10 000 Kor, das Kor zu 10 Artaben. Wie stark der jüdische Getreidemarkt in Sidon war, möge man aus der Stelle des Josephus (Ant. XIV, 10, 6) entnehmen. Nach einer mäßigen Berechnung brachte der Getreidehandel gegen 12 500 000 Thaler jährlich ins Land.“[2]

Aber auch während der Zeit dieser Lieferungen, welche an den König von Thyrus abgeführt wurden, werden die Phönizier höchst wahrscheinlich neben den genannten Quantitäten auch für ihren eigenen Bedarf daheim, wie für den Export zur See noch beträchtliche Mengen Getreides von den Israeliten bezogen haben; und jedenfalls nahm die Ausfuhr ganz von selbst zu, als nach Vollendung des Tempelbaues die Lieferungsjahre abgelaufen waren. Die eingetretene Befreundung Salomos mit dem thyrischen Könige und die vielfachen Berührungen beider Völker bei den gemeinsamen Schiffahrtsunternehmungen mußten von selbst dazu führen, palästinensisches Getreide mit Hilfe der geschäftsgewandten Phönizier zu exportieren und die Ausfuhr beständig zu steigern[3].

[1] Der Kor (Chomer) soll wie Herzfeld, a. a. O. S. 173, annimmt, 259,2 Liter enthalten haben.

[2] Movers, a. a. O. S 212 f.   [3] Herzfeld, a. a. O. S. 25 f.

5. Dieser jedenfalls bedeutenden Getreideausfuhr[1] nach Phönizien entsprach auch der Stand der Getreide= preise. Dazu kam der große Konsum in Palästina selbst, wo die Hauptnahrung des Volkes Brot war[2]. Die unausbleibliche Folge der stark forcierten, weil sehr gewinnreichen, Getreideausfuhr war natür= lich eine Umgestaltung der bisherigen Preisver= hältnisse. Inmitten eines so reichen und fast unerschöpflichen Kornlandes, wie Palästina es war, schnellten die Getreidepreise zu einer früher ungekannten Höhe empor. Dazu mußte auch der nunmehr eintretende Geldreichtum mit beitragen. Bisher war nämlich, wie das bei rein bäuerlichem Wirtschafts= betrieb und dem Vorwiegen der Naturalwirtschaft die Regel zu sein pflegt, das Bargeld, überhaupt das Edelmetall, ein

---

[1] Schegg, a. a. O. S. 318, gibt eine ausführliche Berechnung und schätzt die jährliche Getreideausfuhr auf 6 Millionen Hektoliter Weizen und Gerste im Werte von etwa 23 Millionen Mark. „Der Weizen hatte in der Regel den doppelten Wert der Gerste, zu Zeiten auch den dreifachen, je nach der Nachfrage und dem Ausfall der Ernte. Wir haben jedenfalls für den Durchschnittspreis des palästinensischen Getreides einen sichern Anhaltspunkt am ägyptischen Markte, auf dem 8 Drachmen (2 Sekel, $4^3/_5$ Mark) für Gerste, 16 Drachmen (4 Sekel, $9^1/_5$ Mark) für den Chomer Weizen gelöst wurden. Das Doppelte des Preises zur Zeit des Moses ...“ Es hatte, wie Schegg a. a. O. S. 138 angiebt, ein Chomer Gerste den Wert eines Widders, ein Chomer Weizen den Wert eines Kalbes, zehn Chomer Weizen den Wert eines Ochsen.

[2] Das hauptsächlichste Nahrungsmittel des Volkes war Weizenbrot; Gerste wurde in der Regel als Futter an Stelle des Heues verwendet. Nur das ganz arme Volk nährte sich von Gerstenbrot. Das Dictionary of the Bible sagt im Artikel Barly (horreum) p. 247: „It is also used among the poor for bread as in ancient times (Ig. 7, 13) and cakes (Ezk. 4, 12). It was mixed with other cheap grains for the same purpose (Ezk. 4, 9). When any one wishes to express the extremity of his poverty, he will say: I have not barly bread to eat.“

seltener Artikel gewesen. Der Handel vollzog sich zum weitaus größten Teil in der Form des Tauschgeschäftes, im Umsatz von Ware gegen Ware, nicht von Ware gegen Geld. Nun aber strömten durch die Komplikation verschiedener Umstände, vor allem aber durch die Eröffnung eines lebhaften Handels, riesige Massen an Edelmetall ins Land herein. Infolge des gesteigerten Absatzes der Landesprodukte und des dadurch bewirkten Zuflusses großer Massen Edelmetalls scheint das Geld in Israel sehr rasch und bedeutend im Werte gesunken zu sein. Besonders von den Ofirfahrten kehrten die Schiffe mit Gold beladen zurück. Von der ersten Fahrt sollen sie 420 Kickar [1] Gold mitgebracht haben, nach 2 Par. 8, 18 gar 450 Kickar; das waren 6426 resp. 6885 Kilo; wie ergiebig hieran die späteren Fahrten gewesen sein mögen, ist nicht zu erraten. „Auch Silber sollen die Ofirfahrer zurückgebracht haben; doch wird dessen nicht viel gewesen sein, denn an diesem Metall war Arabien lange nicht so reich wie an Gold; die Angabe 3 Kön. 10, 27, daß unter Salomo das Silber ‚in solcher Menge vorhanden war wie die Steine‘, läßt sich, unter Reduzierung dieser Hyperbel auf ein annehmliches Maß, aus dem Erlös der z. B. an die Phönizier abgegebenen Produkte und aus Salomos sonstigen Einnahmen erklären [2]." Mögen auch die hinsichtlich der Einnahmen aus dem Getreidehandel ange= stellten Berechnungen noch so bedeutend voneinander abweichen, mögen sie noch so unsicher sein und noch so stark sich von dem wahren Erträgnis entfernen, so viel ist doch gewiß, daß viel Geld damit verdient wurde. Zu den reichen Handelsgewinnen kamen dann noch die Tribute der unterjochten Völker. Da schon ein Teil dieser letzteren nach Davids Tod das Joch der israelitischen Herrschaft wieder abschüttelte, wurden auch die von ihnen erhobenen Abgaben

---

[1] Der Kickar entspricht einem Talent.

[2] Herzfeld, a. a. O. S. 31.

zum Teil wenigstens sistiert, und es wird deswegen nicht
ganz das Richtige treffen, wenn Movers behauptet, die
große Menge an Silber und Gold, welche in Davids und
Salomos Zeit zusammenfloß, müsse hauptsächlich aus
der Beute und den Tributen der zahlreichen durch Industrie
und Handel reichen Königsstädte des alten Syriens abgeleitet
werden: „Das alljährlich dem Salomo eingehende Gold
betrug 666 Talente... Dazu wird noch ausdrücklich bemerkt,
daß dieses Einkommen weder aus den zwölf Statthalter-
schaften Israels floß, noch aus den Eingangszöllen und
Tributen der nordarabischen Fürsten, und da auch die unterworfenen Hirtenstämme der Nachbarschaft, ebenso wie die
Israeliten, ihre Abgaben in Naturalien zu entrichten pflegten
(3 Kön. 4, 7 ff. vergl. 4 Kön. 3, 4. Jes. 16, 1. 2 Par.
17, 11), so muß man dieses Einkommen in Gold hauptsächlich aus den Tributen ableiten, die schon David angeordnet hatte, und von deren Eintreibung unter diesen beiden
Königen die assyrischen Annalen ... Meldung thaten (Esdr.
4, 20; 6, 2 mit 2 Kön. 8, 6; 10, 19. 3 Kön. 5, 1. 4.
3 Kön. 11, 23)[1].“ Wir staunen über die horrenden Beträge
an Edelmetall, die zum Tempelbau und zu andern Zwecken
der Prachtentfaltung verwendet wurden, während aus früheren
Perioden immer nur verhältnismäßig winzige Beträge
erwähnt werden. Noch teilweise unter David war nur sehr
wenig Geld im Umlauf, das edle Metall diente fast ausschließlich dekorativen Zwecken, und waren demzufolge auch
die Warenpreise sehr niedrige[2].

6. Und nun strömt mit dem Emporblühen eines äußerst
lebhaften Handels das Geld plötzlich in diese Naturalwirtschaft herein. Die allernächste Folge war daher auch die
totale Verschiebung der Warenpreise. Diese
letzteren regulierten sich ganz nach dem Stand des Handels.

---

[1] Movers, a. a. O. S. 44 f.
[2] Ausführlich hierüber Movers, a. a. O. S. 46 ff.

Im allgemeinen stellt sich hier nach den biblischen Angaben die Sache so dar: In denjenigen Zeiten, wo durch Erweiterung der Grenzen die politischen und kommerziellen Schranken, welche die Hebräer von den Nachbarvölkern isolierten, weggefallen waren und das Reich ein großes, von zahlreichen Karawanenstraßen mit ihren einträglichen Zollstätten durchzogenes Handelsgebiet umschloß, werden Silber und Gold in großer Menge bei den Israeliten angetroffen, und stehen daher auch die Preise der Dinge ungemein hoch; in den Zeiten dagegen, wo diese Schranken fortbestanden, wo namentlich die Grenzen des israelitischen Gebietes das Mittelländische Meer, den Arabischen Meerbusen und die Euphratländer nicht erreichten, hatten auch Gold und Silber einen hohen Wert, und die Preise der Dinge standen verhältnismäßig sehr niedrig [1].

7. Was bis zu der Zeit, in der wir stehen, am billigsten war, das Getreide, wird nun wegen der lockenden Absatzgelegenheiten im Auslande ein im Preise hochstehender Artikel. Man produzierte nicht mehr wie bisher für den Eigenbedarf, für die Ernährung der einheimischen Bevölkerung, sondern man baute jetzt Getreide wenn auch nicht hauptsächlich, so doch ebensosehr im Hinblick auf den Export. Die reiche Kornfülle des Landes hatte bisher ein eigentliches Elend, ein Hungerleiden des niederen Volkes gar nicht aufkommen lassen; man konnte bei so großem Ertrag des Bodens den darbenden Volksgenossen am eigenen Vorrat leicht mitzehren lassen, eine Sitte, deren Beobachtung ja auch im Gesetze noch besonders durch die Vorschrift eingeschärft war, den Hungrigen am Ertrag des Ackers und Weinberges teilnehmen zu lassen. Jetzt aber war das Getreide zum Handelsobjekt, zur Ware und zum Gegenstand kaufmännischer Spekulation geworden.

---

[1] Movers, a. a. O. S. 45.

Das alles war aber erst durch die Handelspolitik
Salomos so geworden. Movers bemerkt über die Umgestaltung der Preise, daß wir erst, seitdem unter Salomo
der Handel einen kräftigen Aufschwung genommen hatte,
im Hebräerland im Verkehr viel Geld und daher sehr hohe
Warenpreise finden. „Aus der Salomonischen Zeit sind
einige Preise bekannt, die nach allen Analogien sehr hoch sind
und daher auch um dessentwillen in den biblischen Büchern
erwähnt werden. Die Hüter der königlichen Weinberge zu
Baal-Hammon zahlten für die Trauben ein jeder 1000
Sekel oder 833 Thlr. 8 g. Gr., als Lohn hatte jeder
200 Sekel oder 166 Thlr. 16 g. Gr. (Hohel. 8, 11 ff.).
Erstere Angabe ist freilich zu unbestimmt, als daß genauere
Berechnungen darauf gegründet werden könnten; jedoch setzt
sie im Verhältnis zu den anderweitigen Schätzungen des
Grundeigentums einen außerordentlich hohen Preis des-
selben voraus. Ein Lohn von 200 Sekel für einen
Wächter ist ebenfalls im Verhältnis zu den Löhnen in andern
Zeiten sehr hoch. Ein Levit erhielt in alter Zeit für den
Hausgottesdienst jährlich nur 10 Sekel, 8 Thlr. 8 g. Gr.
(Richt. 17, 10), ein guter Sklave kostete nur 50 Sekel,
41 Thlr. 16 g Gr. (3 Mos. 27, 3), und selbst in einer Zeit,
wo abermals die Preise sehr hoch standen, zahlte man als
jährlichen Lohn für einen Hirten nur 30 Sekel, 25 Thlr.
(Zach. 11, 12)[1].“ Nachdem freilich die kurze Zeit der
Salomonischen Herrlichkeit und der aufsteigenden Konjunktur
vorüber war, trat wieder Geldmangel ein, und damit fielen
die Preise wieder rasch. Jedoch hundert Jahre später, als in
beiden Reichen ein großer Wohlstand vorhanden war und
nach dem Wort des Isaias das Land voll war von Silber
und Gold (Is. 2, 7), erreichten auch die Preise wieder eine

---

[1] Movers, a. a. O. S. 48 f. Duncker, Geschichte des Altertums II, 118.

ganz enorme Höhe, was man beispielsweise aus einer Stelle des Propheten (Is. 7, 23) schließen kann, derzufolge ein Weinberg so viele Sekel kostete, als Traubenstöcke darin waren. Nach der Berechnung von M o v e r s soll ein Morgen Weinberg etwa 4800 Thlr. gekostet haben[1].

8. Nun befinden wir uns allerdings in nicht geringer Verlegenheit, wenn bestimmte Getreidepreise aus dieser Periode des eben erwachten Getreidehandels angegeben werden sollen. Biblische Angaben hierüber fehlen fast ganz, und auch eine Nachricht, die wir aus einer etwas späteren Zeit besitzen, läßt uns im Stich. Der Prophet Elisäus verkündet (4 Kön. 7, 1), daß die Saa[2] Weizenmehl und zwei Saa Gerste zwei Sekel kosten solle, ein dem Zusammenhange nach außerordentlich billiger Preis, der schon um deswillen nicht als die Regel gelten kann, weil die Zuhörer des Propheten Zweifel an der Möglichkeit einer solchen Wohlfeilheit laut werden lassen: Selbst wenn Jehovah Schleusen am Himmel machte, könnte solches nicht geschehen. Mit dieser Angabe ist uns also so gut wie nichts gedient. Alle angestellten Berechnungen sind bloße Vermutungen, die sich mehr oder weniger von dem wahren Sachverhalt entfernen. Sie legen Nachrichten über Getreidepreise aus späterer Zeit zu Grunde, suchen den Wert, den das Geld zu verschiedenen Zeiten hatte, annähernd zu ermitteln und auf dieser unsicheren Grundlage die Kombination aufzubauen. Von der Angabe bestimmter Getreidepreise müssen wir demnach Abstand nehmen; doch das eine mag uns hier genügen: sicher ist, daß die Getreidepreise bedeutend in die Höhe gingen, und daß ganz entsprechend, wegen der hohen Grundrente, auch der Wert des Bodens eine beträchtliche Steigerung erfuhr. Das ist nun einmal die notwendige Folge einer starken

---

[1] M o v e r s, a. a. O. S. 50 f.

[2] Eine Saa soll nach H e r z f e l d (a. a. O. S. 173) 8,64 Liter betragen haben

Getreideausfuhr. Hierzu kommt noch ein wichtiges Moment.
Es begegnet uns in den biblischen Büchern häufig die
Erwähnung von Teuerungen, von Hungersnöten, die,
wie noch des weiteren erörtert werden soll, wahrscheinlicher-
weise nicht allein durch elementare und klimatische Einflüsse verursacht waren, sondern zum Teil wenigstens auch
die Folge der ohne Rücksicht auf den Volksbedarf betriebenen
Getreideausfuhr gewesen sein werden. Des weiteren haben
es die Propheten meisterhaft verstanden, uns jene wucherischen
Kornhändler zu zeichnen, welche darauf ausgingen, die Preise
möglichst in die Höhe zu treiben; auf diesen Punkt wird
später noch des näheren eingegangen werden.

9. Auch die übrigen Warenpreise waren durch die Um-
gestaltungen auf wirtschaftlichem Gebiete modifiziert worden.
Nur noch eine kurze Bemerkung über Viehpreise. Nach
2 Kön. 24, 24 kaufte David eine Dreschtenne und Rinder,
also wenigstens zwei, mit ihrem Ackergerät zusammen für
50 Sekel, die etwa 75 Denaren gleich kamen, „und mit
Unrecht", sagt Herzfeld, „hat der Chronist (1, 21. 25),
weil das ihm viel zu wenig sein mochte, dafür 600 Sekel
gesetzt, indem er vermutlich die 50 als Goldsekel von
zwölfmal höherem Werte auffaßte"[1]. Ist diese Vermutung
richtig, so liegt darin ein Beweis dafür, wie sehr der Wert
des Geldes gesunken und die Warenpreise gestiegen waren.
Bezüglich der Preise, welche die aus Ägypten durch Salomo
gekauften Pferde hatten, gehen die Ansichten auseinander.
Wie schon früher bemerkt wurde, ist wahrscheinlich die Angabe von 150 Sekel nicht, wie Herzfeld vermutet, auf
den Kaufpreis des einzelnen Pferdes, sondern mit Movers
auf den Zollsatz zu beziehen, den Salomo für den Durch-
gang durch sein Gebiet auf den Preis noch daraufschlug.
Zu dieser Annahme veranlaßt auch der Umstand, daß

---

[1] Herzfeld, a. a. O. S 187.

sonst der Preis für solche Luxusartikel ein gar zu niedriger gewesen wäre[1].

So waren demnach durch den äußerst regen Handel alle Preise, insbesondere die des Getreides, wesentlich verändert worden. Movers faßte seine Untersuchung über die Höhe der Getreidepreise dahin zusammen, daß gegen die Getreidepreise im damaligen Palästina diejenigen, welche in Griechenland, zumal in älterer Zeit üblich waren, weit zurück bleiben[2], „und es bestätige sich durch so hohe Preise nicht nur unsere Vermutung über den niedrigen Wert, den das Silber im älteren Oriente, namentlich in Phönizien und Palästina hatte, sondern es werde dadurch auch der starke Handel bezeugt, welcher mit Korn nach dem geldreichen Phönizien von Palästina aus betrieben wurde. „Daß diesem hohen Getreidepreise auch der Wert des Ackerlandes in Palästina entsprach, können wir hier nur andeuten[3]."

---

[1] Nach der Angabe von Herzfeld entsprechen dem Betrage von 150 Sekel etwa 226 Denare. Nun kostete aber in Athen zu Aristophanes' Zeit ein gutes Reitpferd 12 Minen = 1534 Denare (Herzfeld, a. a. O. S. 193).

[2] Movers nimmt nämlich an, daß der gewöhnliche Preis von 4 Saa Weizen, welches Maß einem attischen Medimnus gleichkommt, in späterer Zeit einen Sekel oder 20 g. Gr. betrug, „was im Verhältnis zu den anderweitig bekannten Preisen in einem Kornlande schon als ein hoher Preis gelten kann. Im höheren Altertum dagegen, als die vorderasiatischen Länder noch in voller Blüte standen, waren die Getreidepreise noch viel bedeutender.... Dennoch kommen solche Preise, da 4 Shea oder ein Medimnus Gerste 1 Thlr. 16 g. Gr. kosten würde, im Altertum nur bei Teuerungen vor". „In Attika, welches bei weitem nicht den erforderlichen Bedarf an Getreide erzeugte und großer Zufuhren bedurfte, kostete in Solons Zeit der Medimnus Gerste 1 Drachme, 6 g. Gr., in Sokrates' Zeit das Doppelte 12 g. Gr., in Demosthenes' Zeit kostete ein Medimnus Weizen 5 Drachmen oder 1 Thlr. 6 g. Gr." Movers, a. a. O. S. 213.

[3] Movers, a. a. O. S. 213 f. — Hier mögen des besseren Verständnisses wegen noch einige kurze Bemerkungen über das Münzwesen damaliger Zeit Platz finden. Wir wissen, daß zeitweise ungeheure

5. Folgen der geschilderten Entwicklung.

1. Es ist nicht zu viel behauptet, daß der sich voll-
ziehende Umwandlungsprozeß aus der Naturalwirtschaft zum

Mengen an Edelmetall zusammenströmten (Movers, a. a. O S. 44 f.);
aber „das ganze israelitische Altertum bis zum Exil herab kannte
noch kein geprägtes Geld, sondern bei großen Zahlungen wog man
damals rundliche Barren von Gold und Silber in der erforderlichen
Quantität dem Empfänger zu, und etwaige Reste sowie kleine Zahlungen
wurden in Scheibchen dieser Edelmetalle abgetragen: diesen aber wie
jenen muß wohl vermittelst eines Buchstabens oder eines sonstigen
Zeichens die Angabe ihres Gewichtes von dem Goldschmiede eingegraben
gewesen sein, so daß ihr Zuwägen, wo es stattfand, nur ihre Voll-
wichtigkeit konstatieren sollte ... Die am gewöhnlichsten zu Zahlungen
verwendeten Silberstücke hießen Sekel und wogen 20 Gera (Bohnen
aus der Schote des Johannisbrotbaumes) etwa 5,1 Gramm." Herzfeld
berechnet sodann, mit Absehen von dem etwa verschiedenen Feingehalt
unserer und jener altpalästinensischen Münzen, den Wert nach dem
Gewicht. Er legt das Gewicht unserer Mark mit 5,55 Gramm und das
Verhältnis von Silber und Gold in jener Zeit mit 1 : 13 zu Grunde.
„Der Silbersekel war also nach der pentateuchischen Angabe seines
Gewichtes etwa 92 Pfennige wert." Die Mine betrug das Hundertfache
des Sekel, also ca. 92 Mark. „Das Talent (Kikkar) enthielt 3000 Sekel
oder 30 Minen und war also 2760 Mark wert ... Sodann hatte
man auch Sekel, Minen und Talente Goldes im Gewichte derer von
Silber, und nach Obigem war daher der Goldsekel 11,96 Mark wert,
Mine und Talent entsprechend." (Herzfeld, Handelsgeschichte der Juden
des Altertums S. 171 f.)

Der Sekel war ursprünglich eine Gewichtseinheit. Der zwanzigste
Teil desselben ist seiner Etymologie nach („Korn") unserem Gran =
Gramm zu vergleichen (Kirchenlexikon V [2. Aufl.], 231. Art. „Geld
und Gewicht" von Kaulen). Es könnte vielleicht hierin ein Anhalts-
punkt für die Vermutung liegen, daß ursprünglich das Getreide die
Funktion des Geldes inne hatte. Dagegen bemerkt freilich Gesenius,
Hebr. und aramäisches Handwörterbuch (12. Aufl., bearbeitet von Buhl,
Leipzig 1895) S. 155: „Gerah = Korn, Bohne, dann das kleinste
Gewicht der Hebräer, der zwanzigste Teil des Sekels, auch als Münze
gebraucht 2 Mos. 30, 13. 3 Mos. 27, 25. 4 Mos. 3, 47; 18, 16. Ez. 45, 12.
Weder die Bohne des Johannisbrotes, noch das Gerstenkorn, sondern
kleine eherne oder eiserne Kugeln, die man als kleinste Gewichtsteile

Handelsverkehr auch eine radikale Umgestaltung des sozialen und volkswirtschaftlichen Lebens bedeutete. Der bisher für den eigenen Bedarf und daneben noch für die königliche Hofhaltung produzierende israelitische Bauer wird die gewinnbringenden Absatzgelegenheiten für sein Produkt gewahr; aus dem in patriarchalischer Sitte und in eng begrenzten Lebensverhältnissen dahinlebenden Bauern wird der weiterblickende, berechnende, geriebene Getreidehändler.

Die Wirkungen des erwachenden und durch den lockenden Gewinn angereizten Handelsgeistes sind aber tiefgreifende. Wo er einmal Platz griff, da war er es, wie der Nationalökonom Gustav Schmoller ausführt, der zuerst und hauptsächlich ein anderes Element in die Wirtschaftsführung eingefügt hat; er hat neben die Sorge der Familie für den eigenen Unterhalt den Sinn und Blick für Gewinn gestellt. Die Gewohnheit, fremden Menschen Waren zuzuführen, für Fremde zu produzieren, kommt nur auf dem Umwege zu stande, daß ein lockender Gewinn sich dem Egoismus bietet. Ehe Handel und Verkehr sich entwickeln, sind die Menschen eingeschlossen in die Bande der Familie, der Gentil-, Dorf- und sonstigen Genossenschaften, in welchen jeder den andern kennt, jeder auf den andern Rücksicht nimmt, jeder dem andern hilft. Der Handel lockert diese sittlichen Bande, der Hausierer und Händler tritt wie der Schiffer und Kamelführer hinaus aus diesem engen Kreis; an die Stelle der

---

brauchte." Hiernach also dürfte man nicht an das Getreidekorn denken. Hommel dagegen neigt zu dieser Annahme. Er sagt in seinem Artikel Babylonia im Dictionary of the Bible I, 219 über die Gewichte der Babylonier: the shekel (contained) 360 (180) she (or grains of corn). Diese kurze Angabe über den babylonischen Münzfuß, der (Kirchenlex. V, 232) allen morgenländischen Systemen gemeinsam war, kann freilich nicht als voller Beweis für die oben ausgesprochene Vermutung gelten; immerhin bleibt die Frage offen, ob nicht das Getreide ehedem in Palästina auch als Tauschmittel und Wertmesser fungierte.

Bande des Blutes treten die Beziehungen des Geschäftes.
Wie der Fremde dem Händler ursprünglich als „rechtlos erſcheint,
ſo beraubt und beſtiehlt er ihn, wenn irgend es geht, übervor-
teilt ihn wenigſtens: was dem Volksgenoſſen gegenüber
verboten iſt, iſt hier erlaubt: Bewucherung und Täuſchung ..
Seine Aufgabe iſt nicht mehr, wie in der Hauswirtſchaft,
die Gaben der Natur dem Boden abzulocken und herzurichten,
im engen Kreis von Haus und Ackerhof thätig zu ſein, nicht
mehr das Bilden und Schaffen an beſtimmten Objekten,
ſondern klug und aufmerkſam umherzuſpähen, zu berechnen,
die Menſchen zu beobachten, ihre Schwächen und Leiden-
ſchaften zu nutzen, die Waren zu transportieren, den rechten
Moment des Verkaufes zu ergreifen, Profit zu machen.
Aller, ſelbſt der primitivſte regelmäßige Handel iſt ein Spekulieren, ein Wagnis ganz anderer Art als die Hauswirtſchaft;
er erzeugt ein ganz anderes Verhältnis zu den Menſchen,
mit welchen Geſchäften gemacht werden; der andere, von
dem gekauft, an den verkauft wird, rückt in eine gleichgültige
abſtrakte Ferne; wenn nur ein Gewinn zu machen iſt, ſo
fragt man nicht woher und wozu; es entſtehen zwiſchen
Käufer und Verkäufer nicht notwendig die ſittlichen Bande,
welche bisher alles geſellſchaftliche Leben innerhalb der
Familien, Gentes und Stämme beherrſcht hatten"[1].

Gewiß hat der Handelsgeiſt auch ſeine guten Wirkungen
auf das geſchäftliche Leben, und wenn er reell bleibt, iſt er
im Dienſt der Volkswirtſchaft freudig zu begrüßen. Geſchäftliche Klugheit, energiſche, klar rechnende Verſtandes-
thätigkeit im wirtſchaftlichen Leben ſind vor allem ihm zu
verdanken; ſie ſind eine Frucht der Preisüberlegung, der
genauen Rechnungsführung, wie ſie der Kaufmann auszuführen hat. Aber der Handelsgeiſt kann auch andere
Begleiterſcheinungen nach ſich ziehen. Auch der rückſichtsloſe

---

[1] Schmoller, Die geſchichtl. Entwicklung der Unternehmung. S. 2 f.

Erwerbssinn, der nur darauf bedacht ist, Profit zu machen, unbekümmert darum, ob man Brauchbares oder Wertloses verkauft, entsteht mit dem Handel und Verkehr; die sozialen Beziehungen werden allein unter dem Gesichtswinkel des individuellen Gelderwerbes aufgefaßt, daher dann die harte Unbarmherzigkeit des Geldverleihers und Wucherers, des Sklavenhalters und Arbeitsherrn. „Der Handel erzeugt eine Geistesthätigkeit und Willensrichtung, welche die ganze Volks- wirtschaft, vor allem die ganze Produktion nach und nach umgestalten; diese tritt aus der direkten Unterordnung unter das Bedürfnis des Produzierenden heraus, sie ordnet sich der Erwägung des zu machenden Gewinnes unter wie der Handel selbst. . . Der Handel erzeugt zuerst die eigentliche wirtschaftliche Unternehmung wie die großen Vermögen, die reichen Städte und Völker, wie er wenigstens teilweise die Herrschaft des Geldes und Kapitals, die Ausnutzung ab- hängiger Arbeiterscharen um des Gewinnes willen begründet." [1]

Zug um Zug können wir diese von Schmoller als Begleiterscheinungen eines einseitigen Handelslebens in einem Volke aufgestellten Thatsachen in der Entwicklungsgeschichte des israelitischen Wirtschaftslebens nachweisen.

2. Trotz der schimmernden Geldmassen, die infolge des lebhaften Verkehrslebens ins Land hereinströmten, blieben nämlich auch die dunklen Schattenseiten nicht aus. Wie in allen schnell aufstrebenden Perioden, den sogenannten „Gründerzeiten", wo Unternehmungslust und wilde Speku- lation sich selbst überschlagen und zahlreiche wirtschaftliche Existenzen vernichten, wurde auch jetzt in Judäa — das nördliche Gebiet trat vorläufig noch mehr zurück [2] — die Gewinnsucht durch die zahlreichen Lockungen mächtig auf- gestachelt. Die Bedürfnisse des eigenen Volkes wurden von der Volkswirtschaft ganz außer acht gelassen. Die Ausfuhr

---

[1] Ebd. S. 4 f.   [2] Movers, a. a. O. S. 49.

wurde fieberhaft gesteigert und überstürzte sich, so daß die
Brotversorgung des Volkes darunter litt. Früher hatte man die
bewährte Sitte befolgt, für den Fall etwa eintretender Mißjahre Reservevorräte zu halten. Und man hatte gut daran
gethan. Denn dem fruchtbaren Lande blieben Katastrophen,
welche die Ernte vernichteten, nicht erspart. Die Bauern
hatten ihre Notvorräte wohl in steinernen Gruben aufbewahrt[1]. Nun ließ ja auch Salomo wahrscheinlich e i n e
R e i h e   v o n   s t a a t l i c h e n   G e t r e i d e l a g e r h ä u s e r n   er-
bauen (3 Kön. 9, 19)[2], und in den Gewölben und Kammern
des Tempels mögen auch bedeutende Vorräte eingelagert
worden sein, um so den Getreidehandel und die Brotversorgung des Volkes auf eine etwas gesichertere Basis zu
stellen. Doch ist jene Annahme von der Errichtung der
Lagerhäuser nicht gegen allen Zweifel sicher gestellt. Man
hat dagegen eingewendet, daß diese „Magazine“ bloße Bazare
seien, die an den Karawanenstraßen lagen, wo dann die
Waren zum Verkauf ausgestellt und an die durchziehenden
Karawanen verhandelt worden sein sollen[3]. Aber dem
Privatinteresse fehlte eben dieser weite Blick, das Verständnis
und das Gefühl für das Bedürfnis des eigenen Volkes —
und ob es bei Salomo, der selbst den Kornhandel betrieb,
Mitgefühl für sein Volk gewesen ist oder kluge Finanzpolitik,
die das Getreide für den Augenblick der Preissteigerung
zurückhielt? Denn das Volkswohl war bei Salomo nicht
oberste Regierungsmaxime. Er war „durchaus beherrscht
von dem Gefühle: L'état c'est moi. Sein Regiment trägt
einen ausgeprägt persönlichen Charakter, und was er that,
that er im Grund doch nicht zum Besten seines Volkes,
sondern zu seiner eigenen Verherrlichung“[4] und Bereicherung.

---

[1] It (d. h. das Getreide) was often stored in pits. Dictionary of the Bible p. 51.
[2] Graetz, a. a. O. I, 327.   [3] Herzfeld, a. a. O. S. 27.
[4] Cornill, Geschichte des Volkes Israel S. 93.

So kann er auch mit jener Maßregel den Zweck verfolgt haben, reiche Einkünfte für seine Hofhaltung daraus zu ge= winnen [1]. Jedenfalls blieb unter Salomo Hungersnot verhütet.

3. Es wurde also ohne Rücksicht auf Reserven für den Fall ungünstiger Erntejahre das letzte erlangbare Korn Getreide von den Großhändlern aufgekauft und exportiert [2]. Die Verlockungen des Goldes waren zu mächtig. Dieses Verfahren der jüdischen Kornhändler ist typisch für alle Zeiten, wo der Getreidehandel in die Hände kapitalistischer Spekulanten kommt [3].

Die gerechte Strafe dafür blieb nicht aus: das reiche Kornland ward mehrmals mitten im tiefsten Frieden von Hungersnöten heimgesucht. Und die Schuld daran trifft wohl nicht allein die Un= gunst des Himmels, nicht allein die Heuschreckenschwärme und die Trockenheit, sondern auch die mit aller Rück= sichtslosigkeit handelnde Gewinnsucht. Dafür lassen sich zwar wieder nicht direkte Belege beibringen, aber so

---

[1] Etwas einseitig dürfte die Beurteilung sein, die Reuß dem von Salomo betriebenen Handel widerfahren läßt. „Was von dem Handelswesen Salomos berichtet wird, weist nicht auf das Bestreben hin, sein Volk an dem damals gerade in der nächsten Nachbarschaft blühenden Welthandel der Phönizier Anteil nehmen zu lassen, oder ihm zu ähnlichem Zwecke neue Wege zu öffnen, um es auf diese Weise zu bilden und zu bereichern. Es ist vielmehr nur die Rede von Einkäufen, und zwar sehr kostspieligen, für die Bedürfnisse der königlichen Hof= haltung, und sowohl die Natur der Waren als die dafür bezahlten Preise müssen auf ein anderes Urteil über diese Unternehmungen führen, wie sie für das Land selbst zu einer ganz andern Bilanz geführt haben, als der rechte Handel zuwege bringen soll." Reuß, Geschichte des Alten Testamentes (2. Aufl., 1890) S. 203 f.

[2] Ruhland, Jüdische Wirtschaftsgeschichte (In der „Zukunft" 1898) S. 498.

[3] S. hierüber die lehrreiche Abhandlung von Ruhland „Die Überproduktionstheorie und die Getreidepreise". Monatsschrift für Christ= liche Sozialreform (Wien=Leipzig 1898) S. 302 ff.

viel ist klar, daß die Zeiten der Mißjahre viel leichter
zu ertragen gewesen wären, wenn man nicht von der Sitte
älterer Zeit, Reserven bereit zu halten, aus lauter Jagen
nach Profit abgewichen wäre. Bedeutende Vorräte waren
dann in Mißjahren bloß in den Lagern der Spekulanten,
die dann mit einer unmenschlichen Härte den Volksgenossen das
Blut aussaugten, um ihnen das schlechteste Getreide vorzuwerfen. So wenigstens ist der Getreidewucherer nach der
prophetischen Schilderung beschaffen[1].

---

[1] Das Dictionary of the Bible enthält einen eigenen
Artikel über „Hungersnot" (famine), der auch auf die Ursachen der
das gelobte Land oftmals treffenden Hungersnöte eingeht. Aber der
Verfasser desselben kennt bloß eine unverschuldete, sei es durch Verwüstung
feindlicher Heere oder widrige klimatische Verhältnisse verursachte Hungersnot, aber keine, die durch eine aus Gewinnsucht entspringende, über-
triebene Getreideausfuhr verschuldet gewesen wäre. Sicherlich war
Mißwachs nicht zu vermeiden, aber bei geringerer Handelswut wäre er
leichter überstanden worden. — Auch die Frage, wie oft das Land
mit Hunger zu kämpfen hatte, läßt der genannte Artikel leider ganz
unberührt. Während in der stürmischen Richterzeit, wo doch die Verhältnisse keine günstigen waren und Einfälle von Feinden häufig genug
erfolgten, nur einmal von Not berichtet wird, ist bereits aus der
ersten Zeit, wo der Handel seine Schwingen regt und der Export
seinen Anfang nimmt, davon die Rede (Ruhland, Jüdische Wirtschaftsgeschichte S. 498). Die Zahl dieser Hungerjahre wäre jedenfalls der Untersuchung wert, um die Folgen der übertriebenen Getreideausfuhr zu illustrieren. Ohne auch nur entfernt den Anspruch
auf erschöpfende Vollständigkeit zu erheben, zähle ich von der Spaltung
des Reiches bis zur Belagerung Jerusalems durch Nebukadnezar deren
fünf große: 1. Teuerung unter Elias (3 Kön. 18, 5), 2. unter Elisäus.
Es ist dies die große Hungersnot in Samaria mit ihren erschreckenden,
das Menschengefühl verletzenden Begleiterscheinungen (4 Kön. 6, 25 ff.).
3. Unter Jeremias (Kap. 14), 4. abermals unter Jeremias (Kap. 37, 20),
5. während der Belagerung durch Nebukadnezar (Jer. 52, 6). Das
sind nun nicht viele, aber vermutlich sind es deren mehr, als in den
biblischen Urkunden genannt werden, und in einem so ergiebigen Lande
wären auch bei wirtschaftlicher Umsicht die Folgen der Mißjahre leicht
zu paralysieren gewesen.

Die Vorsicht, sich auch auf schlechte Jahre einzurichten, war unerläßlich; denn so ergiebig und dankbar der palästinensische Boden sich dem menschlichen Fleiße auch erwies: Katastrophen blieben nicht aus, und die üppige Fruchtbarkeit wurde gar manches Jahr durch Mißwachs, der infolge Ausbleibens des Regens oder durch Heuschreckenschwärme verursacht war, wieder wett gemacht. Nach Absicht der göttlichen Vorsehung war eben das Judenvolk nicht zum Handelsvolk ausersehen. Michaelis (Mosaisches Recht II. T., § 74) spricht den beachtenswerten Gedanken aus, daß das Gebot der Brache in jedem siebenten Jahre eine höchst weise und nützliche, staatsökonomische Maßregel gewesen sei, um dadurch indirekt das Volk zur Aufschüttung und Aufbewahrung des während der sechs Kulturjahre erübrigten Getreides, als zur besten, wohlfeilsten und einfachsten Vorkehrung gegen Hungersnot zu nötigen[1].

4. Noch nach einer andern Seite war das Verlassen des alten Herkommens und der Übergang zu ganz neuen Grundlagen des Wirtschaftslebens von bedenklichen Nachwirkungen begleitet. Eine völlig veränderte soziale Schichtung findet statt, die alten Besitzverhältnisse werden aus dem bisherigen Gleichgewichte verschoben, eine scharfe soziale Differenzierung nach oben zu wie nach unten greift rapid um sich. Wo einmal die Geldwirtschaft und der Kapitalismus eingedrungen und zur Herrschaft gelangt sind, da ist es mit der Besitzesgleichheit, auch wenn sie ursprünglich bestanden hat, vorbei. Natürlich soll hier die Gleichheit nicht im Sinne einer abstrakten absoluten Geichheit, sondern einer solchen, wie sie in einem breiten Mittelstand zum Ausdruck kommt, verstanden sein. Wir haben es aber in der That, wie es für ein hochentwickeltes Handelsleben auch ganz selbstverständlich ist, mit einer völlig ausgebildeten

---

[1] Vgl. Historisch=polit. Blätter XXVI, 754. Die sozialen Zustände des hebräischen Volkes.

Geldwirtschaft und Geldherrschaft zu thun. Edelmetall war viel im Lande: „Silber wurde für nichts
geachtet" (3 Kön. 10, 21). Jedenfalls kam immer mehr
Geld in Umlauf. Nun wurde allerdings von dem Golde,
das durch die Ofirfahrten nach Palästina kam und zum großen
Teil in Salomos Besitz überging, eine Verwendung gemacht,
welche der Volkswirtschaft sehr wenig zu gute kam. Die
Bibel gedenkt des Reichtums an goldenen Gerätschaften, die
der König davon herstellen ließ: sie erwähnt, daß er 200
große und 300 kleine Schilde von Gold und für sich einen
Thron von Gold und Elfenbein anfertigen ließ. Es wurde
also gewiß viel Edelmetall nicht als Geld verwendet, sondern
dem Umlauf entzogen und zu dekorativen Zwecken gebraucht.
„Salomon mag hierin weiter als andere Könige gegangen
sein, aber im ganzen Altertum und selbst noch im Mittel-
alter war die Sitte derselben fast allgemein, den allergrößten
Teil ihres Edelmetalles unproduktiv zu Geräten der aller-
verschiedensten Art verarbeiten zu lassen, teils des Prunkes
wegen, teils in dem nicht ganz verständlichen Glauben,
einen solchen Familienschatz besser vor den Griffen aus-
wärtiger Feinde bewahren zu können; wie trügerisch die
letztere Hoffnung gewesen, zeigte sich eben unter Salomos
Sohn, indem der ägyptische König Schischack alle Schätze des
Tempels und des königlichen Hauses sowie alle jene goldenen
Schilde als Beute hinwegführte. Nichtsdestoweniger müssen
Salomos Unternehmungen und Prachtliebe die Wohlhaben-
heit des Volkes ansehnlich erhöht haben. Winke über diesen
Punkt finden sich dann erst wieder an 140 Jahre später.
So z. B. ist erstaunlich, wie leicht nach 2 Par. 25, 6—10
König Amazia auf das Wort eines Propheten hin hundert
Talente Silbers verschmerzte. Auch muß die Eroberung von
Petra durch diesen König dem Reiche Juda große Schätze
verschafft haben, die ihm freilich der König von Israel
wieder abnahm (4 Kön. 14, 7. 14). Etwas später sagt in

Os. 2, 10 der Herr: ‚Ich gab Israel viel Silber und Gold‘, und 12, 9 läßt dieser Prophet Ephraim (das Reich Israel) ausrufen: ‚Ich bin reich geworden.‘ Desgleichen sagt Isaias 2, 7, vermutlich von dem judaischen König Ozias: ‚Sein Land wurde voll Silbers und Goldes, kein Ende ist seiner Schätze.‘[1] Also Edelmetall gab es in Hülle und Fülle, und es ist eine berechtigte Annahme, daß trotz der Prunksucht Salomos davon auch viel als Geld im Umlaufe stand. Mußte doch bei der hochgesteigerten Handelsthätigkeit sich die Notwendigkeit herausstellen, statt des Umtausches von Ware gegen Ware ein geeignetes Wertmessungs- und Tauschmittel zu besitzen. Dazu kommt, daß der Handel selbst viel Geld ins Land gebracht hat. Schon der erwähnte Ausruf Ephraims kann kaum anders als vorzugsweise auf diese Quelle bezogen werden; und gerade bezüglich Ozias’, welcher den Handel auf dem Roten Meere begünstigte, wurde gesagt, „sein Land wurde voll Silbers und Goldes“; „auch in der Verkündigung des Sophonias 1, 11: ‚hin ist dann das ganze Volk Kanaans, geschwunden sind alle Silberbeladenen,‘ kann wohl nur der Sinn liegen, daß wegen der von ihm prophezeiten argen Wirren die Phönizier nicht mehr kommen würden, reiche Einkäufe zu machen; desgleichen deutet Vers 18 auf den vorhandenen Reichtum hin.“[2] Durch das Verbot des Zinsenbezuges war eine Maßregel getroffen, die, wenn strenge durchgeführt, die Geldherrschaft und Geldwirtschaft hätte absolut nicht aufkommen lassen. Zunächst wurde dadurch der Reiz zum Ansammeln großer Kapitalien schon im Keime erstickt, und das arbeitslose Anschwellen derselben durch den bloßen Rentenbezug im Laufe der Zeit von vornherein unmöglich gemacht. Hierdurch wäre aber auch die Strömung abgeschnitten gewesen, die allein das Rad des Großhandels in Bewegung setzen kann.

---

[1] Herzfeld a. a. D. S. 38 f.   [2] Ebd. S. 39 f.

Der Handel wäre dadurch auf die Befriedigung der Bedürf=
nisse beschränkt geblieben und hätte auch trotzdem, daß heute
unter allen Völkern der Erde das hebräische die höchste
merkantile Anlage besitzt, vor dessen Erniedrigung und Zerstreuung niemals die Quelle des Reichtums werden können[1].

5. Das Nationaleinkommen und das Nationalvermögen
war demnach im Steigen begriffen; es wuchs durch die
günstigen Handelsverbindungen von Jahr zu Jahr; aber es
wuchs nicht in allen Schichten des Volkes in gleicher
Proportion.

So mußte in dieser Periode des Großhandels notwendig die bei der Aufteilung des Landes zum Prinzip
erhobene **Gleichheit des Grundbesitzes allmählich
verschwinden.** Volksinteresse und Kapitalisteninteresse
stießen hier feindlich aufeinander, und jenes zog den Kürzeren.
Die Tendenz zur Verschiebung in den Besitzverhältnissen
war ja ohnehin vorhanden. Infolge des verschiedenen Ertrages
des Feldes, der verschiedenen Anzahl von Kindern, ungleichen
Anteils an der dem Feinde abgenommenen Beute, ungleicher
Thätigkeit und Tüchtigkeit der einzelnen mußten sich in
Altisrael wie überall bald verschiedene Stufen des Besitzes
gebildet haben[2]. Für diese Tendenz stets zunehmender sozialer
Ungleichheit bestand aber in alter Zeit eine Reihe heilsamer
Gegengewichte. Einmal ging der Grundbesitz als Ganzes
unzerstückt auf einen Erben über[3]; sodann aber war die
Institution des Jobeljahres der große soziale Regulator
gewesen, der etwa stattgefundene Verschiebungen im länd-

---

1 Histor.-polit. Bl. XXVI, 758.
2 Sellin a. a. O. S. 39.
3 Auch Buhl a. a. O. S. 55, Anm. 2 nimmt an, daß nach
dem Tode des Besitzers der älteste Sohn das Gut geerbt habe; „das
Gesetz 5 Mos. 21, 17, wonach der Erstgeborene einen doppelten Anteil
bekam, fand wohl keine Anwendung auf den eigentlichen Grundbesitz",
vgl. Stade a. a. O. I, 392.

lichen Grundbesitz wieder ausgleichen mußte. Das Gesetz kannte keine Feudalverhältnisse, keine Hintersassen und Hörigen, es setzte einen freien Bauernstand voraus; es wollte, daß der Bewirtschaftende als Eigentümer unabhängig auf seiner Scholle sitze, wie es auch alle Vorkehrungen traf, um das Eintreten der Schuldknechtschaft und die Unfreiheit des Bauern hintanzuhalten. Es ist keine Frage, daß hierin ein wertvolles Kulturelement des mosaischen Gesetzes enthalten liegt[1].

Jetzt aber, bei diesem mit vollster Energie aufstrebenden Handelsleben mit seinen fortwährenden Fluktuationen, seinen wechselnden Konjunkturen, seinen ungleichen Gewinnchancen konnte es gar nicht ausbleiben, daß der eine mit größerem Erfolg produzierte und günstigere Absatzmöglichkeiten hatte, als der andere, und hatten sich erst einmal Unterschiede des Kapitals ergeben, so konnte das des einen ebenso schnell wachsen wie das des andern sank. Jener freute sich auf die Handelstage, ja sehnte sie mit Ungeduld herbei[2], jener zitterte davor. Nun kamen noch besondere Unglückszeiten, Kriege, Dürren, er mußte womöglich mit hinausziehen ins Feld und längere Zeit blieb der Acker unbestellt. „Da mußte er wohl, heimgekehrt, Acker und Haus als Bürgschaft stellen, um sich Lebensunterhalt zu verschaffen, und war der Termin gekommen, ohne daß ihm ein neuer Gewinn zufiel, um den Wechsel einzulösen, so konnte er wegen einer kleinen Schuld das, was dem alten Israeliten das Höchste war, eine Bürgschaft seiner Zugehörigkeit zu dem Volke Jahves, sein freies Besitztum verlieren.“[3] Dazu kommt

---

1 Vgl. Realencyklopädie für protestantische Theologie und Kirche, herausgegeben von Hauck I (3. Aufl., Leipzig 1896), 130 ff., Art. „Ackerbau“.

2 Wir werden bei der Schilderung des Handelslebens, welche die Propheten entwerfen, finden, mit welcher Ungeduld die Wucherer die Handelstage herbeisehnen, um die Not der Armen auszunutzen.

3 Sellin a. a. O. S. 146.

aber noch als weiteres die sozialen Gegensätze verschärfendes
und ihre Ausbildung begünstigendes Moment, daß dem
begehrlichen Handelsgeiste der Kapitalisten daran
liegen mußte, möglichst viel von dem hochrentie-
renden Getreideboden in ihre Hände zu bekommen
und sich an dem Gesetz des Jobeljahres vorbeizudrücken.
Das konnte aber natürlich nicht geschehen, ohne daß die
mit der Durchführung des Gesetzes betraute Obrigkeit ein
Auge zudrückte und dem Spekulantentum freie Hand gewährte[1].
Daß es geschah, darf uns um so weniger wundernehmen,
als eine gewisse Interessengemeinschaft in dieser Beziehung
zwischen Obrigkeit und Kapital bestand. War ja doch schon
König Salomo, trotz seiner Weisheit und seiner glanzvollen
Regierung, der größte und klügste Handelsmann in Israel. Die
Könige selbst waren darauf bedacht, möglichst große Domänen
zu haben und immer mehr Ackerland zu erwerben. Schon
David starb als reicher Grundherr, der allein die Verwaltung seines ausgedehnten Besitzes nicht mehr überblicken
konnte und deshalb hierfür zwölf Intendanten aufstellen
mußte (1 Par. 27, 29 f.). Vom König Ozias wird
berichtet: „Er baute Türme in der Wüste und grub viele
Brunnen, denn er hatte viele Herden, sowohl in der
Niederung (am Meer) als in der Ebene (auf der Ostseite
des Jordans) und Ackerleute und Winzer hatte er auf den

---

[1] Graetz, Geschichte der Juden 1, 341 glaubt sogar behaupten
zu dürfen, daß in Salomos Zeit die bedeutungsvollen Gesetze überhaupt
noch keine Anwendung hatten, „daß, wenn ein Israelit in Schulden
geraten war, das siebente Jahr die Schuld aufheben, oder wenn er sein
Erbgut veräußert und die Verwandten es nicht für ihn eingelöst hatten,
es im Jobeljahre ihm wieder unentgeltlich zurückerstattet werden, oder
wenn ein Freier aus Not sich selbst als Sklave verkauft hatte, das
siebente Jahr ihm die Freiheit bringen sollte. Alle diese Gesetze, welche
fortschreitende Verarmung und den stillen Krieg zwischen Armen und
Reichen verhüten sollten, hatten in dem allgemein verbreiteten Wohlstand der salomonischen Regierung keinen Boden."

Bergen und dem Karmel; denn er liebte den Ackerbau" (2 Par. 26, 10)[1]. Wie bei diesem Landerwerb von seiten der Fürsten vorgegangen wurde, zeigt am klarsten das Benehmen des Königs Achab von Israel, den es nach einem fremden Weinberg gelüstete. Und nicht umsonst beklagen es die Propheten, daß die Fürsten und die Wucherer unter einer Decke spielen. Das gleiche Verlangen, möglichst viel Grundbesitz an sich zu bringen, bestand natürlich auch in der begüterten Klasse. „Man suchte möglichst viele Erzeugnisse des alten Familienbesitzes anzusammeln, um sie gegen die von außen importierten Produkte, Metalle, Elfenbein, Seide, Purpur, Myrrhen, Weihrauch, Zimt, Pferde und Wagen loszuschlagen."[2]

Wir begnügen uns an dieser Stelle damit, auf die sich regenden Tendenzen hinzuweisen. Wie diese erstarkten, welche Wirkungen sie auf das soziale Leben ausübten, und welche Stellung die Propheten ihnen gegenüber einnahmen, wird sich im weiteren Verlaufe zeigen.

6. Noch in anderer Weise wurden die sozialen Verhältnisse in ungünstiger Weise von der neuen Entwicklung der Dinge beeinflußt. Der königliche Hof entwickelte einen fabelhaften Luxus. Salomo umgab sich mit einem geradezu verschwenderischen Glanz. „Prachtliebe und Prunksucht sind die hervorstechendsten Züge seines Bildes. Er suchte das Wesen der Herrschaft vor allem in äußerem Glanze: großartige Bauten, eine verschwenderische Hofhaltung mit zahllosen Dienern und Weibern, das entsprach Salomos Neigungen."[3]

Aber befand man sich denn bei dem neuen Zustand nicht äußerlich ganz wohl? War das Salomonische Regime nicht im eigentlichen Sinne ein goldenes Zeitalter? Sagt nicht die Schrift selber: Man aß und trank und war

---

[1] Schegg a. a. O. S. 68. [2] Sellin a. a. O. S. 146.
[3] Cornill, Geschichte des Volkes Israel S. 93.

fröhlich? War das nicht eine Zeit voll Kurzweil und Genuß,
in der zu leben eine Freude war? Hatte also doch Samuel,
der mißgestimmte Seher, in seinem Unmut viel zu schwarz
gesehen, als er dem Volke die Steuern und Abgaben gleichsam
vorrechnete, die es von seinen Königen zu gewärtigen hätte!
Und doch hat die Geschichte dem greisen Samuel auch in
diesem Punkte glänzend Recht gegeben. Die Steuer-
schraube begann allmählich in Thätigkeit zu
treten. Wohl verfügte Salomo über reiche Erwerbsquellen,
die er durch seinen Handel erschlossen hatte, wohl war das
Volk von diesem Könige mit Konsequenz und Kühnheit zu
einer höheren Stufe des Wirtschaftslebens emporgeführt
worden. Das Land war reich: Gold und Silber und Edelsteine und Elfenbein gab es in Menge. Aber Salomos
Prachtliebe wetteiferte siegreich mit seinen Einkünften, der
Luxus verschlang immer noch mehr als das Einkommen
betrug. Standen doch neben dem Königsthron „dreihundert
Königinnen" (3 Kön. 11, 3), abgesehen von den übrigen
zahlreichen Frauen, die natürlich als Salomos Gemahlinnen
auch königlich auftreten wollten. Die großartigen Bauten
verschlangen gleichfalls enorme Summen. Deswegen brauchte
Salomo vor allen Dingen immer wieder Geld, und so wurde
seiner ganzen Regierung ein entschieden fiskalischer Charakter
aufgedrückt[1]. Und Salomo trug um so weniger Bedenken,
die Steuerkräfte seiner Unterthanen in ergiebiger Weise auszunutzen, als ja das Volk in seinen vom Glück begünstigten
Schichten gerade durch die Salomonische Handelspolitik zu
Reichtum gekommen war. Waren also auch die königlichen
Kassen oft erschöpft, so war dem Geldmangel durch Steuern
schon wieder abzuhelfen. „Zwar scheint schon David steuer-
fiskalische Maßregeln ins Auge gefaßt zu haben — die
große Volkszählung, welche uns berichtet wird, kann doch

---

[1] Cornill a. a. O. S. 93.

nur in solcher Absicht unternommen worden sein — als
aber damals eine schwere Pest ausbrach, sah er darin einen
göttlichen Wink und gab die Sache auf".[1] Was dem Vater
noch fehlgeschlagen hatte, gelang dafür dem Sohne um so
besser. Er teilte das Land in zwölf Steuerbezirke ein, von
denen jeder den Bedarf der Hofhaltung an Naturalien für
einen Monat zu bestreiten hatte — gewiß keine geringe Last,
wenn wir die Vorräte in Betracht ziehen, die nach dem
Bericht (3 Kön. 4, 22 f.) jeden Tag verzehrt wurden. Das
Eintreiben der Steuern durch zwölf Satrapen war auch
nicht dazu geeignet die Last zu erleichtern. Daß die Stellen
dieser Beamten eine gute Versorgung, natürlich auf Kosten
des arbeitenden Volkes, gewesen sein müssen, ersieht man
daraus, daß mehrere Schwiegersöhne des Königs mit solchen
Ämtern betraut wurden[2]. Auch die großen Mengen von
Naturalien, die Salomo während seiner Bauten an den
König Hiram zu entrichten hatte, konnte er schwerlich ganz
aus seinen eigenen Ländereien bestreiten — wäre das der
Fall, dann müßte man ja einen ungeheuren königlichen
Grundbesitz annehmen —; es wurde daher auch zu diesem
Zweck die Ernte des Volkes in Anspruch genommen[3]. Und
wenn dann die Steuern, die Zölle und Gefälle, die Einkünfte aus den Handelsunternehmungen, wenn das alles
nicht hinreichte, um die steigenden Ausgaben der Hofhaltung
zu decken, „so borgte er von seinem Nachbar und Freund
Hiram von Thyrus. Die tyrische Anleihe hatte schließlich eine
Höhe von 120 Zentnern Gold erreicht; das sind nach dem
Metallwerte etwa 16 Millionen Mark; wenn wir aber die
damalige Kaufkraft des Goldes in Anschlag bringen, so
würde es sachlich etwa 100 Millionen unserer Währung
entsprechen: und da Salomo diese große Summe nicht
zurückzahlen konnte, mußte er an Hiram einen Grenzdistrikt

---

1 Ebb. S. 92.   2 Reuß a. a. O. S. 205.
3 Graetz a. a. O. I, 313.

mit 20 Städten abtreten"[1]. Zugleich liegt hierin ein eklatanter Beweis, daß Salomo ganz unumschränkt über Land und Leute verfügte.

7. Aber auch jenes andere, was Samuel in der denkwürdigen Stunde, da das Volk von ihm einen König verlangte, vorgeschwebt war, und was die Israeliten am empfindlichsten treffen mußte, jene Schmälerung der persönlichen Freiheit sollte zur Wirklichkeit werden. Die tüchtigsten Arbeitskräfte werde der König nehmen, um sie in seinen Dienst zu stellen, war damals dem Volk in Aussicht gestellt worden. Vor allem brauchte Salomo für seine großartigen Bauten billige Arbeitskräfte; um sie zu erhalten, wurden die im Lande friedlich wohnenden Reste der Ureinwohner ohne weiteres zu Staatssklaven gemacht, „ganz wie seiner Zeit Pharao Ramses II. den Israeliten in Gosen gethan hatte: das war nicht gerade schön gehandelt, aber ein Riesenfortschritt in der Zentralisation des Staates"[2]. Da jedoch auch damit der Bedarf an Arbeitern noch nicht gedeckt war, wurden auch die freien Israeliten, ungeachtet daß das Gesetz die Freiheit zu schirmen bemüht war, zu Frondiensten herangezogen: dreißigtausend israelitische Vollbürger ließ Salomo ausheben, von welchen immer je zehntausend den dritten Monat arbeiten mußten: „Und der König Salomo erwählte Werkleute aus ganz Israel, und das Aufgebot traf dreißigtausend Mann. Und er sandte sie auf den Libanon (zum Beischaffen des Bauholzes nämlich), zehntausend Mann wechselweise, so daß sie zwei Monate zu Hause waren" (3 Kön. 5, 13 f.).

Die Salomonische Regierung trägt bereits alle abstoßenden Züge des orientalischen Despotismus an sich[3], der über Person und Vermögen der Unterthanen nach freier

---

[1] Cornill, Geschichte des Volkes Israel S. 94 f.
[2] Ebd. S. 95.   [3] Buhl a. a. O. S. 17 f.

Willkür verfügt, so sehr auch über dieser Zeit der blendende Schimmer einer machtvoll aufstrebenden Kulturentwicklung ausgebreitet liegt. Wie drückend Salomos Regierung vom Volke empfunden wurde, zeigte sich gleich nach seinem Tode, als der hinreißende Zauber seiner Persönlichkeit geschwunden war. Schon da er noch lebte, hatte es einmal von fern etwas wie Aufruhr gewetterleuchtet; aber der Versuch eines Aufstandes war mit leichter Mühe erdrückt worden. Jetzt aber verlangten zehn Stämme von seinem Sohn und Thronerben Erleichterung des zu harten Joches, welches der Vater ihnen aufgebürdet hatte. „Dein Vater hat unser Joch hart gemacht, erleichtere du nun den harten Dienst deines Vaters und das schwere Joch, das er auf uns gelegt hat, dann wollen wir dir unterthänig sein" (3 Kön. 12, 18). Die trotzige Abweisung dieser berechtigten Bitte führte zur sozialen Gärung und zur unglückseligen Spaltung des Reiches. Daß Salomo trotzdem ein großer Herrscher war, bleibt unbestritten; es ist wahr, was Cornill über ihn sagt: „Wir könnten ihn darstellen als einen orientalischen Despoten des allergewöhnlichsten Schlages und können jeden Zug des so gezeichneten Bildes durch biblische Nachrichten belegen und uns dabei noch unserer Objektivität und Unbefangenheit freuen. Aber ein solches Urteil wäre absolut unhistorisch: ein gewöhnlicher und unbedeutender Mensch kann Salomo nicht gewesen sein, dafür spricht die Geschichte laut und deutlich."[1]

8. Auch die verhängnisvollen Rückwirkungen des eingedrungenen Schachergeistes auf das sittliche und religiöse Leben des Volkes ließen nicht allzu lange auf sich warten. So sehr war Salomo von den goldenen Früchten des Landes berückt, daß er, der Erbauer des herrlichen Jehovahtempels, sich nicht scheute, zur Befestigung seiner

---

[1] Cornill, Geschichte des Volkes Israel S. 89.

Handelsbeziehungen mit dem Auslande eine heidnische Prin-
zessin zu ehelichen. Neben dem Tempel entstanden in der
Hauptstadt auch paganistische Kultstätten, wie ja auch heidnische Geschäftsleute mitten unter dem Judenvolk lebten[1].
Angesehene phönizische Kaufleute, welche Geschäfte im großen
betrieben, Geldwechsler und Geldmäkler, welche auf Zins
ausliehen, ließen sich in Jerusalem nieder. Sie bildeten
eine eigene Körperschaft oder Innung, standen unter dem
Schutze des Bundesvertrags zwischen Salomo und Hiram
und durften nach ihren eigenen Gesetzen und Sitten leben,
sogar ihre gottesdienstlichen oder vielmehr gößendienerischen
Bräuche durften sie beibehalten. Das mußte aber notwendig
zu einer bedenklichen Schwächung der bisher geübten Religiosität führen; neue, fremdartige Elemente drangen in die
religiös-ethische Ideenwelt der Israeliten ein; eine Vermischung
der religiösen Anschauungen konnte nicht ausbleiben, die zugleich auch die alte Sittenstrenge lockerte. Das Entgegenkommen
gegen die fremden heidnischen Kaufleute schlug alsbald in
völlige Indifferenz um; der beständige Verkehr mit dem Auslande brachte auch eine Änderung des Geschmackes, der Genüsse,
der Sitten mit sich. Dem platten Lande ging selbstverständlich mit verführerischem Beispiel die
Residenzstadt voran. Hier hatte sich ja, vornehmlich
unter Salomo, alle Regsamkeit des geschäftlichen Verkehrs
konzentriert. Die Ausschmückung der Stadt mit prächtigen
Bauten, die Ansammlung von zahlreichen Beamten, die
Entfaltung eines prunkvollen Hoflebens lockte natürlich die
Kaufleute heran; vielleicht war auch das Militär in Jerusalem

---

[1] Bezüglich der phönizischen Kleinhändler und ihren sittlichen
Wert bemerkt Movers a. a. O. S. 113 f.: „Das sind die im Altertum verrufenen phönizischen κάπηλοι, wie sie mit allen Unarten unserer
Schacherjuden schon in den Büchern des Alten Testaments zum Vorschein
kommen und auch in Griechenland den phönizischen Namen zum Gegenstand der Verachtung gemacht haben.“

einquartiert — Salomo unterhielt mitten im tiefsten Frieden
1400 Kriegswagen und 12000 Reiter —, und nach Vollendung des Tempels mußten die jetzt in Gang kommenden
Festwallfahrten einen starken Impuls auf den Handel ausüben. So wurde Jerusalem nicht bloß eine glanzvolle und
volkreiche Metropole und der Sitz des geistigen Lebens, wo
der König selbst, in hohem Grade dichterisch veranlagt, die
Jünger der Künste um sich sammelte, sondern auch das
Zentrum des Verkehrslebens. Als Residenz eines zu Zeiten
sehr großen Reiches und als Sitz des Heiligtums zog sie
einen großen Verkehr an sich, um den selbst Thyrus sie als
Nebenbuhlerin beneiden konnte (Ez. 26, 2)[1]. Die Schattenseiten, die sich im Gefolge dieser Entwicklung einstellten,
müssen sich auch in der Sionsstadt, die zur Handelsfürstin
geworden war, am schärfsten gezeigt haben. Wir werden
auch in dem Folgenden mehrmals prophetischen Hinweisen
dieser Art begegnen.

9. Wenn wir den bisherigen Verlauf der Geschichte
nochmals überschauen, so ergiebt sich uns folgender Gesamt-
eindruck: Die wirtschaftlichen und sozialen Zustände unter
Salomos Regierung waren im großen und ganzen glückliche
zu nennen, wenn auch bereits der Wurm der Fäulnis unter
der glanzvollen äußeren Hülle verborgen lag. Die lange
Friedensperiode, wie sie vordem nie bestanden hatte, erzeugte
einen hohen Aufschwung materieller und geistiger Kultur.
Die Salomonische Regierung bildet, in materieller Beziehung
wenigstens, die „sonnige Mittagshöhe" der Geschichte Israels[2].
Ein zahlreicher, lebenskräftiger Bauernstand bildete noch immer
den Kern des Volkes. „Ein jeder saß unter seinem Feigenbaum und unter seinem Weinstock." Daß auch der Handel
in das wirtschaftliche Leben eingriff und den Überschuß an

---

1 Movers a. a. O. S. 204.
2 Realencyklopädie für protestantische Theologie XIII, 312. Art.
„Salomo".

Getreide exportierte, konnte, wenn die rechten Grenzen ein-
gehalten wurden, nur den Wohlstand und die Kultur heben
und fördern. Auch das Handwerk, besonders das mehr den
feineren ästhetischen Bedürfnissen dienende Kunsthandwerk,
hatte in der Ära prächtiger Bauten einen goldenen Boden.
Doch bedurfte es eines Fonds sittlich-religiöser
Kräfte, um die angebahnte Entwicklung in den richtigen
Geleisen fortzuführen. Aber der Mangel derselben wirft
schon in die Salomonische Glanzzeit trübe Schatten herein.
Es ist eine heftige Krisis, die im Organismus des Volkskörpers sich vollzieht. Die Schwächung der sittlichen und
religiösen Kräfte minderte zugleich die Widerstandsfähigkeit,
die einer sozialen Auflösung entgegenwirken konnte. Diese
beginnt ihr Zerstörungswerk durch die bedenklichen
Verschiebungen in den Besitzverhältnissen: neue
Gruppen entstehen und scheiden aus dem Mittelstande aus,
sei es nach oben oder nach unten; die Pyramide des sozialen
Aufbaues verengt sich in der mittleren Partie: Reichtum
und Armut machen sich breit — Begriffe und Erscheinungen, die dem ursprünglichen, im Gesetze lebenden
Volksgeiste fremd waren; denn es sollte ebensowenig der
König Schätze aufhäufen (5 Mof. 17, 17), als Israel
Bettler im Lande haben (5 Mof. 15, 4). Der Mittelstand
findet für die ausgeschiedenen Teile keine Ergänzung und
beginnt daher sich allmählich zu vermindern; die ursprüngliche
Wohlhabenheit des ganzen Volkes weicht nach und nach dem
durch den Handel begünstigten Prozeß der Bildung großer
Vermögen; die Teile des Mittelstandes, die nicht dem um
sich greifenden Kapitalismus verfallen, leiden schwer durch
den harten Steuerdruck der Salomonischen Regierung. Es
verrät deswegen eine etwas zu idealistische Auffassung, wenn
Keil die soziale Entwicklung also charakterisiert: „Die
bürgerlich-sozialen Verhältnisse der Israeliten tragen im
allgemeinen den Charakter des orientalischen, näher des

semitischen Lebens. Die große Einfachheit und Stetigkeit des alten Orients wurde durch die strebsame Natur der Semiten temperiert zu einer ruhig fortschreitenden Entwicklung der verschiedenen Lebensverhältnisse, welche sich von der Beweglichkeit und Veränderlichkeit des Occidents und der Neuzeit wesentlich unterscheidet."[1]

10. Die Politik, die Salomo eingeschlagen hatte, bedeutet einen Wendepunkt in der israelitischen Geschichte von so tief einschneidender Bedeutung, daß ihm in der Folgezeit nur noch das babylonische Exil und die Knechtung unter Antiochus an die Seite gesetzt werden können[2].

Es ist eine ganz entschieden ethnisierende Strömung, die in der äußerlich so prunkvollen Zeit in die dem Handel und Fremdenverkehr weit geöffneten Landesgrenzen hereinrauscht; nach Art heidnischer Fürsten hält sich Salomo einen großen Harem, in welchem viele heidnische Weiber sich befinden. Möglich, daß dies ein politischer Schachzug sein sollte, indem der König zur Anbahnung und Festigung von Handels-beziehungen mit vielen auswärtigen Fürstenhäusern durch persönliche Bande verknüpft sein wollte. Aber es liegt doch eine eigentümliche Tragik darin, daß der nämliche Fürst, der dem wahren Gott ein Haus geschaffen, das seinesgleichen nicht hatte, das heidnische Wesen, Selbstsucht, Zügellosigkeit, und damit den Keim aller nachfolgenden Verwirrungen dem Volksleben einimpfte. Es mag bei diesen Verbindungen mit heidnischen Fürstenhäusern nicht ein eigentlicher Abfall zum Götzendienst bei ihm eingetreten sein, sondern mit dem Nachgeben gegen seine heidnischen Weiber verband sich wohl auch die Rücksicht auf den Glanz Jerusalems und das Streben, den zunehmenden Völkerverkehr durch Einrichtungen zu fördern, die auch Fremden ihren einheimischen Kultus dort ermöglichten. Damit war auch der Wendepunkt ein-

---

[1] Keil a. a. O. S. 477. [2] Sellin a. a. O. S. 137.

getreten, um den sich die ganze folgende Entwicklung dreht[1]. Wird sie zum Glück oder Unsegen des Volkes Israel ausschlagen?

11. Die nachfolgende Geschichte hat es klar gezeigt, daß es abschüssige Bahnen waren, welche Salomo und sein Volk beschritten hatten. Indessen ist in neuester Zeit eine Ansicht laut geworden, welche gerade in dem mit dem Heidentum liebäugelnden Wesen Salomos ein kräftiges Förderungsmittel des Kulturfortschrittes erblicken will. So behauptet Rau, nachdem er zutreffend die wirtschaftliche Stellung, zu welcher Israel unter Salomo gelangt war, geschildert und die That-sache festgestellt hat, daß Salomo polytheistischen Sinn und Geschmack hatte: Gerade der Polytheismus sei die Grundlage der Wissenschaft und Kunst, wie die Kultur der Griechen und Römer lehre. Der Polytheismus sei zugleich die Quelle der Sorglosigkeit, der Heiterkeit, des ungetrübten Frohsinnes; die Idee der Sünde und Strafe lasse er kaum aufkommen. „Es giebt nur Glück und Unglück, glückliche, von den Göttern wahrgenommene, mit Gütern überschüttete und unglückliche, bei den Göttern in Vergessenheit geratene, wohl auch von ihnen verfolgte Menschen. Die Götter sind launisch wie die Menschen, deren idealisierte Ebenbilder sie sind."[2] Das ist ein Urteil von seltener Oberflächlichkeit. Sehen wir ganz davon ab, daß das dem Salomo zu-geschriebene Wort: „O Eitelkeit der Eitelkeiten" ganz etwas anderes ist als der Ausdruck der aus dem Polytheismus entspringenden Lebensfreudigkeit. Es klingt weit eher als das Bekenntnis eines völligen Defizites daran. Aber gerade aus den Worten Raus läßt sich der Gegenbeweis gegen die Behauptung führen, im Polytheismus liege die Quelle wahrer Lebensfreudigkeit und wahrer Kultur. Es wird

---

[1] Küper a. a. O. S. 105 f.

[2] Albrecht Rau, Die Ethik Jesu (Gießen 1899) I. Kapitel: Alte Geschichte der Juden S. 29.

gesagt, daß es Günstlinge der Götter gäbe und Menschen, die von den Göttern gehaßt werden. Daß nach der Auffassung des Polytheismus die Willkür und nicht die Gerechtigkeit die Weltregierung bestimmt, ist ein ungemein deprimierendes Bewußtsein. Da nun dem Leben fast eines jeden Menschen ein reicher Anteil von Leid und Schmerz zugemessen ist, so müssen sich auch die meisten Menschen als vom Neid der Götter Verfolgte vorkommen. Kann es aber ein niederdrückenderes Bewußtsein geben; muß nicht dasselbe jeder Lebensfreude und jedem höheren Streben die Wurzel abgraben? Und daß Sünde und Strafe auch in der Vorstellungswelt des heidnischen Altertums ihren Platz hatten, davon sind die blutigen Opfer der polytheistischen Kulte ein lautsprechender Beweis. Das Schuldbewußtsein hat niemals einen entsetzlicheren, erschütternderen Ausdruck gefunden als im Menschenopfer. Es ist der wilde Aufschrei des unter dem Sündendruck erliegenden Menschenherzens, gegen welchen alle im Polytheismus sich findenden Züge von Frohsinn und Lebensglück verblassen.

Was aber den Hinweis auf die von der Lebensfreudigkeit des Polytheismus befruchtete Kultur der Griechen anlangt, so sei dem gegenüber ein schönes Wort Cornills angemerkt: „Gerade bei den Griechen hat es sich so recht deutlich gezeigt, wohin eine Kultur führt, die der religiösen und sittlichen Grundlagen entbehrt und lediglich ein Erzeugnis des selbstherrlichen Menschengeistes ist. Mit der geistigen Blüte ging ein sittlicher Verfall Hand in Hand, dessen schaurige Tiefe auch durch die am Rande des Abgrundes blühenden Rosen nicht verdeckt werden konnte. Wenn wir von der einzigen Lichtgestalt des Epaminondas absehen, der schon als Böotier für jeden richtigen Hellenen ein halber Bauer war, bietet die griechische Geschichte vom Ende des Peloponnesischen Krieges bis auf Alexander den Großen ein wahrhaft trostloses Bild von Erbärmlichkeit und Nichtswürdigkeit. Schon bald hatte der Durchschnittsgrieche von

der Kultur nur die sittliche Fäulnis, von der Bildung nur
den dünkelhaften Hochmut. Man vergegenwärtige sich bloß,
mit welcher unverhohlenen Verachtung die Römer, als sie
zuerst mit den Griechen bekannt wurden, auf diese herab-
sahen. Der Römer, der sich damals noch die altrömische
Biederkeit erhalten hatte, betrachtete jeden Griechen einfach
als einen Lumpen, und Graeculus ("Griechlein") wurde ein
Schimpfwort zur Bezeichnung eines windigen, aufgeblasenen,
charakterlosen, unzuverlässigen Patrons.

Und dieser ethische Auflösungsprozeß, den man als
förmliche Verwesung bezeichnen kann, machte rapide Fortschritte: man stand schon halb vor dem völligen moralischen
Bankrott."[1]

---

[1] Cornill, Geschichte des Volkes Israel S. 183 f.

III. Kapitel.

Die Stellung der Propheten zu den sozialen Bewegungen ihrer Zeit: ihre ethische Auffassung der sozialen Fragen.

1. Im Vorausgehenden galt es, mit festen Strichen die Umrisse der Zeitlage zu zeichnen, an welche das prophetische Wirken anknüpft. Es ist eine Zeit des Werdens und Gärens, ein für alle Folgezeit bestimmender, bedeutungsvoller Wendepunkt der israelitischen Geschichte. Im ganzen Volksleben zeigen sich die Ansätze, die lebenskräftigen Keime und Tendenzen zu Neuerungen. Israel war mit einemmal in die Reihe der Kulturstaaten aufgerückt; ein Schimmer äußeren Glanzes lag über dieser Periode. Es war das an sich nichts Schlimmes, daß das Volk die Vorteile seiner günstigen Landesbeschaffenheit voll zu verwerten und sich an den Reizen einer höheren Kulturstufe zu erfreuen suchte. Aber es bedurfte, um in der rechten Bahn zu bleiben, eines gewissen Gegendruckes gegen das überschäumende Hervortreten von Bestrebungen, die ausschließlich auf das Materielle gerichtet waren; es brauchte, um in diesem jetzt über Israel hinweggehenden Strudel irdischen Lebensgenusses nicht völlig unterzutauchen, mehr noch als früher des lebendigen Anschlusses an Jehovah und sein Gesetz.

Aber schon unter Salomo hatte es sich deutlich gezeigt, in welcher Richtung sich die Weiterentwicklung bewegen werde; es war klar geworden, daß die religiösen Kräfte

des Volkes der zunehmenden Krifis nicht gewachsen sein
werden [1]. Eine innere Zersetzung greift um sich, die Menge
verliert sich nach der weltlichen Seite hin [2]. Das Über-
wiegen des Irdischen und Eigensüchtigen über
das Religiöse und Soziale begann seitdem zum
Stigma der jüdischen Geschichte zu werden. Je
mehr heidnisches Wesen sich einbürgerte und die Volksreligion
überwucherte, desto ungescheuter mußte diese Tendenz
hervortreten. Die Spaltung des Reiches trug auch noch
das Ihrige dazu bei, den Gang der weiteren Entwicklung
in diese Richtung zu treiben und das Tempo zu beschleu-
nigen. Unter all den Wirren, die auf die Trennung der
beiden Reiche folgten, ging die Veränderung in den gesellschaftlichen Verhältnissen in immer entschiedenerer Weise vor
sich. Das Königtum und der Glanz des Hofes, das zunehmende
Städteleben überhaupt, die Handelsthätigkeit und das
Streben nach Gewinn brachten andere häusliche Einrichtungen mit sich, neue Bedürfnisse und Erwerbsmittel, eine
ungleichere Verteilung des Besitzes, einen größeren Unterschied
der Stände, und allem Anschein nach hielt die Macht des
früher ausreichenden Herkommens nicht gleichen Schritt mit
dem Verfall der alten Sitten und Zustände. Die Interessen
wurden vielgestaltiger, die Ansprüche ungestümer, die aus-
gleichenden Hände dagegen in demselben Maße schwächer [3].
Durch das Losreißen von dem religiösen Mittelpunkt und
der Einheit des Kultus war auch die Trennung des
Hauptteiles des Landes vom Monotheismus vollzogen. Das
nördliche Reich wurde der Brutherd des Götzendienstes
und der fortwährend daraus hervorgehenden sozialen Konflikte.
Durch die Spaltung war das israelitische Volk in seinem

---

[1] Herzogs Realencyklopädie für protest. Theologie XIII, 312.
Art. „Salomo".

[2] Sellin a. a. O. S. 138.

[3] Reuß, Geschichte des Alten Testamentes S. 245.

Hauptkern vom alten Glauben abgewichen; denn „der Schwerpunkt des Volkes, nicht nur materiell, sondern auch geistig, lag thatsächlich im Zehnstämmereich: es war wirklich das Volk Israel, dem gegenüber Juda lediglich als Teil betrachtet werden kann, der sich von dem Ganzen losgelöst hatte. Daß bis zum Untergange Samariens das Reich Juda eigentlich nur ein Appendix des mächtigeren Nachbar- reiches war, zeigen uns die Berichte des Königsbuches selbst so deutlich wie möglich"[1].

2. Statt daß das Judentum die mit ihm im Handels- verkehr stehenden Heidenvölker zu seiner Religion herüber- gezogen hätte, ist es also vielmehr selber dem Ansturm der verderbten heidnischen Kultur erlegen. Der Hauptaccent der prophetischen Wirksamkeit während des ganzen Zeitraumes bis zum babylonischen Exil ruhte deswegen **auf dem Kampf wider das eingerissene Heidentum.** Weil dieses vor allem im nördlichen Reiche triumphierte und von dessen Königen begünstigt wurde, ist hier auch die Haupt- stätte des prophetischen Reformwerkes. Insofern aller- dings ist es ja richtig, was Cornill freilich in wesentlich anderem Sinn behauptet, die größte geistige Macht, welche in Israel überhaupt aufkam, die Prophetie, sei ein aus- schließlich nordisraelitisches Gewächs gewesen, welches auf dem Boden des Zehnstämmereiches erblühte und sich dort entfaltete: „Die Himmelsgabe hat Joseph, nicht Juda der Menschheit gegeben. Samuel, Elias, Osee sind Nordisraeliten gewesen, und auch der geborene Judäer Amos wirkte aus- schließlich in und für Israel."[2] Wo eben der Herd der Fäulnis war, da war auch das den Propheten bereitete Arbeitsfeld, und es darf aus dieser Thatsache nicht, wie Cornill will, gefolgert werden, daß Israel einen höheren sittlichen Wert besessen habe als Juda. Vielmehr lag nach

---

[1] Cornill, Geschichte des Volkes Israel S. 131.
[2] Ebd. S. 132.

der Trennung der beiden Reiche, als die beiderseitigen Königs-
höfe durch Bündnisse und Verschwägerungen einander näher
kamen, die große Gefahr nahe, daß die laxere Weise des
nördlichen Reiches auch in das südliche eindrang und die
Ordnung des göttlichen Gesetzes im ganzen Lande geschwächt
wurde. In Juda allerdings stand es von Anfang an info-
fern etwas besser, als hier die gesetzlichen Institutionen in Kraft
geblieben waren und auch die Priester und Leviten sich den
Neuerungen Jeroboams gegenüber dorthin begeben hatten;
wenn auch der Höhendienst und der seit Salomo eingedrungene
heidnische Götzendienst fortbestand, so fehlte es doch an einer
kräftigen und wirksamen Reaktion dagegen vom Davidischen
Königshause nicht, auch die Priester und Leviten waren mit
Erfolg bemüht, die Ordnungen Gottes zu vertreten[1].

3. Die Propheten erkannten in dem Abfall
vom ererbten Glauben das Grundübel ihrer Zeit,
und alle die sozialen Mißstände, die sie rings
um sich her erblickten, führten sie auf diese vergif-
tete Quelle zurück. Dies ist der Kardinalpunkt ihrer
Auffassung vom wirtschaftlichen und gesellschaftlichen Leben.
Für die Propheten bestand, wie wir wissen, eine enge Beziehung zwischen staatlicher und religiöser Ordnung, und wenn
sie den Polytheismus bekämpften, so erwiesen sie nach ihrer
festen Überzeugung damit auch dem staatlichen Leben den
besten Dienst. Sie betrachteten nämlich immer die Verehrung
des Jehovah als die Hauptstütze und den Götzendienst als den
gefährlichsten Feind des jüdischen Staates; und sie hatten
vollkommen recht hierin. „Die Jahvereligion drang auf Sittlichkeit, die ein Volk in sich stark macht; den Heiden gegenüber predigte sie die Idee des auserwählten Volkes, und
diese mußte Nationalstolz, Selbstbewußtsein, großes Gott=
vertrauen wecken, Dinge, welche die Verteidigung politischer

---

[1] Küper a. a. O. S. 105 ff.

Selbständigkeit mächtig unterstützten; auch indem sie den Umgang mit Heiden verbot, erschwerte sie die Berührungen mit dem Auslande und konnte dadurch bewirken, daß Israel in viele Verwicklungen nicht hineingezogen würde. Hätte es diesen heilsamen Ermahnungen sich hingegeben, es würde ohne übermäßige Kühnheit haben hoffen dürfen, auf seinen Bergen dem Andrange der ungeregelten asiatischen Horden zu widerstehen. Es that es nicht und unterlag dem selbst-verschuldeten Schicksal."[1]

4. Zufolge dieser ihrer Grundauffassung erhält die „Sozialpolitik" der Propheten auch ihren ganz besondern Charakter. Sie ergehen sich nicht in Klagen über ein böses Geschick, sie machen nicht die widrigen Um-stände, nicht die „Verhältnisse", sondern die Men-schen für die traurigen Zustände im Lande ver-antwortlich: die Schlechtigkeit des Volkes, die Untreue gegen Jehovah ist der Kern des Übels. Die Untreue gegen Gott hat die Untreue unter den Menschen, den unsozialen Kriegszustand der Volksgenossen untereinander aus sich herausgeboren. Wenn jenes heilige Band, das Ehebündnis Jehovahs mit seinem Volk, durch die Schuld des letzteren gelöst ist, dann ist auch der soziale Riß unter den Menschen nur die unausbleibliche Folge. Einhellig ist die Klage der Propheten, daß das Volk seinem Gott gegenüber die Treue gebrochen habe, zum buhlerischen Weib geworden sei und dem Fremden nach-laufe; sie bezichtigen es direkt des Ehebruchs, indem es sich schamlos wie eine Dirne den fremden Göttern hingebe. Die Wahrheit und Treue ist geschwunden; Lüge und Betrug sind im Volk heimisch geworden (Jer. 11, 3 ff.; 13, 15. 25. 26; 16, 19. Ez. 6, 9; Kap. 16. Os. Kap. 1 und 2). Deswegen ist es auch ein ungerechter Vorwurf, den man gegen

---

1 Herzfeld, Gesch. des Volkes Israel (Braunschw. 1847) S. 61.

die Propheten erhebt, sie wären außerhalb des geistigen
Zusammenhanges mit ihrer Zeit gestanden, ja sie hätten
durch ihre dem Volke unverständlichen Anforderungen mehr
geschadet als genützt. So sagt Herzfeld, die Propheten wären
ihrer Zeit vorausgeeilt, sie hätten fast alle schon eine höhere
Auffassung des Jehovahtums gehabt, als worauf vorläufig
das pentateuchische Zeremoniell hinarbeitete, und Israel
habe mehr, als sich berechnen läßt, dadurch zu leiden
gehabt, daß seine Propheten nicht zur rechten
Zeit auftraten: „Vor dem Exil war noch kein rechter
Platz für sie, und später, als das Volk reif genug war, sie
zu verstehen, hatten ihre Stimmen ausgeklungen."[1] Aber selbst
zugegeben, daß die Propheten der geistigen Entwicklung ihrer
Zeit vorausgeeilt waren, waren deswegen ihre Stimmen in
der Luft verhallt? Vielmehr wird gerade aus dem Vorhandensein so vielfacher Schäden, die sich am Volkskörper
angesetzt hatten, das Auftreten der Propheten ganz naturgemäß und verständlich: Zur rechten Zeit erstanden sie.

Es ist ein weiter Blick, den die Propheten in ihrer
Grundanschauung über das soziale Leben verraten. Sie
erfassen das Volksleben als ein Ganzes, als einen Organismus, dessen Teile in lebensvoller Wechselwirkung zu einander
stehen. Man darf dieses Moment durchaus nicht unter-
schätzen, wo es gilt die soziale Bedeutung des alttestamentlichen Prophetentums klar zu legen und darf nicht etwa
glauben, daß das Eifern gegen die heidnischen Kulte bloßes
leeres Moralisieren sei, ohne Wert für die Lösung der
sozialen Fragen. Nicht von der rein äußeren Abstellung
der Mißstände, die sie als Symptome tiefer liegender
Krankheitsstoffe erkennen, durch eine gesteigerte Thätigkeit der Gesetzgebungs-Maschinerie, nicht von Palliativ-
mitteln sozialer und wirtschaftlicher Natur, die das Übel
mehr verdecken als heilen, erwarten sie die Genesung

---

[1] Herzfeld, Geschichte des Volkes Israel S. 60.

des erkrankten Volkskörpers, nicht von Volksunterstützungen und Brotspenden, wie im heidnischen Athen und Rom, sondern allein von der Ausscheidung des tödlichen Giftstoffes, der im Inneren des Volkes wühlt. Nur die Rückkehr zum wahren Gott, die lebendige Durchdringung aller Lebensgestaltungen und Kulturerrungenschaften durch die Religion kann die schweren sittlichen, aber auch die wirtschaftlichen und sozialen Schäden heilen.

5. Es drängt sich hier ganz von selbst die Parallele mit der neuesten wissenschaftlichen Betrachtungsweise der Vorgänge im Wirtschaftsleben auf, der sog. ethischen Richtung innerhalb der modernen Nationalökonomie. Es liegt deren Wesen, wie einer ihrer geistvollsten Gegner, Werner Sombart, erklärt, darin, daß sie zwar die Grundzüge der wirtschaftlichen Ordnung anerkennt, aber die Menschen in ihrem Denken und Fühlen geändert sehen möchte. „Es wird ein neuer Geist, es wird Buße gepredigt, es sollen die guten Eigenschaften des Menschen die Oberhand gewinnen: Bruderliebe, Mildthätigkeit, Versöhnlichkeit."[1] Das waren die Mahnungen jener ersten „ethischen" Nationalökonomen, eines Sismondi, eines Thomas Carlyle, die nicht müde werden, wenn nicht christlichen, so doch den „sozialen" Geist zu predigen. Gesinnungswechsel ist die Losung[2]. Und trotz dieser scheinbaren geistigen Verwandtschaft besteht doch zwischen Propheten und ethischer Nationalökonomie die unausfüllbare trennende Kluft, daß letztere von dem Grundgedanken der Evolution beherrscht ist, nach welcher die sittlichen Ideen nicht die Elemente einer gottgewollten sittlichen Ordnung, sondern ein Produkt der im Wechsel der Zeiten stehenden Kultur sind.

---

[1] Werner Sombart, Sozialismus und soziale Bewegung im neunzehnten Jahrhundert (Jena 1897) S. 10.

[2] Vgl. Walter, Sozialpolitik und Moral (Freiburg 1899) S. 145 ff. Moderne Ethik und Sozialpolitik.

6. Daß die Propheten an eine Änderung der Gesinnung appellieren, ist, wie gesagt, kein gering anzuschlagendes Moment ihres Wirkens, soweit es zeitliche, wirtschaftliche und soziale Verhältnisse berührt. Dadurch schützen sich die Propheten selbst inmitten der sie umgebenden, wenig tröst- liche Aussicht gewährenden Miseren vor einer Gefahr, die von vornherein ihre ganze Wirksamkeit gelähmt und ertötet hätte: sie sind gefeit gegen den ethischen und sozialen Pessimismus. Optimismus und Pessimismus sind beide gleich verhängnisvoll: Der Optimismus, der eine von selbst sich herstellende Ordnung träumt, aus dem freien, sich selbst überlassenen Spiel der wirtschaftlichen Kräfte eine natürliche Harmonie erhofft, wie er ja auch geschichtlich in den Lehren der klassischen Nationalökonomie zu Tage getreten ist und viele Bewunderer gefunden hat; der Pessimismus, der ratlos und verzweifelnd vor dem Übel steht, die Hände unthätig in den Schoß legt und in die sittlichen und sozialen Gebrechen hineinstiert wie in ein lichterloh brennendes Haus, bei dem alle Möglichkeit auf den Erfolg eines Löschungsversuches geschwunden ist. Auch der soziale Pessimismus hat in der Gegenwart seine Be- kenner gefunden. Namen von Klang, ein Heinrich von Treitschke, ein Eduard von Hartmann, ein Nietzsche, sind mit dieser Gedankenrichtung verknüpft. Dieses unvermeidliche „Muß“, dieser blinde Fatalismus untergräbt jede Sozial- reform an der Wurzel: Es muß einfach so sein, wird uns da gesagt, daß ein großer Teil, ja die weitaus größte Mehrzahl der Menschen nicht nur sich täglich abmüht, nicht bloß „ackert und hämmert“, sondern unter der Geißel drückender Not seufzt, damit wenige Günstlinge der Natur auf diesem lebendigen „Menschengerüste“ zu höheren Seinsformen emporsteigen und den „Typus Mensch“ vervollkommnen. Dieser Herren- und Sklavenmoral zufolge darf kein Hauch des Mitleids mit den Bedrückten sich regen; das wäre die einzige Sünde, die es

„jenseits von Gut und Bös" noch geben würde, weil es die Pläne der Natur durchkreuzt. Und die ganze Unzufriedenheit mit der sozialen Lage, die im Namen Sozialismus eingeschlossen liegt, ist ja auch im letzten Grund nichts anderes als düsterer Pessimismus, Hoffnungslosigkeit, Verzweiflung daran, daß auch ohne das gewaltsame Niederreißen und Umstürzen der bestehenden Ordnung eine Besserstellung der notleidenden Volksschichten zu erwarten sei, ob nun diese gewaltsame Zerstörung von Mord und Brand der sozialen Revolution zu verstehen ist oder von der treibenden Kraft der Entwicklung, welche im gegebenen Augenblicke die kapitalistische Hülle zersprengen wird, wie Marx es meinte.

Nich so die Propheten! Es ist merkwürdig: Trotz der oft niederschmetternden **Wucht ihrer Sprache,** die wie ein brausender Orkan über die verkommenen Zeitgenossen hinwegfegt; — trotz des überschäumenden **Unmutes,** der sie ob der moralischen Versunkenheit gerade des zur geistigen Führerschaft berufenen Teils der Nation erfaßt, und der oft wie ein tosendes Bergwasser aus der gramdurchwühlten Seele der Propheten hervorbricht; — trotz ihres unbeugsamen **Freimutes,** mit dem sie auch vor Königsthronen und mächtigen Großen die Donnerschläge ihrer Drohungen vollführen, trotz Leiden und Verfolgungen, die ihnen eine intrigante Höflingsschar anzettelt: **Niemals ein aufreizendes Wort, niemals ein Ruf nach Rache an den Peinigern und Blutsaugern des Volkes, nie ein Rütteln an den Grundpfeilern einer gottbestellten, wenn auch noch so pflichtvergessenen Autorität, nie ein Gedanke an das gewaltsame Zerschmettern der aus den Fugen geratenen sozialen Ordnung!**

7. Bedarf aber das Gesagte nicht dringend der Einschränkung? Ist es nicht zu viel behauptet, daß trotz aller Entrüstung, welche die Propheten beim Anblick der verworrenen Zustände übermannt, und die in voller Schärfe

zum Ausdruck gelangt, niemals der Ruf nach einer sozialen
Revolution als der Erlöserin aus allem Elend über ihre
Lippen kam? Steht damit nicht im Widerspruch das Benehmen des Propheten Ahias, der den Jeroboam noch zu
Lebzeiten Salomos zum Abfall vom Hause Davids ermuntert?
Aber der Bericht über diese Thatsache erwähnt ausdrücklich,
daß der Prophet im Auftrage Gottes handelt, daß er sich
als Organ betrachtet, durch welches der Herr den Salomo
für sein götzendienerisches Wesen züchtigen will. Der Prophet
denkt gar nicht daran, daß das Haus Davids, der Träger
göttlicher Verheißungen, völlig und auf immer des israelitischen
Thrones verlustig gehen solle und könnte. „Aber ich will
nicht das ganze Königreich aus seiner Hand nehmen (so
spricht der Herr), sondern will ihn zum Fürsten machen
alle Tage seines Lebens, um Davids, meines Knechtes willen,
den ich erwählet . . . und ich will dadurch (durch die
Spaltung des Reiches) dem Samen Davids Leid anthun,
doch nicht auf immer" (3 Kön. 11, 34. 39). Der
Prophet Ahias bringt die dem Könige Salomo zugedachte
Züchtigung gar nicht in Zusammenhang mit der Bedrückung
des Volkes, sondern mit dem Astartekult, dem der König
sich ergeben hatte. Es soll ein Gottesgericht sein, das nunmehr an Salomo vollzogen werden soll, nachdem er den
göttlichen Drohungen kein Gehör gegeben hatte (3 Kön. 11,
11 ff.). Aber die Propheten stehen treu und ohne Wanken
zur legitimen Dynastie des Hauses David, so tief diese auch
von ihrer Höhe herabgestürzt ist, und in dem großen Sprößling aus Davids Blut erwarten sie Heil und Erlösung.
Wenn sie auch mit aller Schärfe die Rechte des gedrückten
Volkes vertreten, der Name „Demagog" paßt nicht auf sie[1].
    Indem die Propheten nicht eine vom menschlichen Willen
und Zuthun unabhängige Entwicklung, „Evolution", nicht

---

[1] Haneberg, Geschichte der biblischen Offenbarung S. 275.

das sogenannte „Milieu", an deſſen Beseitigung nicht zu denken iſt, ſondern das wirkliche, lebendige, beſſerungs- fähige Menſchenweſen für die eingetretene Wendung zum Schlimmen verantwortlich machen, bewahren ſich die Propheten den Glauben an die Menſchheit und an Israel insbeſondere, und ſo oft auch das Auge der Propheten von Trauer umſchleiert erſcheint nnd ihr Wort voll Bitterkeit klingt — über all dem bleibt die unzerſtörbare Hoffnung auf eine günstige Wendung der Dinge, und durch Trauer und Bitterkeit bricht ein froher Strahl aus der Zukunft meſſiani- ſcher Herrlichkeit in die düſtere, drangvolle Gegenwart herein. Damit bleibt den Propheten auch ihre Thatkraft ungeſchwächt bewahrt.

8. Dem Gesagten zufolge erstreckt ſich die soziale Wirk- ſamkeit dieſer Gottgesandten nicht in erster Linie auf die Abänderung der ſozialen Unordnung, wie ſie nach außen in die Erſcheinung tritt, ſondern ſie geht in das Innere und in die Tiefe, ſie ſucht den letzten Grund aufzudecken, aus dem die Verirrungen ſtammen, und von innen heraus durch eine ethiſch-religiöſe Neubelebung auch eine ſoziale Erneuerung des Volkes zu bewirken. Es ist demnach ganz richtig, was Küper über die Ziel- punkte des prophetiſchen Wirkens ſagt, daß der Schwerpunkt deſſelben vor dem Exil in dem Gegensatz gegen heidniſches Weſen lag, nach dem Exil vor allem in der Wahrung der „Stellung, welche hinfort der Tempelkultus als der von Gott geordnete Mittelpunkt des israelitiſchen Volks- lebens einnahm"[1], aber der an ſich richtige Gedanke muß dahin ergänzt werden, daß die Propheten durch die Auffriſchung religiöſen Geistes, durch die Bekämpfung toter Geſetzlichkeit und äußerer Werkheiligkeit auch das äußere,

---

[1] Küper a. a. O. S. 401.

wirtschaftliche Niveau des Volkes wieder heben und gesunde
soziale Zustände herstellen wollten.

Was das hebräische Volk für andere Völker sein sollte,
ein Spiegel, eine beständige Mahnung, das waren ihm selbst,
als es diese seine Aufgabe vergessen hatte, die Propheten.
Sie repräsentieren die „größte geistige Macht, welche in
Israel überhaupt aufkam"[1], und Döllinger spricht sogar
von der „Macht des Prophetentums als einer ganz einzigen,
mit nichts Ähnlichem in der Geschichte zu vergleichenden
Institution", welche „in den Geschicken des Volkes und dem
Entwicklungsgange des theokratischen Reiches tief und gewaltig
eingreifend" hervortritt. „Ohne irgend eine gesetzliche Gewalt
und Beglaubigung, bald einfache Israeliten anderer Stämme,
überhaupt unabhängig von Stammes- und Standesverhält-
nissen, standen die Propheten aus der Mitte des Volkes
auf." Sie machen sich nicht zum Vertreter eines Standes-
oder Klasseninteresses. Ihre Wirksamkeit gehört dem ganzen
Volk. Der Prophet war „das persongewordene Gewissen
der Nation, der Bote Gottes, der allen den Spiegel ihrer
Vergehen vorhielt, ein Demagog und Patriot im
edelsten Sinne, der in großen entscheidenden Wendepunkten als Bußprediger, als Warner und Tröster, als
Bewahrer des Gesetzes, als Ausleger der alten Bundes-
verheißungen dem Volke, den Mächtigen, den
Königen gegenübertrat"[2]. Sie wahren sich freie Hand
nach allen Seiten, verkaufen sich, wie gesagt, an kein
Klasseninteresse, um überall, wo die Notwendigkeit es erheischt,
mit vollster Unabhängigkeit eingreifen zu können.

9. Die Propheten sind also in erster Linie durchaus
keine Sozialpolitiker und Wirtschaftsreformer — und sie
wollen das zunächst auch gar nicht sein. Ihr oberster Zweck
ist die Veredlung der Sitten; durch Mahnung zur Buße,

---

[1] Cornill, Geschichte des Volkes Israel S. 132.
[2] Döllinger, Heidentum und Judentum S. 800 ff.

durch Androhung des hereinbrechenden Zornes Jehovahs,
durch Hinweis auf seine überreichen Erbarmungen, insbesondere der messianischen Zeit, suchen sie die sittlichen
Zustände und dadurch indirekt die gesellschaftlichen und
wirtschaftlichen Schäden zu heilen, wenn auch gar nicht
geleugnet werden soll, daß sie manchmal das Messer unmittelbar an die klaffenden Wunden des sozialen Körpers
ansetzen und die wirtschaftlichen Mißstände kritisieren. Aber
immer ist es der ethische Gesichtspunkt, der in
der prophetischen Rede dominiert: weil es Sünde
ist, die sozialen Pflichten zu verabsäumen und
im Handel und im wirtschaftlichen Verkehr überhaupt die Gerechtigkeit außer acht zu lassen,
deswegen ereifern sich dagegen die Propheten.
Nichts würde ihre Wirksamkeit in ein schieferes Licht setzen,
als wenn man sie zu Parteihäuptern, zu Führern in den
sozialen Klassenkämpfen stempeln würde. Im blinden Glauben
an die Richtigkeit der Marxschen Geschichtsauffassung, die
keinen andern Faktor in der historischen Entwicklung der
Gesellschaft kennt als die Klassenkämpfe [1], schreibt Beer in
seinem „Beitrag zur Geschichte des Klassenkampfes im
hebräischen Altertum" [2]: „Der Versuch, durch eine Versitt-
lichung des wirtschaftlichen Lebens scharfe soziale Konflikte
einer Lösung zuzuführen, ist nicht neu. Er tritt uns bereits
im hebräischen Altertum entgegen, als die urwüchsigen
Daseinsformen des alten Israel stark zersetzt waren und
die ‚Besitzlosen und die Begehrlichen' (aniim
webjonim) [3] — unter Führung der Propheten —

---

[1] Marx beginnt bekanntlich das kommunistische Manifest mit
den Worten: „Die Geschichte aller bisherigen Gesellschaft ist die Geschichte von Klassenkämpfen "

[2] Neue Zeit XI. Jahrg., I (1892/1893), 444.

[3] „Ebjon wird gewöhnlich mit ‚Elende' übersetzt. Das ist un-
richtig. Wörtlich heißt ebjon der Begehrliche. Die ebjonim waren so

immer lauter und mächtiger nach ‚Recht und Gerechtigkeit‘
gerufen hatten.“ ¹ In den durch die auftretende Geldwirtschaft verursachten Klassenkämpfen hätten sich die Propheten
mit flammender Beredsamkeit an die Spitze der Unzufriedenen
gestellt; das Feuer der Empörung, das in den Tiefen des
Volkes loderte, habe sie erzeugt. Das Lebenselement der
Propheten sei Sturm und Kampf gewesen, der mit elementarer
Gewalt über die Gesellschaft hinbrauste und sie in ihren
Grundlagen erbeben machte. „Die Prophetie“, heißt
es, „ist die Konzentration der gewaltigen Leiden
und Kämpfe des israelitischen Proletariats.
Ihr Jahve ist ein grimmiger, rachsüchtiger Gott, der wie
ein zündender Feuerstrahl dahinfährt und die Erde in ihren
Grundfesten erschüttert. Der Gott der Unterdrückten ist
nicht die Liebe, sondern der Haß, ein Gott, der an den
schrecklichsten Zerstörungen sich ergötzt. Und der Olymp
wäre nicht mit so heitern, lebensfrohen Gestalten bevölkert,
wenn die griechischen Sklaven an der Bildung der griechischen

---

zahlreich, daß Prof. Graetz (Geschichte der Juden II, 129) sie als
Gemeinde oder Sekte, die sich um die Propheten scharte, auffaßt.
Dieser Irrtum ist leicht erklärlich. Sämtliche Historiker des Judentums, die sich aus jüdischen und christlichen Theologen rekrutieren,
hatten für das Ökonomische keinen Sinn, sie waren Ideologen und
haben das Leitmotiv der jüdischen Geschichte nur in der Religion erblickt.
Sie konnten daher mit den ebjonim als ‚Begehrlichen‘ nichts an-
fangen. Diese Schwierigkeit wird aber mit einem Schlage gelöst, wenn
wir die Bewegung, die Graetz als religiöse hinstellt, auf die ökonomischen Vorgänge zurückführen. Die ebjonim waren, wie sich aus diesem
Aufsatze ergibt, eine expropriierte und kämpfende Klasse“ — und die
Propheten demzufolge die Führer im Klassenkampfe!
¹ Mit diesem „Ariadnefaden der Marxistischen Geschichtstheorie
in der Hand“ gelingt es dann Beer, die weitere Entdeckung zu machen:
„Auf diesem Hintergrunde entstand zu Ende des siebenten Jahrhunderts
v. Chr. ein merkwürdiges Dokument, das Deuteronomium, welches
seinem ganzen Inhalte nach als ein ethisch-ökonomisches Reformprogramm sich darstellt.“

Mythologie Anteil genommen hätten."[1]   Zufolge dieser
evolutionistischen Auffassung des Sozialismus, welche alle
großen geschichtlichen Vorgänge aus Klassenkämpfen dedu-
zieren will, wäre die ganze Mission der Propheten aus den
sozialen Konflikten des jüdischen Proletariates mit dem
Kapitalismus herausgewachsen: eine Behauptung, die sich
schon durch die einzige Thatsache von selbst richtet, daß das
soziale Moment in den Schriften der Propheten durchaus
nicht vorherrscht, sondern gegen die sittlich-religiösen Lehren
und die Vorausverkündigungen der Zukunft zurücktritt.

Nun ist freilich nichts gewisser als das — und in der
Folge haben wir selbst eingehend dabei zu verweilen —,
daß die Propheten mit aller Macht für den Sieg von Recht
und Gerechtigkeit gekämpft haben; aber das berechtigt noch
nicht, sie als Klassenführer des Proletariats hinzustellen.
Sollen denn alle, die in der Gerechtigkeit die einzig dauer-
hafte Grundlage des staatlichen und wirtschaftlichen Lebens

---

[1] Beer a. a. O. S. 447. Auch dieser das Prophetentum so
einseitig würdigende Schriftsteller muß den „unbeugsamen Wahrheits-
sinn", den „unbestechlichen Wahrheitsmut" anerkennen. — Beer wittert,
seinem sozialistischen Standpunkt gemäß, im ganzen israelitischen Altertum Kommunismus. Bekanntlich war (4 Mos. 36) vorgeschrieben, daß
Erbtöchter nicht außerhalb des Stammes heiraten sollen, damit der
Grundkomplex dem Stamme ungeschmälert erhalten bleibe. Hieraus
sucht Beer für seine Hypothese Kapital zu schlagen, „daß das alte Israel
auf Urkommunismus begründet war... Die Thatsache, daß die Ältesten
des Stammes Joseph sich vor Moses beschweren, die Töchter Z'laphchads
würden durch eine Heirat außerhalb der Gens den Besitzstand des
Stammes Joseph verringern, zeigt, daß das Eigentum nicht individuell
war, sondern dem Stamme angehörte" (a. a. O. S. 445). Der un-
beschränkte Individualismus, insbesondere der Freihandel mit Grund
und Boden war freilich durch das Gesetz verpönt. Daß jeder Stamm
an der Erhaltung des Besitzstandes interessiert war, von dem seine
politische und soziale Bedeutung abhing, stark interessiert war, erklärt
das angezogene Faktum vollkommen, ohne zur Annahme eines ursprünglichen Kommunismus zu zwingen.

erblicken, deswegen Führer im Klassenkampf im Sinn der
sozialistischen Auffassung sein? Gewiß waren die Propheten
die unerschrockenen Anwälte der Unterdrückten und mit unent-
wegtem Freimut führten sie die Verteidigung des verletzten
Rechtes. Und gerade diejenigen, die am schwersten des
schützenden Armes entbehrten und am ehesten die Beute der
Habgier wurden, die Witwen und Waisen, durften zuver-
sichtlich auf den Beistand des prophetischen Wortes rechnen.
Aber Klassenführer, Agitatoren, Umstürzler, welche die Massen
organisiert und zum Sturm gegen die besitzende Klasse auf-
gerufen hätten, waren die Propheten nicht. Die Geschichte
zeigt sie in einem ganz andern Licht.

Ganz allgemein liegt die umfassende Aufgabe der
Propheten nach der negativen und positiven Seite ausgesprochen in den Berufungsworten des Herrn an Jeremias:
„Siehe, ich setze dich heute über die Völker und Reiche, daß
du ausreißest und niederreißest, zerstörest und zerstreuest,
aufbauest und pflanzest" (Jer. 1, 10).

IV. Kapitel.

Die wirtschaftliche Lage und die sittlichen Zustände. Die Klagen der Propheten über die allgemeine Verderbtheit der Sitten.

1. Der prophetischen Klagen sind nicht wenige, die über eine allgemein gewordene Sittenverderbnis erhoben werden. Ganz besonders beklagen es die Propheten, daß die sozialen Tugenden, auf welchen die Möglichkeit eines geordneten und gedeihlichen Zusammenlebens der Menschen in der staatlichen Gemeinschaft beruht, so stark im Schwinden seien: „Fluchen (im Hebräischen: Falsch schwören), Lügen, Morden, Stehlen, Ehebrechen hat überhand genommen, und eine Blutschuld rei ch an die andere" (Of. 4, 2). Es fragt sich vor allen, ob diese Klagen nicht einfach als Übertreibungen zu betrachten sind. Wenn wir die sozial-ethischen Zustände der damaligen Zeit an der Hand der von den Schriftpropheten erhaltenen Berichte würdigen wollen, müssen wir uns in erster Linie über den Wert und die Zuverlässigkeit dieser Schilderungen klar werden. Es drängt sich unwillkürlich die Frage auf: Sind denn das überhaupt objektive Berichterstattungen? Sehen die Propheten nicht allzu schwarz?

Man könnte gegen die prophetische Darstellung der sozialen und sittlichen Zustände besonders folgendes geltend machen: Sie sind nicht objektiv genug, denn aus ihnen

spricht deutlich genug ihre persönliche Verstimmtheit; der Miß-
erfolg, den die Propheten in ihrer Thätigkeit meist zu verzeichnen
hatten, mußte sie ja zu Pessimisten machen und ihre Schilderungen allzutrüb färben.   Nun muß ohne weiteres zugegeben
werden, daß die Berichte der Propheten keine kalten nüchternen
Beschreibungen von sozial-ethischen Thatsachen sind, nicht
entfernt von der Art, wie wir etwa heute auf Grund moral-
statistischer Beobachtungen die Thatsachen des sittlichen Lebens
darstellen würden: sie operieren nicht mit statistischen Zahlen-
reihen; es sind keine trockenen Erzählungen, wie wir sie vom
Chronisten erwarten dürfen; nein, es sind die warmblütigen
Herzensergüsse echter Patrioten und tiefempfindender Gemüts-
menschen, oft Gefühlsausbrüche, welche die ganze Skala der
Gemütsaffekte durchlaufen; alle diese Berichte haben deswegen eine völlig subjektive Tonfarbe.   Wie der Prophet
empfindet, so giebt er auch seine Empfindung wieder.

Man hat in der That schon davor warnen wollen, die
sozialen Zustände des jüdischen Volkes auf Grund der
prophetischen Schilderungen zu schwarz zu sehen[1]. Gewiß
mag auch manchmal dem freimütigen Sittenprediger, dem
scharfen Kritiker ein kühnes Wort, ein drastisches Bild, eine
Verallgemeinerung unterlaufen, die vielleicht nicht haarscharf
die wirklichen Verhältnisse widerspiegeln, Ausdrücke, die
nicht bis ins kleine und einzelne hinein gepreßt werden
dürfen.   Aber es ist doch immer zu bedenken, daß die
Propheten selbst den Kampf gegen Lüge und Unrecht führen
und deshalb um so strenger an die Wahrheit der Thatsachen
sich halten mußten.   Ferner sind die Propheten nicht bloß
Augenzeugen der herrschenden Verkommenheit, sondern sie
mußten nur zu oft am eigenen Fleisch die Bosheit ihrer
Zeitgenossen verspüren, die auch vor Prophetenmord nicht
zurückschreckten.   Es ist demnach die Behauptung berechtigt:

---

[1] Sellin a. a. O. S. 147.

Im großen und ganzen geben die Propheten gewiß eine objektive, historisch getreue Schilderung der Lage. Sie sind ja selbst, wie schon einmal betont wurde, keine verbitterten Pessimisten, die ihre grause Freude daran empfänden, Grau in Schwarz zu malen; noch weniger sind sie Schwarmgeister, die auf Zerstörung der gesellschaftlichen Ordnung hinarbeiten; sie sind im Gegenteil herzlich froh, wenn einige lichte Morgenstrahlen herüber aus besseren Tagen, aus der Herrlichkeit messianischer Zeit in das Düstere und Drangvolle ihrer Gegenwart hereinfallen, um ihre traurige Stimmung zu verscheuchen.

2. Die von den Propheten gerügten sittlichen Zustände standen aber mit den wirtschaftlichen in einem gewissen Zusammenhang. Denn die ökonomische Lebenshaltung und die sittliche Lebensführung verknüpft das Verhältnis einer gegenseitigen Wechselwirkung, zwar nicht in der extremen Auffassung, als ob die sittlichen Anschauungen und das auf denselben beruhende sittliche Leben ein Erzeugnis des jeweiligen Produktionszustandes seien oder als ob aus einem materiell hochentwickelten Wirtschaftsleben ganz von selbst die rechte sittliche Lebensführung emaniere. Im sittlichen Leben ist der Bereich der Freiheit, Naturgesetze im Sinne des Determinismus sind ausgeschlossen. Aber dennoch gehen von der wirtschaftlichen Lage so mannigfache Einwirkungen auf den Menschen aus und üben mitunter einen solchen Druck auf seine Willensentschlüsse und Handlungen aus, daß zwar nicht mit physischer, wohl aber mit moralischer Notwendigkeit der Durchschnitt der Menschen seinen eigentümlichen Charakter auch nach der sittlichen Seite hin durch die ökonomische Atmosphäre bekommt, in der er lebt. Es giebt eben auch sittliche Berufskrankheiten, die aus der ökonomischen Lage des einzelnen stammen. Darum ist es ein alter Satz, daß Armut und Reichtum einen nachteiligen Einfluß auf die moralische Beschaffenheit eines Volkes auszuüben vermögen.

7*

Viele erheben sich ja gewiß aus dem Bannkreis dieser Ein-
wirkungen und lassen sich nicht von den rein wirtschaftlichen
Faktoren, von der Produktions- und Konsumtionsweise
beherrschen, stehen vielmehr in voller geistiger Freiheit
siegreich über ihnen; aber das sind die besonders energischen,
die heroischen Naturen; der Durchschnitt folgt dem „Gesetze
der Masse". Im Mittelstand hingegen, der von den Gegen-
polen des Elends und des Überflusses gleich weit entfernt
ist, bieten sich die günstigsten Bedingungen dar, um ein den
Anforderungen des Sittengesetzes entsprechendes Leben zu
bethätigen.

Diese allgemeinen Bemerkungen vorausgeschickt, verstehen
wir auch die prophetischen Klagen über die sittlichen Mißstände weit besser zu beurteilen.

3. Vergegenwärtigen wir uns nochmals kurz die allgemeine wirtschaftliche Lage! Wir konnten bereits im
Vorausgehenden die Wahrnehmung machen, daß das
treibende Motiv der weiteren Entwicklung kapitalistische Tendenzen sein werden. Diese Entwicklung
setzt nun aber, nachdem man sich einmal mit Sympathie dem
heidnischen Wesen zugewandt hatte, mit aller Energie ein.
Insbesondere war das nach der Reichsspaltung im Nordreich
der Fall. Die Geldwirtschaft revolutioniert und zerschlägt
vollständig die althergebrachten Produktionsformen des
mittleren Betriebes, der Naturalwirtschaft und eines ganz
mäßigen Handels. Aber auch die alten Sitten, Einfachheit,
Religiosität, die zum guten Teil ihren festen Halt an diesen Wirt-
schaftsformen hatten, fallen dem Wechsel der Zeit zum Opfer.
Der Kapitalismus etabliert unbeschränkt seine Herrschaft im
Judenlande; Luxus und Üppigkeit in den Kreisen
der Begüterten, Dürftigkeit und Elend in der
breiten Masse des Volkes. Der Mittelstand hat den
Kampf um seine Existenz zu führen; er wird allmählich von
dem immer mehr um sich greifenden Kapitalismus aufgesogen.

Es wäre nun höchst interessant zu wissen, mit welcher Intensivität diese Entwicklung vor sich ging. Aber es ist ganz unmöglich, bei dem Vorhandensein bloß sporadischer Nachrichten irgendwie die einzelnen Stadien im Fortschreiten der kapitalistischen Entwicklung bloßzulegen. Einesteils bestand auf seiten der Besitzenden die große Neigung, aus dem so gewinnbringenden Handel mit Getreide möglichst hohen Gewinn zu ziehen und zu diesem Zweck, so gut es nur ging, den Grundbesitz zu erweitern und die Arbeitslöhne zu drücken, unbekümmert darum, ob auch ein immer größerer Bruchteil des Volkes ins Proletariat herabsänke. Das Bauernlegen stand in üppigem Flor. Anderseits haben wir auch eine nationalökonomische interessante Angabe (4 Kön. 15, 19), daß es gegen Ende des achten Jahrhunderts im nördlichen Reiche sechzigtausend wohlhabende Leute gegeben habe. Als nämlich bei einem Einfalle der Assyrier der König von Israel den Feind mit tausend Talenten Silbers abfinden mußte, wurde diese Kriegskontribution in der Weise aufgebracht, daß alle „Mächtigen und Reichen" im Lande ohne Unterschied je fünfzig Sekel beisteuern mußten. Wir erfahren also, fast zu unserer Überraschung, daß es damals noch eine große Anzahl reicher Leute (gibbore hail) gegeben habe. Ob das freilich, wie Buhl es annimmt[1], lauter reiche Grund-

---

[1] Buhl a. a. O. S. 52 f. Hier wird eine interessante Berechnung über die Bevölkerungszahl des damaligen Judenlandes angestellt. Buhl kommt zu dem Resultat, daß die genannten 60000 Reichen ungefähr ein Vierzehntel der Gesamtbevölkerung bildeten. (Ebd. S. 53.) Es würden also ca. 900000 Menschen im Judenlande gelebt haben. Hiervon mögen auf Israel, wieder nach Buhls Schätzung, ca. 680000 Einwohner entfallen sein. Wenn wir aber in Erwägung ziehen, daß nach der ursprünglichen Verteilung des Landes mit Ausnahme des Stammes Levi jede Familie Grundbesitz hatte, und wenn wir die Durchschnittshöhe der Familie auf 5 Köpfe ansetzen, so ergiebt sich immerhin, auch wenn von jenen 60000 die Mehrzahl Grundbesitzer

besitzer waren, ist eine offene Frage, die aber wahrscheinlich im verneinenden Sinn beantwortet werden muß; das Richtigere ist wohl anzunehmen, daß überhaupt die reichen Leute, die Geldmagnaten darunter verstanden seien, unter welchen neben reichen Handelsherren allerdings auch die Großgrundbesitzer eine ganz stattliche Anzahl ausmachen mochten. Auch Buhl giebt übrigens zu, daß sich diese Begüterten mit den Grundbesitzern nicht einfach decken[1]. Eine weitere hier einschlägige Angabe ist, daß Nebukadnezar bei 7000 gibbore hail (und außerdem 1000 Schmiede) mit nach Babel führte (4 Kön. 24, 15). Aber es unterliegt wohl keinem Zweifel, daß der ursprünglichen Einteilung des Landes zufolge vor der Epoche des schwunghaft betriebenen Getreidehandels und der Geldwirtschaft weit mehr freie Bauern in Palästina waren. Überdies ist auch zu bedenken, daß die Aufsaugung des Mittelstandes durch den Latifundien-besitz keine ruhig und stetig fortschreitende Entwicklung gewesen ist, sondern sich mehr stoß- und sprungweise vollzogen hat, so daß Zeiten des Stillstandes mit Zeiten größerer Konzentration des Grundbesitzes abwechselten. Dem Sieges-lauf des Kapitalismus mögen sich mitunter Hindernisse in den Weg gestellt haben, die auch wieder einen zeitweisen Rückschlag in der Ausdehnung des Großgrundbesitzes bewirken konnten. Die oft so unruhigen Zeiten, die dann auch für den Handel sehr ungünstig waren, feindliche Einfälle und Verwüstungen, mögen, ja müssen retardierend gewirkt haben. Einzelne Könige haben gewiß auch den Versuch gemacht, den Mittel-stand vor der Aufsaugung durch den Kapitalismus zu behüten.

Aber so viel ist sicher, daß unter den Wirren, die auf die Trennung der beiden Reiche folgten, die Veränderung

---

waren, daß der freie Bauernstand stark zurückgegangen sein muß. Über-dies ist die Bevölkerungsziffer, die Buhl annimmt, wohl auch zu niedrig gegriffen.

[1] Ebd. S. 46.

in den geſellſchaftlichen Verhältniſſen immer entſchiedener
vor ſich ging und die Verteilung des Beſitzes eine immer
ungleichere wurde [1]. Zudem erwieſen ſich die Könige in
ihrer Mehrzahl als Beſchützer und Gönner des
Kapitals; der Handelspolitik galten ausſchließlich ihre
Sympathien, und „die blutigen Kriege, die mit Idumäa
(Edom) im 9. und 8. Jahrhundert geführt wurden, waren
Handelskriege. Elat (Ezjongeber), die Hafenſtadt am
Roten Meer, mußte erobert werden. Die Könige Joſaphat,
Joram, Amazja, Ozias kämpften um Elat, und als der ſyriſche
König Rzin Elat unterworfen hatte, konnte er bereits eine
jüdiſche Handelskolonie aus der Stadt vertreiben" (4 Kön. 16,6) [2].

Knüpfen wir nun wieder an das an, was wir über
die Bedeutung des Mittelſtandes für die ſittliche Lebens-
geſtaltung geſagt haben: wir ſehen, es waren mit dem Zurück-
weichen der mittleren Betriebe die wirtſchaftlichen Voraus-
ſetzungen geſchaffen, unter denen auch eine Lockerung der
ſittlichen Zucht und die von den Propheten gerügten Er-
ſcheinungen leicht zu Tage treten konnten.

4. Es wirft ein grelles Licht auf die herrſchenden Zu-
ſtände, daß ſchon die älteſten Propheten, ein Elias und
Eliſäus, im Reiche Israel gegen die Ungerechtigkeit und den
Despotismus des Königtums auftreten mußten [3]. Der Konflikt des Königs Achab mit dem Propheten Elias iſt nach mehr
als einer Seite intereſſant. Der Hergang war folgender:
„Bei dem königlichen Park in Jezrahel lag der Weinberg
eines gewiſſen Naboth, den der König zur Abrundung ſeines
Parkes haben wollte: er bot dem Naboth den vollen Preis
oder einen beſſeren zum Austauſche an, aber Naboth mit
der ſtolzen Freude des echten Bauern an dem angeſtammten
Grund und Boden, antwortete dem Könige: Da ſoll mich

[1] Reuß a. a. O. S. 245.   [2] Beer a. a. O. S. 446.
[3] Küper a. a. O. S. 135.

Gott davor bewahren, daß ich dir das Erbe meiner Väter gebe. Damit ist für Achab die Sache abgethan, aber er kann seine Verstimmung nicht verbergen; Jezabel erfährt die Sache und ruft ihrem Gatten die höhnischen und aufreizenden Worte zu: Du willst König sein in Israel? Laß mich nur machen! Achab ließ sie gewähren, und daß Jezabel das Königtum in Israel nach ihrer Auffassung ausübte, hat Achab und seinem Hause den Thron gekostet. Es wurden gegen Naboth meineidige Zeugen aufgestellt und er als ein Majestätsverbrecher gesteinigt und seine Habe konfisziert. Im alten Orient, und auch noch im gegenwärtigen, gehören solche Vorkommnisse zu den Alltäglichkeiten, die jedermann hinnimmt als etwas Selbstverständliches: Die Zeitgenossen des Achab sahen in dieser That etwas Unerhörtes, man hatte die Empfindung, als ob Himmel und Erde einstürzen müßten, da ein König von Israel so etwas zu vollbringen fähig war. Elias machte sich zur Stimme der allgemeinen Empörung; als der König am folgenden Tage hinging, um von dem konfiszierten Acker Besitz zu nehmen, da findet er den gewaltigen Mann im härenen Mantel dort, der ihm die Donnerworte entgegenruft: Du unter die Sünde Verkaufter! So spricht Jahve: Gestern habe ich das Blut Nabaths und seiner Kinder gesehen, das will ich dir und deinen Kindern vergelten auf dem Acker Naboths. Nicht an die Abgötterei Achabs, sondern an diesen Justizmord knüpft Elias die Verkündigung von dem Untergang des Herrscherhauses; und in der That hat nicht der tyrische Baal die Dynastie Omri gestürzt, sondern dies an einem schlichten Bauer begangene Verbrechen."[1]

Drei Züge, die für die Beurteilung der sozialen Zustände von Interesse sind, treten in diesem Berichte scharf pointiert hervor. Einmal die Zähigkeit, mit welcher der israelitische

---

[1] Cornill, Der israelitische Prophetismus S. 32 f.

Bauer an seinem angestammten Besitztum hängt, dann aber auch die Gier, mit der die Großen nach der Erweiterung ihres Grundbesitzes trachten, und endlich die Rücksichtslosigkeit und Härte, mit der das gute Recht in den Staub getreten und der Bauer von seiner Scholle vertrieben wird.

Dem Prophetentum fiel die schwierige Aufgabe zu, häufig denjenigen schroff gegenübertreten zu müssen, welchen die Hut von Sitte und Recht übertragen war. Erinnern wir uns im Vorbeigehen nochmals des von Samuel entworfenen Zukunftsbildes! Von oben herab drang das sittliche Verderben ins breite Volk hinein, und die Propheten hatten daher über eine allgemein gewordene Korruption der Sitten zu klagen.

5. Lassen wir indes die Propheten selbst zum Wort kommen! Was sie in ihren Schriften berichten, ist der getreueste Spiegel dessen, was sie offen gesprochen, wie sie gegen die Verkommenheit angekämpft haben. Sie sind das persongewordene Gewissen des Volkes, sie empfinden und bringen alles ans Licht, was in dem Volke faul und Gott mißfällig ist[1]. Die Schilderung der Verderbtheit, das zornige Wort, das sich darüber ergießt, ist zugleich das anschaulichste Bild des prophetischen Wirkens auf sozial-ethischem Gebiet. Wir lassen hier indes in diesem Zusammenhang jene zahlreichen Stellen ganz außer Betracht, welche sich mit einzelnen Sünden besonders beschäftigen; für uns genügt hier die Thatsache zu erweisen, daß ein allgemeiner sittlicher Zerfall im ganzen Volk eingetreten war.

Hier nur einige Belege. „Wehe mir," seufzt Michäas (7, 1—4), „denn mir geht's wie einem, der im Herbste nach der Lese Trauben sammelt; keine Traube ist da zu essen, und mich gelüstet nach Frühfeigen. Weg sind die Frommen

---

[1] Cornill a. a. O. S. 35.

aus dem Lande, und Rechtschaffene giebt es unter
den Menschen nicht, alle lauern auf Blut, ein
jeglicher macht Jagd auf seinen Bruder, ihn zu
morden. Das Böse ihrer Hände nennen sie gut, der Fürst
verlangt (Geschenke), und der Richter richtet zur Vergeltung
(d. h. damit er für seinen Urteilsspruch belohnt werde), der
Große redet nach der Lust seiner Seele und verwirrt das
Land; der beste unter ihnen ist wie ein Dornstrauch und
der Redliche wie eine Dornhecke."

Die allgemeine sittliche Verkommenheit beklagt auch
Zacharias. Die fliegende Rolle, welche ihm in einer Vision
gezeigt wird, ist der Fluch, „der ausgeht über das
ganze Land; denn jeder Dieb wird, wie darauf geschrieben
steht, gerichtet werden, und jeder Meineidige gleichfalls
darnach gerichtet werden. Ich will es ausführen, spricht der
Herr der Heerscharen, und es soll kommen ins Haus des
falsch Schwörenden, und es soll bleiben mitten in seinem
Hause, und es verzehren, sein Holz samt seinen Steinen"
(Zach. 5, 3 f.). Redlichkeit und Treue, diese sozialen Pfeiler,
sind geborsten. Es ist hier nicht die Rede von der Unge=
rechtigkeit und dem Meineide einiger, sondern von all=
gemeinen Volkssünden. Denn die Strafe ist eine all=
gemeine Landesstrafe. (Allioli.) Weil alle Klassen des
Volkes von moralischer Verderbnis durchseucht
sind, die oberen wie die unteren, die Regierenden wie die
Unterthanen, soll auch alle die Strafe ereilen: „Der
König wird trauern, der Fürst von Gram umkleidet sein,
und des Volkes Hände werden zittern im Lande. Nach
ihrem Wandel will ich ihnen thun und nach ihren Rechten
sie richten" (Ez. 7, 27).

Ein anderes Gesicht des Propheten Zacharias weist
in gleicher Weise auf das allgemeine moralische Elend
hin. Er sah ein Weib, das „mitten im Maße saß" (Zach.
5, 7). Die Deutung lautet: „Das ist die Ungerechtig=

keit" (5, 8). Und zwar ist es nicht die Ungerechtigkeit in abstracto, die durch das Bild symbolisiert werden soll, sondern die leider nur zu konkrete, sozusagen mit Händen greifbare Ungerechtigkeit des jüdischen Volkes; denn es wird mit der Fortführung „ins Land Senaar" gedroht (Zach. 5, 11). Senaar war der alte Name Babyloniens (Allioli).

Spärliche Reste von Gutgesinnten haben sich ja gewiß erhalten, wie versprengte Schafe zwischen reißenden Wölfen; an diese kann sich Sophonias wenden mit den Worten: „Suchet den Herrn, alle ihr Sanften des Landes, die ihr gethan nach seinen Geboten, strebt nach Sanftmut, damit ihr einige Zuflucht findet am Tage des Zornes" (Soph. 2, 3).

6. Ein betrübendes Bild! Und wie es nach dem Früheren auch gar nicht anders zu erwarten ist: Die Eiterbeulen, in denen aller Giftstoff sich anhäuft und von da aus den ganzen Volksorganismus durchdringt, das sind selbst- verständlich die glanzvollen Regierungsmetropolen und Verkehrszentren beider Reiche mit ihrem hastenden Leben und Treiben. Wenn der Prophet Michäas die gött- lichen Strafgerichte, die „um Jakobs Laster willen" verhängt worden sind, ankündet, kann er mit Recht auf die Haupt- städte hinzeigen und sagen: „Woher ist das Laster? Nicht von Samarien? Woher die Höhen Judas? Nicht von Jerusalem?" Hier treten die Nachtseiten der veränderten sozialen Zustände mit greifbarer Schärfe hervor, und das Beispiel der verkommenen Hauptstädte hat auch das übrige Land infiziert; durch alle Adern des Verkehrs wird die Ansteckung hinausgetragen ins breite Volk. „Darum will ich Samarien wie einen Steinhaufen machen, wo ein Wein- berg gepflanzt wird: ich will ins Thal ihre Steine werfen und ihren Grund entblößen" (Mich. 1, 5 f.). Und über Jerusalem ergeht wegen seiner Missethaten die gleiche Drohung: „Sion wird wie ein Feld gepflügt werden, und

Jerusalem wird ein Steinhaufen und der Berg des Tempels eine Waldhöhe" (Mich. 3, 12).

7. Den Krebsschaden und die Wurzel aller sozialen Übel erblickten die Propheten in dem schwächlichen Sympathisieren mit heidnischem Wesen und um so mehr in dem völligen Abfall zum Götzendienst[1]. Denn dadurch wurden auch die sozialen Ideen, welche ehedem den Volksgeist beherrscht hatten, von Grund aus geändert. Besonders machte sich dies auf dem Gebiete des materiellen Gütererwerbes und Genusses geltend. In früherer Zeit war das ganze Leben mit all seinen Gütern dem Israeliten kein rein natürliches, stand vielmehr nach allen seinen Beziehungen ganz unter der Leitung Gottes; alle einzelnen Güter galten als Gaben Jehovahs, aller Wohlstand kam aus seiner Hand. Der jüdische Bauer fühlte sich auch weit mehr von der Gunst des Himmels abhängig als der jüdische Kaufmann; jener erblickte in Regen, Tau und Sonnenschein Gnadenerweise Gottes, dieser war geneigt, den Erfolg seiner Thätigkeit mehr seiner Geschäftsklugheit

---

[1] Eine sonderbare Anschauung vertritt Cornill, Geschichte des Volkes Israel S. 131 f. Er glaubt, daß Elias den Kälberdienst gefördert habe. „Wenn Elias in Samarien und Israel gegen den Baal eifert, so eifert er damit für die Kälber von Dan und Bethel, als die damals allgemein übliche und auch von ihm nicht angefochtene Form der Gottesverehrung im Reiche Israel. Die Anschauung, daß diese ganze Art von Kultus reines Heidentum und die Verehrung Gottes in einem Bilde Thorheit und Widersinn sei, begegnet uns erst beim Propheten Osee, sie ist eine Errungenschaft der schriftstellernden Prophetie." Im Anhang seines Buches ergänzt Cornill diese Ausführungen: „Man darf nicht vergessen, daß diese ‚Kälber' nicht Götzenbilder im technischen Sinne, sondern symbolische Darstellungen Jahves, des Gottes Israels, sind: als ‚Götzenbilder' hat sie erst Osee betrachtet." Dagegen erkennt Herzfeld, Geschichte S. 143 an, daß der Kälberdienst nur durch wenige dünne Fäden mit dem Jahvetum zusammenhing, wie z. B. durch gottesdienstliche Gesänge, „für die Masse des Volkes aber beinahe reiner Götzendienst war."

als dem Segen Gottes zuzuschreiben. Während früher den irdischen Gütern neben und über ihrem natürlichen Zweck ein damit aufs engste verbundener höherer Zweck beigelegt wurde, nämlich Gott zu verherrlichen, ist jetzt ein tiefgreifender Umschlag in diesen Beziehungen des Menschen zum irdischen Besitz und Genuß eingetreten. War aber diese religiöse Weihe, die für Altisrael über den natürlichen Gütern ausgebreitet war, einmal im Schwinden, so mußte das Streben nach irdischen Gütern mehr und mehr als nackter Egoismus hervortreten; und im Volksgros, das wirklich jetzt bei Handel und Erwerb vor allem auf eigenes Spekulieren und nicht so unmittelbar auf das Eingreifen des Himmels angewiesen war, das sich daher mehr auf seine eigene Kraft und sein eigenes Können stellte, konnte damit gar leicht der Respekt vor den sittlichen Geboten Jehovahs schwinden. Denn war er es nicht, der ausschließlich die irdischen Güter verlieh, warum sollte man sich denn im Handeln und Streben nach jenen durch ihn Schranken auferlegen lassen?

Sind es zunächst nach den Geschichtsquellen auch in der ersten Königszeit nur einzelne Ausbrüche der Immoralität Salomos, Aussaugung des Volkes (3 Kön. 11, 12), so ist in der Zeit der Schriftpropheten der Bruch ein allgemeiner geworden. Es liegt in der Natur der Sache, welche Stände sich besonders solcher Übertretung sittlicher Gebote schuldig machen mußten: In erster Linie diejenigen, die ausschließlich auf den Erwerb ausgingen, Kaufleute, Kapitalisten, Wucherer, weiter die Magnaten, die über die Köpfe ihrer Mitbürger emporgestiegen waren, die nun Macht, Verwaltung, Rechtsprechung in den Händen hatten und dies alles nur als Mittel zu immer größerem Einfluß, immer größeren Schätzen ansahen[1]. Das Streben nach Gewinn wurde mehr und mehr zur Triebfeder des ganzen

---

[1] Sellin a. a. O. S. 162

Volkslebens. Betrug, Aussaugung der Schwachen, Lieb-
losigkeit, zügelloser und unmäßiger Lebenswandel nahmen
überhand. Und demnach hatten die Propheten den Kampf
aufzunehmen gegen den Luxus, hatten zu streiten für die
Reinerhaltung des Familienlebens und die Heilig=
keit der Ehe, und sie hatten endlich die Verteidigung von
Recht und Gerechtigkeit zu führen. Hierdurch ist auch
die nachfolgende Darstellung bestimmt*.

---

* Über die Bevölkerungszahl in Israel (vgl. oben S. 101) stellt
Eduard Meyer in seinem Artikel „Bevölkerungswesen" (Bevölkerungs-
bewegung, Altertum) im Handwörterbuch der Staatswissenschaften II
(2. Aufl., Jena 1899), 680 f. folgende Schätzungen an: Es werden
zunächst die Zahlen des Pentateuchs und der Chronik, sowie die Angabe,
Davids Volkszählung hätte in Israel 700000, in Juda 500000 Krieger
ergeben, als unbrauchbar zurückgewiesen. Die Bemerkung im Debora-
lied, Israel, d. h. die Nordstämme mit Ausschluß von Juda, habe
40000 Krieger gehabt, gehöre einer Zeit an, in der die Städte noch
größtenteils kanaanäisch waren; vielleicht wolle das auch keine Schätzung
sein, sondern lediglich eine runde Zahlenangabe des Dichters. Jene
60000 kriegspflichtigen, d. h. besitzenden Männer in Israel würden
nach Meyer „auf eine Gesamtbevölkerung von rund 400000 bis 450000
Seelen schließen lassen, wozu noch die nicht sehr zahlreichen Sklaven
hinzuzurechnen wären. Da der Assyrierkönig Sargon nach der Vernichtung des vorher schon beträchtlich verkleinerten Reichs nach eigener Angabe
27 800 Seelen abgeführt hat (722 v. Chr.), so läßt sich ziemlich sicher
erkennen, welchen Teil der Bevölkerung das sogenannte assyrische Exil
betroffen hat; es sind etwa 8—9% weggeführt und durch fremde
Kolonisten ersetzt worden, natürlich die angesehensten Männer des
Landes. Bedeutend kleiner war die Einwohnerzahl des kleinen und
größtenteils wenig kulturfähigen Königreichs Juda. Sanherib giebt (an
einer oft mißverstandenen Stelle seiner Annalen) den 46 Landgemeinden
Judas 200150 Einwohner. Dazu kämen dann noch die Bewohner
Jerusalems, die wir, entsprechend der heutigen Bevölkerung, etwa auf
25000 Seelen schätzen dürfen. Hier war die Deportation bekanntlich
viel einschneidender; dem entspricht es, daß unter Kyros nach den im
wesentlichen authentischen Listen der Bücher Esdras und Nehemias 42360
Seelen (darunter ca. 30000 Männer) nebst 7337 Knechten und Mägden
aus Babel in das veröbete Land zurückkehrten."

V. Kapitel.

Der Kampf der Propheten gegen den Luxus, insbesondere gegen den Alkoholismus.

1. Ein Gut, „das Altisrael hochschätzte, war die Freude, Freude in alltäglichen Erlebnissen, Freude an Festtagen, Freude am ganzen Leben"[1]. Aber auch in dieser Beziehung wurde mit der Königszeit alles anders, und ist das Hauptmotiv hier wiederum in den großen Reichtümern zu suchen, die Davids Beutezüge und Siege dem Lande zuführten, anderseits in den neuen Waren und Artikeln, die Salomos Handel das Volk kennen lehrte, besonders aber in der gänzlichen Umkehrung der sittlich-religiösen Lebensrichtung des Volkes. Die Befriedigung der materiellen Bedürfnisse, Essen und Trinken, waren früher ganz einfach gewesen, auch an den Festtagen; aber jetzt war das völlig anders geworden. Der Königshof gab ein Vorbild der schier unglaublichen Vertilgung von Vorräten (3 Kön. 4, 23), und diese Genußsucht sickerte bald ins Volk hinein. Wenn uns (a. a. D.) erzählt wird, daß am Hofe Salomos täglich „zehn Mastochsen und zwanzig Weideochsen und hundert Widder ohne das Wildbret, die Hirsche und Rehe und Büffel und die gemästeten Vögel" verzehrt wurden, so ist freilich die große Personenzahl in Anschlag zu bringen, die davon unterhalten

---

[1] Sellin a. a. D. S. 150.

werden mußte, aber es soll wohl damit, dem ganzen Zusammenhang entsprechend, auch ausgedrückt werden, daß es
am Hofe hoch herging. Kurz vorher heißt es von den
Bewohnern Judas und Israels (3 Kön. 4, 20): „Und sie
aßen und tranken und waren fröhlich."

Um diesem Luxus zu frönen, mußten natürlich bedeutende
Mittel zur Verfügung stehen. Der rentable Getreidehandel
versagte selten; das Land erfreute sich ja einer schier unerschöpflichen Fruchtbarkeit und erholte sich auch nach schweren
Mißgeschicken durch feindliche Verwüstung und elementare
Ereignisse immer wieder verhältnismäßig rasch. Wechselnder
und weniger günstig war freilich die politische Machtstellung
der beiden Reiche nach außen, und da mochte auch oft der
Handelsverkehr in Mitleidenschaft gezogen werden. Aber
es gab auch wieder Zeiten politischen Aufschwunges; und
in solchen, wo Handel und Verkehr wieder aufblühte, trat
dann auch der von den Propheten geschilderte maßlose Luxus
zu Tage.

So war die Periode, in welche die erste Wirksamkeit
des Propheten Isaias fällt, eine materiell günstige. „Die
Zeit unter Ozias und Joatham[1] wird uns in den Geschichts-
büchern als eine glückliche, verhältnismäßig gesegnete geschildert,
gewissermaßen als die letzte und höchste Blütezeit des Reiches
Juda seit Salomo. Durch die Unterwerfung der Edomiter,
Philister und anderer Völkerstämme waren die ursprünglichen Reichsgrenzen wiederhergestellt, durch feste Plätze und
ein trefflich bewaffnetes Heer war das Land nach außen
hin gesichert, und sowohl der Tribut der Unterworfenen als
der Land- und Seehandel dienten dazu, den Wohlstand des
Landes zu heben."[2] Isaias setzt offenbar solche Verhält-

---

[1] Beide waren Könige von Juda. Ersterer regierte nach Haneberg, Geschichte der biblischen Offenbarung S. 259, von 809—758,
letzterer 758—742.

[2] Küper a. a. O. S. 212.

nisse voraus, wenn er vom Hause Jakob sagt: „Voll ist
das Land von Silber und Gold, und seiner Schätze ist kein
Ende; voll ist sein Land von Rossen und zahllos sind seine
Wagen" (Is. 2, 7). Aber im gleichen Atemzug klagt der
Prophet über den schlechten Gebrauch des Reichtums: „Voll
ist sein Land von Götzen, das Werk ihrer Hände beten sie
an, was ihre Finger gemacht." Er erwähnt auch die Schiff-
fahrt nach Tharsus, aber auch den Übermut der dadurch
reich gewordenen Leute (2, 16 f.).

Gleich günstig war um dieselbe Zeit die Lage im Nordreich unter Jeroboam II.[1]. Dieser herrschte über ein Reich,
welches die Größe und Ausdehnung des Reiches Davids
fast erreichte. Die gute alte Zeit dieses größten Herrschers
Israels schien wieder aufgelebt zu sein, Israel war das
herrschende Volk zwischen Nil und Euphrat. Und waren
denn nicht auch im Inneren die Verhältnisse glänzend und
großartig wie nur je? „Da gab es in Samarien die kostbarsten Elfenbeinpaläste und Quaderbauten ohne Zahl, da
gab es Burgen und Festungen, Rosse und Wagen die
Menge, Macht und Glanz, Pracht und Reichtum, wohin
man sich wandte. Die Reichen lagen auf elfenbeinernen
Sofas mit damastenen Polstern, sie schlachteten täglich ein
gemästetes Kalb, tranken den kostbarsten Wein und versalbten
das feinste Öl. Alles in allem ein Zeitalter, in welchem
zu leben eine Freude war. So feierte man denn auch Feste
mit ausgesuchter Pracht und brachte Opfer ohne Zahl."[2]

Die Propheten hatten demnach Stellung zu nehmen
gegen den Luxus. Sie entwerfen uns ein anschauliches
Bild von der eingerissenen Schlemmerei. Gehen wir daran,
denselben in den einzelnen Zügen, in welcher er hervortrat,
näher kennen zu lernen!

---

[1] Er regierte von 824—783.
[2] Cornill, Der israelitische Prophetismus S. 40 f.

2. Amos beschreibt in prägnanter Weise ein Gast-mahl damaliger Zeit. Die Reichen „schwelgten auf den Lagern" und aßen „Lämmer von der Herde und Kälber aus dem Mastvieh" (Amos 6, 4 ff.). Nur ganz erlesenes zartes Fleisch kam also auf die Tafel eines reichen Israeliten. Hieronymus erklärt den Tadel des Propheten dahin, daß man nicht aß, um seinen Hunger zu stillen und das Leben zu erhalten, sondern um den Gaumen zu kitzeln, um der Freßgier und Feinschmeckerei zu frönen. (Allioli.) Dabei lagen sie auf kostbaren Ruhebetten, auf elfenbeineingelegten Sofas mit Damaszenerpolstern. Zu diesen Gelagen salbte man sich auch mit dem feinsten Öl und trank die feinsten Weine (6, 6); Musik und Gesang dienten dem Sinnenreize. „Harfen, Leiern, Pauken, Flöten und Wein sind bei euren Gelagen" (Is. 5, 12). Beißender Hohn klingt aus Amos' Worten heraus: „Die ihr singt zum Klang der Harfe; sie meinen Musikinstrumente zu haben wie David" (6, 5). Davids edle Kunst und diese rohen Zechergesänge! Diese Art von Tafelmusik, spottet der Prophet, bekundet einen sehr geringen Kunstsinn.

3. Besonders war aber das Trinken ausgeartet, man trank den Wein aus großen Humpen (Amos 6, 6). Das will um so mehr besagen, wenn wir bedenken, daß die palästinensischen Weine sehr schwer waren: man pflegte sie mit der doppelten Menge Wassers, sogar auch mit der dreifachen zu mischen[1]. Der Alkoholismus war also schon damals eine beängstigende Erscheinung geworden. Dieser ist der Inbegriff der körperlichen, geistigen und sittlichen Schäden, die infolge des übermäßigen Alkoholgenusses in der mensch-lichen Gesellschaft und insbesondere in einzelnen Klassen derselben entstehen[2].

---

[1] Herzfeld, Handelsgeschichte der Juden des Altertums S. 93. Hier wird auch die Bedeutung des altjüdischen Weinhandels erörtert.

[2] Egger, Der Klerus und die Alkoholfrage (Freiburg 1898) S. 2.

Wenn gegenwärtig durch die ganze gebildete Welt eine mächtige Bewegung geht, welche sich zur Aufgabe gestellt hat, im Alkoholismus einen alten Erbfeind der Menschheit zu bekämpfen, der mit schäumendem Mund und wild rollenden Augen gegen die edelsten Güter der Kultur anstürmt, so ist es vielleicht nicht so uninteressant, einen Blick in längst verschwundene Zeiten zu werfen, wo die Trunkenheit verderblich um sich gegriffen hatte, wo aber auch die edelsten Naturen den Kampf gegen den Alkoholismus auf sich genommen hatten. Wenn man sich vergegenwärtigt, in welcher Weise derselbe nicht bloß am finanziellen, sondern, was noch viel bedauernswerter ist, auch am intellektuellen und moralischen Kapital der Nationen zehrt, so war es unvermeidlich, daß die Propheten in ihrer sozial-ethischen Thätigkeit diesen grausamen Tyrannen aufs schärfste bekämpften.

Die Versuchung, dem Weingenuß zu sehr zu frönen, lag ja für die alten Israeliten sehr nahe, denn Palästina erzeugte neben andern köstlichen Produkten auch einen Wein von ausgezeichneter Qualität. Der Überfluß des Landes an Wein machte diesen zu einem durchweg verbreiteten Getränk, wie zu einem hervorragenden Handelsobjekt[1]. Nur fand diese Lockung, solange das Volk seinen ursprünglich höchst einfachen Verhältnissen treu blieb, an der Kraft der Vätersitte und des alten Gottesglaubens einen festen Widerstand. Erst als unter den ersten Königen das Volk in den Strudel des Welthandels hineingerissen wurde und eine Sturzwelle neuer Lebensgenüsse über dasselbe hinwegging, wurde auch seine sittliche Kraft mehr und mehr gebrochen.

Die Propheten geißeln schonungslos diese Entartung. Sie klagen, daß schon am frühen Morgen Bowlen, d. h. stark gewürzte Getränke, gebraut werden[2], und daß bis in die späte Nacht hinein gezecht wurde: „Weh euch, die ihr früh

---

[1] Herzfeld a. a. O. S. 93.   [2] Sellin a. a. O. S. 150.

8*

aufstehet, euch dem Rausche zu ergeben, und spät bis in den
Abend trinket, daß ihr vom Weine glühet" (Is. 5, 12).
Würzwein ist übrigens schon im Hohenliede (8, 2) erwähnt[1].
Isaias entsetzt sich vor der überhandnehmenden Trunksucht:
„Wehe euch, die ihr Helden seid im Weintrinken und tapfere
Leute im Mischen berauschender Getränke" (Is. 5, 22).
Das Laster muß eine bedenkliche Ausdehnung genommen
haben. Denn der genannte Prophet gedenkt zuerst der
„Trunkenen von Ephraim" (28, 1) und deutet sodann auf
die Bewohner Jerusalems hin: „Doch auch diese sind ohne
Kenntnis vor Wein und irren vor Trunkenheit: Der Priester
und Prophet sind ohne Kenntnis vor Trunkenheit, sind
ersoffen im Wein, irren in der Trunkenheit, wissen um keinen
Seher, wissen um kein Recht." Widerlich sind die Folgen
dieser Ausschreitungen: „Alle Tische sind voll Gespeies und
Unrates, so daß kein Platz mehr ist" (Is. 28, 7 f.). Die
Hirten des Volkes, Priester und Propheten, rufen: „Kommet,
lasset uns Wein holen und vollauf trunken werden, und es
soll morgen sein wie heute und noch viel mehr!" (Is. 56, 12.)

Es ist eine krasse Schilderung, die hier der Prophet
giebt, aber es liegt darin auch ein Beleg, wie stark das Laster
um sich gegriffen hatte. Denn daß auch jene Stände demselben verfallen waren, welche durch die Erhabenheit ihres
Berufes ihm am meisten hätten widerstehen sollen, läßt uns
schon erkennen, daß dann um so mehr das Volk in seinem
Durchschnitt dem Trunk ergeben war.

4. In ihren Drohreden gegen die Schlemmerei, ins-
besonders gegen die Trunksucht, werfen die Propheten auch
ein scharfes Schlaglicht auf die Emanzipation der
Frauen. Die Stellung der jüdischen Frau war keine so
hermetisch abgeschlossene wie sonst im Orient, und „der
Verkehr zwischen den beiden Geschlechtern in Israel ein
freier und ungezwungener, im vollständigen Gegensatz zu

---

[1] Herzfeld a. a. O. S. 93 f.

den Sitten der Mohammedaner, besonders in den größeren Städten"[1]. Es herrschte also keine zu engherzige Auffassung hinsichtlich der Stellung der Frau. Nichtsdestoweniger haben die Propheten es dennoch schmerzlich zu beklagen, daß die weibliche Zucht und Sitte in bedenklichem Maße im Schwinden ist und daß die Weiber an frivoler Üppigkeit mit den Männern wetteifern. Für die „reichen Weiber, die sorglosen Töchter" hat Isaias (32, 9 ff.) besondere Droh-worte. Es ist ein ganz auffallender Zug, daß der Prophet gerade den Frauen mit der Unfruchtbarkeit der Weinberge droht. „Die Weinlese ist dahin, eine Lese kommt nimmer ... Klaget über den fruchtbaren Weinberg" (32, 10 f.). Ein Beweis dafür, daß auch die Frauen stark dem Trunke ergeben waren.

In diesem Zusammenhange möge auch der bekannten Drohung gegen die „fetten Kühe" gedacht werden. „Hört dieses Wort, ihr fetten Kühe auf Samarias Bergen," so eifert Amos (4, 1 f.), „die ihr die Dürftigen drücket und die Armen zermalmet, die ihr sprechet zu euren Herren: Schafft herbei, daß wir zechen! Es schwöret Gott der Herr bei seiner Heiligkeit: Siehe, Tage kommen über euch, da man euch, was von euch noch übrig ist, auf Stangen in siedende Häfen hebt." Wie man Fleisch zum Kochen mittels der Spieße in siedende Töpfe wirft, so sollen die Angeredeten von den Assyriern in die Gefangenschaft, deren Leiden mit dem Sieden in einem Kessel verglichen sind, fortgeführt werden.

Manche verstehen dieses Wort des Amos von den Vor-nehmen überhaupt, die wegen ihrer verweichlichten, weibischen Sitten mit gemästeten, auf fetter Trift weidenden Kühen vergleichbar sind; aber es wird doch wohl richtiger auf üppige, emanzipierte Weiber bezogen. Sonach wäre es, modern gesprochen, ein Stück „Frauenfrage", die in be-

---

[1] Buhl a. a. O. S. 32.

drohlicher Weise vor dem Auge des Propheten sich erhebt. Geht aber der Tadel desselben wegen Verweichlichung in der That auf die Üppigkeit der Frauen, so hat die seltsame Anrede des Propheten deswegen doch ihren schreckhaften Inhalt nicht verloren. Vielmehr noch entsetzlicher, als wenn Männern der Vorwurf der Verweichlichung gemacht werden kann, ist es, wenn die Weiber es den Männern an Trunken= heit und Bedrückung der Dürftigen gleichthun. Denn das besagt nichts weniger als den völligen Ruin alles echt weiblichen Wesens, die ödeste, traurigste Leere an Herz und Gemüt. Fast zu stark klingt der Ausruf, um ihn auf die jüdischen Frauen zu beziehen; es wäre damit der Kulmi= nationspunkt der Verkommenheit bezeichnet. Und doch wird man den Gedanken nicht recht los; denn die angekündigte Strafe wird unter dem besonders für Frauen sehr nahe= liegenden Bilde des siedenden Kessels dargestellt, in welchen das Fleisch auf Stangen hineingehalten wird.

5. Auf dem Sumpfboden dieser Schlemmerei schoß auch ein Übermut auf, dem nichts mehr heilig und ehrwürdig war. Man führte einen barbarischen Trinkkomment, bezw. Trinkzwang ein. Die Wüstlinge hatten ihren Zeitvertreib daran, die Mäßigen zum Trinken zu nötigen. „Ich er= weckte", spricht der Herr zu den Trunkenbolden, „aus euren Kindern Propheten und aus euren Jünglingen Nasiräer[1], aber den Nasiräern gabt ihr Wein zu trinken" (Amos 2, 11 f.), zwanget sie also mit Gewalt, sich euren üppigen Bräuchen zu fügen. Diese tollen Sibariten, die sonst über prächtige Lagerstätten verfügten, gefallen sich auch darin, die Kleider ihrer ausgewucherten Opfer zur Lagerdecke bei ihren Zechgelagen zu verwenden: „Auf gepfändeten Ge= wändern lagern sie sich neben jeglichem Altar und trinken

---

[1] Das Nasiräat „bestand in Enthaltung vom Weine, von allem, was vom Weinstocke kommt (Trauben, Rosinen) und überhaupt von jedem berauschenden Getränke" (Kirchenlexikon V [2. Aufl.], 247).

Wein vom Gelde der Verurteilten im Hause ihres Gottes" (Amos 2, 8). Die Verurteilung Unschuldiger und der Lohn, den diese feilen, bestechlichen Seelen dafür erhalten, muß die Mittel flüssig machen, um die leeren Kassen wieder zu füllen, welche infolge der Üppigkeit manchmal eine bedrohliche Ebbe zeigten.

Wie die eben angeführte Stelle zeigt, war auch der Gottesdienst durch diese Trunkenbolde jeder Würde und Weihe beraubt. An ihren Heiligtümern, vor den Altären ihrer Götzen zechten sie; die Scheu, die auch der rohe Heide an heiligem Ort empfindet, mußte vor ihrer Ausgelassenheit ver- schwinden. Vielleicht waren schon in früherer Zeit vereinzelte Exzesse dieser Art vorgekommen. „In bezeichnendem Gegen- satz", bemerkt Cornill[1], „zu dem herben Ernst und der düstern Strenge des späteren Judentums hatte der Gottes- dienst im alten Israel einen durchaus frohen und freudigen Charakter.... Und wie das alte Israel ein durchaus heiteres und lebensfrohes Volk war, so trug auch sein Sichfreuen vor Gott für unser Empfinden recht weltliche und unheilige Züge. In Saus und Braus ging es her bei den großen Festen. Als bei einem solchen Herbstfeste zu Silo, dem alten Heiligtum Ephraims, Hanna, die Mutter des Propheten Samuel, ihr tiefbekümmertes Herz in lautlosem Gebet vor Gott ausschüttet, da fährt sie der Priester Eli an: Wie lange wirst du hier das Schauspiel deiner Trunkenheit zum Besten geben? Schlaf erst deinen Rausch aus![2] — so daß also auch betrunkene Frauen nicht zu den Seltenheiten gehörten." Einen solchen Schluß aus der Bemerkung des Priesters zu ziehen, ist wohl nicht statthaft, jedenfalls liegt zu der Verallgemeinerung, daß überhaupt die Gottesdienste und religiösen Feste wie ausgelassene Orgien gefeiert wurden,

---

1 Cornill, Der israelitische Prophetismus S. 38 ff.
2 1 Kön. 1, 13 f.

in der angeführten Begebenheit kein Anlaß vor. Ebenso möge es dahingestellt bleiben, ob Cornill im Recht ist mit der Annahme, daß auch der Tempel Zeuge solcher wüsten Scenen sein mußte: „Ein noch drastischeres Bild entwirft uns der Prophet Isaias von einer Festfeier im Tempel zu Jerusalem, wenn er da schildert, wie alle Tische voll sind von Gespei, so daß kein Plätzchen leer ist davon, — und selbst noch schlimmere Dinge, sinnliche Ausschweifungen der bedenklichsten Art, gingen bei diesen Heiligtümern im Schwange. Die Propheten erkannten in diesen Auswüchsen gewiß mit Recht Reste kananäischen Heidentums: wie die alten Heiligtümer, so hatte Israel auch den Kultus von den Kananäern übernommen: aber die Zeitgenossen des Amos und Osee hielten dies für richtigen und wahren Gottesdienst, wie ihn der Gott Israels von seinem Volke fordere und wie er ihn liebe."

6. Begreiflich, daß durch die überhandnehmende Trunk-sucht auch der Sinn für alles Höhere, für die großen Interessen von Religion und Staats-wesen gründlich erstickt wurde. Eine blöde Stumpf-heit des Geistes gegenüber den wichtigsten Lebensfragen war die unausbleibliche Folge. Die Losung hieß: „Laßt uns essen und trinken, denn morgen müssen wir sterben" (Is. 22, 13). Osee klagt, daß Unzucht, Wein und Trunken-heit den Priestern den Verstand geraubt habe (Os. 4, 11). Wenn Isaias von den Priestern und Propheten sagt, daß sie vor Trunkenheit ohne Kenntnis sind, um kein Recht mehr wissen, also ihres Amtes und seiner Pflichten völlig vergessen, so klagt Amos, daß jene Trunkenbolde ganz indifferent gegen die öffentlichen heiligsten Interessen dahin-leben und „um den Schaden Josephs sich nicht kümmern" (Amos 6, 6). Mag aus Religion und Staat werden, was da will, mögen sie auch untergehen, jene durch den rohesten Sinnen-genuß abgestumpften Naturen läßt dies alles gleichgültig.

So entwickelte sich auch jener gemeine Typus im Volke, den man heutzutage mit dem Namen „Protzentum" belegt, dieser fleischklötzige und dabei herzlose, brutale, keck auf sein Geld sich steifende Charakter, der sich über alle Schranken der Sittlichkeit und des Rechtes erhaben dünkt, weil er die Mittel hat, seinen Launen in allem zu entsprechen. Die Propheten verstehen es, diesen Typus anschaulichst zu schildern. So läßt Ezechiel (11, 3) diese Geldmänner sprechen: „Sind nicht seit langem unsere Häuser gebaut?" (Ez. 11, 3.) Der echte, von Selbstbewußtsein aufgeblähte Hausbesitzer der Großstadt, der sich in die Brust wirft und sagt: Sind unsere Häuser denn nicht fest stehen geblieben trotz aller Drohungen der Propheten? Das Gewissen, das sich doch wieder regen will, wird einfach erstickt im Sinnengenuß, im Essen und Trinken. Der Herr „ruft euch an jenem Tage zum Weinen und Wehklagen, zum Kahlscheren und Umgürten des Sackes; aber siehe da, Freude und Lust, man tötet Kälber und schlachtet Widder, man ißt Fleisch und trinkt Wein (und spricht): Lasset uns essen und trinken, denn morgen müssen wir doch sterben" (Js. 22, 12. 13). Der gröbste Materialismus, der im Essen und Trinken seinen letzten Lebenszweck erblickt, ist die Lebensanschauung dieser Kreise.

Die Propheten drohen mit dem hereinbrechenden Strafgericht. Aber man höhnt bloß über die angedrohte Belagerung und Eroberung der Stadt. „Sie (die Stadt) ist der Topf, und wir sind das Fleisch" (Ez. 11, 3). Diese Spötter scheinen dem König Sedecias den verderblichen Rat gegeben zu haben, sich wider Nabuchodonosor zu empören. Sie sind voll kecker Zuversicht: wir wollen ein Schicksal mit dieser Stadt haben; lassen wir ruhig den Feind herankommen, wir wollen die Belagerung hinter unsern starken Mauern schon aushalten, gleichsam Stadt und Einwohner einem Feuer aussetzen, das Topf und Fleisch zugleich erhitzt. Der hebräische Text hat an der angeführten Stelle die

bezeichnenden Worte: „Es ist noch nicht so nahe (das
Unglück); laßt uns nur Häuser bauen." (Allioli.) Sie sind
voll eitlen Selbstvertrauens und kecker Sorglosigkeit; sie
pochen auf ihre bisherigen Errungenschaften: „Haben wir
nicht durch unsere Kraft Hörner gewonnen?" (Amos 6, 14.)
Sind wir nicht durch unser eigenes Können zu Macht, Besitz
und Einfluß gekommen? Das ist die Sprache des übermütigen Parvenu, des geldstolzen Glücksritters, der sich in
seinem Besitz für stark und vor allem Unglück geborgen
hält. Zur Zeit, da der Prophet die Reichen so sprechen
läßt, war das Reich thatsächlich — es war unter der Regierung Jeroboams II. — in blühendem Zustande.

7. Die Propheten hatten nun allein den Kampf gegen
diese Verkommenheit aufzunehmen. Derjenige Stand, der
ihnen hätte in die Hände arbeiten sollen, die zum Dienst
des Heiligtums bestellte Priesterschaft, war selbst dem Laster
der Trunksucht verfallen, und um den Kampf noch schwieriger
zu machen, erstanden Gegenpropheten, die nicht bloß dem
Volk mit dem schlechtesten Beispiel vorangingen, sondern
es auch noch direkt in seinem Hang zur Trunksucht bestärkten.

Aber mit der ganzen Kraft ihrer gewaltigen Persönlichkeit haben sich die Propheten der eingerissenen Völlerei
entgegengestemmt. Einmal dadurch, daß sie für den Luxus
die entsprechende Strafe in Aussicht stellen: Der
Üppige, der Fresser und Säufer soll das Fasten lernen;
das Land soll trotz seiner schier unerschöpflichen Ertragsfähigkeit mit Dürre und Unfruchtbarkeit geschlagen werden,
Hunger und Durst werden gefürchtete Gäste sein im Lande;
„der Adel wird vor Hunger vergehen und der Pöbel vor
Durst verschmachten" (Js. 5, 13). „Jakobs fetter Leib wird
mager werden" (Js. 17, 4). „Der Fluch wird das Land
fressen. . . Dann trauert die Weinlese, der Weinstock ist
saftlos; alle seufzen, die fröhlichen Herzens waren. Es feiert
(d. h. es verstummt) die Freude der Pauken, das Getümmel

der Fröhlichkeit hat ein Ende, es schweigt der Harfe süßer
Klang. Man trinkt nicht mehr Wein beim Gesang, bitter
ist den Zechern der Trank. In Trümmern liegt die eitle
Stadt, jedes Haus ist geschlossen, und niemand geht
hinein. Man klagt über den Wein (d. h. über die vom
Feinde verheerten Weinberge) auf den Straßen, alle
Frende ist entflohen, weggeführt die Fröhlichkeit des Landes"
(Is. 24, 6—11). Wo rauschender Festjubel und wilde Zecher-
lust widerhallten, da soll der Tod einkehren und „allenthalben
Stille sich verbreiten" (Amos 8, 3). So soll gerade die tolle
Lustbarkeit und das Übermaß des Weingenusses, das Amos
an den Gastmählern seiner Zeit aufs schärfste gerügt hatte,
nach der Amos- und Isaiasstelle ins reine Gegenteil um-
schlagen. Fallen sollen auch die stolzen Paläste, in welchen
diese Üppigkeit haust; denn „es schwört Gott der Herr bei
sich selbst: Ich verabscheue die Hoffart Jakobs und hasse
seine Paläste, und ich will preisgeben die Stadt samt
ihren Einwohnern" (Amos 6, 8). Den üppigen Prassern, die
den Mangel niemals persönlich verspürt haben, schleudert
der Prophet die Drohung entgegen: „Der Herr wird euch
schmales Brot geben und Wasser sparsam" (Is. 30, 20).
Brot und Wasser, das soll die Nahrung dieser verwöhnten
Gaumen werden, und nicht einmal daran sollen sie genug
bekommen, um Hunger und Durst zu stillen. Die Feste und
Gelage, bei denen es so hoch hergeht, sollen gewandelt
werden in Trauer, die Zecherlieder in Wehklage, der reiche
Kleiderschmuck[1] in Trauergewänder (Amos 8, 10). Der
Prophet Joel, der wahrscheinlich in Juda wirkte, eifert
voll Unmut gegen den krassen Materialismus: „Wachet
auf, Trunkene, und weinet, die ihr Wein trinket mit Lust,
denn er wird hinweggenommen von eurem Munde." Der
Herr droht mit feindlichem Einfall, es wird ein Volk ver-

---

[1] Vgl. unten S. 129 ff.

wüstend eindringen, worüber Israel klagen wird: „Es macht meinen Weinberg zur Wüste und schält ab meinen Feigenbaum . . . Verwüstet ist das Land, es trauert das Feld; denn verdorben ist der Weizen, schmachvoll steht der Wein, verkommen ist das Öl. Bestürzt sind die Ackerleute, die Winzer heulen um Korn und Gerste, denn dahin ist des Feldes Ernte. Schmachvoll steht der Weinstock und der Feigenbaum saftlos; Granat=, Palm= und Apfelbaum, alle Bäume des Feldes dorren aus . . . Weihet ein Fasten! . . . Wird nicht die Speise schwinden vor euren Augen, vom Hause unseres Gottes Freude und Jubel? Das Vieh verfault in seinem Mist, abgebrochen sind die Scheuern, verwüstet die Kornhäuser, denn schmachvoll steht der Weizen. Warum seufzt das Vieh, warum brüllen die Rinderherden? Weil sie ohne Weide sind, und auch die Schafherden kommen um[1]. Zu dir, o Herr, will ich rufen, denn Feuer frißt die schöne Trift, und die Flamme entzündet alle Bäume des Landes. Auch das Wild des Feldes blickt auf zu dir, wie ein Land, das nach Regen dürstet: denn ausgetrocknet sind die Wasserquellen, und Feuer hat gefressen die schöne Trift" (Joel 1, 5—20). Es ist das bleiche Gespenst des Hungers, das Joel seinen üppigen Volksgenossen vorhält. Er sucht die empfindlichste Stelle im Herzen des Volkes zu treffen, wenn er den gänzlichen Verfall des Ackerbaues, der den Stolz und die Freude des Juden bildete, in Aussicht stellt. Es sind wahrhaft ergreifende Stellen, in denen sich die Propheten gegen die trostlose moralische Versunkenheit ihrer Zeit wenden. Sie sind geradezu erfinderisch, um die rechten Herzenstöne zu finden, von denen sie glauben, daß sie auch bei den Prassern noch Anklang finden könnten: Die Quelle, aus der ihnen die Mittel zum sorglosen Leben zufließen, soll versiegen, der hochrentable Getreide-

---

[1] Vgl. oben S. 114 über die Leckerbissen: gemästete Kälber und junge Lämmer!

handel soll gänzlich in Verfall geraten: „Abgebrochen sind die Scheuern, vernichtet die Kornhäuser."

Die Klagelieder des Jeremias erbringen den traurigen Beweis, daß die Drohungen der Propheten zur entsetzlichen Wirklichkeit geworden sind. Hunger und Elend schlugen in den Gassen der ehemals reichen und luxuriösen Stadt ihr Heim auf. Die erschütternden Worte sind wert, notiert zu werden. „Selbst die Seeungeheuer reichen ihre Brüste und säugen ihre Jungen, aber die Tochter meines Volkes ist grausam wie der Strauß in der Wüste. Es klebet die Zunge des Säuglings an seinem Gaumen, die Kindlein heischen Brot, und es ist niemand, der es ihnen breche. Die sonst Leckerbissen gegessen, kommen um auf den Gassen, die man aufzog in Scharlach, umarmen den Kot" (Klagel. 4, 2. 4. 5). „Ihre Nasiräer waren weißer als der Schnee, klarer als Milch, rötlicher als Elfenbein, schöner als Saphir. Nun ist schwärzer als Kohlen ihr Antlitz, und man kennt sie nicht auf den Straßen, es hängt ihre Haut am Gebein, sie ist dürr und wie Holz geworden ... Mit eigenen Händen kochen zart-fühlende Weiber ihre Kinder, sie werden ihre Speise bei der Verstörung der Tochter meines Volkes" (Klagel. 4, 8. 10).

8. Aber nicht allein durch ihre eindringlichen Drohreden, sondern auch durch das lebendige Beispiel, durch ihr Auftreten und ihre ganze Lebensweise suchten die Propheten dem am geistig-sittlichen wie materiellen Kapital des Volkes zehrenden Luxus entgegenzuwirken. Schon die alten Propheten Elias und Elisäus stellten in ihrer härenen Gewandung das Muster eines abgetöteten Lebens dar. Dem üppigen Genuß-leben ihrer Zeit glaubten sie nur durch ein radikales Mittel, durch Geringschätzung alles Komforts, wirksam begegnen zu können. Diesen Geist der Einfachheit und Mäßigkeit suchten sie auch auf ihre Jünger in den Prophetenschulen fortzupflanzen. Letztere waren ordensähnliche Organisationen mit gemeinschaftlichem Leben. Die Mitglieder waren sicher

unverehlicht. Sie trugen eine, wie es scheint, durch Einfachheit ausgezeichnete Kleidung, gleichsam ein Ordensgewand
(4 Kön. 1, 8. Zach. 13, 4)[1]. Auch Jeremias hält sich von
allen rauschenden Festlichkeiten fern; er besucht grundsätzlich
keine Trinkergesellschaft: „Ich saß nicht in der Gesellschaft
der Lustigen, ich saß allein" (Jer. 15, 17). „Denn so spricht
der Herr: Geh in kein Haus zu einem Trauermahl . . .
Geh in kein Haus, wo man zu Gaste ist, um bei ihnen zu
essen und zu trinken" (Jer. 16, 5. 8). Der Prophet „verlangte nicht nach den Tagen, wie sie die Menschen lieben"
(Jer. 17. 16). Es würde dieses prinzipielle Meiden aller
Kreise, die dem Alkoholgenuß frönten, sich ungefähr mit
dem decken, was man nach heutigem Sprachgebrauch in der
modernen Bekämpfung des Alkoholismus als „totale Abstinenz"
bezeichnet. Den eingerissenen Trunkunsitten setzten die Propheten das andere Extrem entgegen.

So suchten die Propheten für die Mäßigkeit durch ihr
eigenes Beispiel zu werben. Es sei an das Wort des
hl. Basilius des Großen erinnert: „Ieiunium prophetas
genuit." (Homil 1. de ieiunio ante med.) In diesem
Kampf gegen die Trunkenheit waren ihnen Bundesgenossen
natürlich hochwillkommen. „Es gab eine Sekte, die Rechabiten, welche sich des Weintrinkens enthielten. Jeremias
wußte schon ganz gut, daß das Reich Gottes nicht Essen
und Trinken ist, und daß die Frömmigkeit und der Wert
des Menschen vor Gott nicht daran hängt, ob er Wein trinkt
oder nicht. Und dennoch rühmt er diese Rechabiten und hält
sie dem Volke vor als ein beschämendes und nachahmungs-
würdiges Beispiel von Treue und Frömmigkeit."[2] Diese
Rechabiten waren ein nomadischer Stamm, welcher von einem
gewissen Jonadab, einem Sohne oder Nachkommen Rechabs, sich
herleitete. „Jonadab hatte angesichts des schwelgerischen

[1] Haneberg, Geschichte S. 283.
[2] Cornill, Der israelitische Prophetismus S. 98.

Lebens in den israelitischen Städten, das Amos (2, 7—12; 6, 3—8) beschreibt, seine Nachkommen zu dem Gelübde verpflichtet, das einfache Nomadenleben immer beizubehalten; sie durften nur in Zelten wohnen, weder Acker noch Weinberg bauen und keinen Wein trinken."[1] In diesen Zeiten aufsteigender materieller Kultur, wo die Höhen äußerlicher Verfeinerung mit den Tiefen moralischer Versunkenheit korrespondierten, war „das ganze Haus der Rechabiten" (Jer. 35, 3) der uralten patriarchalischen Einfachheit treu geblieben. Jeremias empfängt vom Herrn die Weisung, diese Rechabiten in eine der Tempelzellen zu führen und ihnen Wein anzubieten. Den Priestern, die so sehr das Gebot der Mäßigkeit außer acht ließen, sollte ein Beispiel vordemonstriert werden. Die Rechabiten weigerten sich auch in der That mit aller Entschiedenheit, Wein zu trinken.

9. Und doch sind die Propheten, ungeachtet ihrer harten Aufgabe, an einem luxuriösen, durch Trunksucht entarteten Zeitalter Erzieher zu sein, keine Pessimisten, keine verdüsterten, aller Freude abholden Reformatoren; im Gegenteil, auch das Prophetenherz sehnt sich nach frohen Festzeiten (z. B. Js. Kap. 35); aber freilich liegen solche in weiter Ferne; für die Gegenwart bleibt den Propheten das bittere Los, mit aller Strenge zu einem in Schlemmerei versinkenden Volke zu reden, und lautet ihre Losung: Buße! Aber einmal sollen doch auch wieder Zeiten kommen, wo der Wein sich als Herzerfreuer bewähren soll. „An jenem Tage wird der Weinberg des edlen Weines lobsingen" (Js. 27, 2). „Siehe, es kommen die Tage, spricht der Herr, da holt der Pflüger den Schnitter ein und der Traubenkelterer den Sämann. Es träufeln die Berge von Most, und alle Berge fließen über. Und ich führe zurück die Gefangenen meines Volkes Israel, und sie bebauen die verwüsteten Städte und

---

[1] Kirchenlexikon X, 846, Art. „Rechabiten" von Kaulen.

bewohnen sie; sie pflanzen Weinberge und trinken Wein davon" (Amos 9, 13).

Als eine wie harte Bürde den Propheten selbst ihr Beruf, gegen die Unmäßigkeit anzukämpfen, erscheint, hat Michäas unverhohlen ausgesprochen: „O wäre ich doch kein Mann mit dem Geiste und redete vielmehr Lüge, so würde ich dir Wein und Trunkenheit träufeln; denn über solche träufelt dieses Volk" (Mich. 2, 11), d. h. spendet Lob und Anerkennung. Hätte der Prophet, will das besagen, nicht die undankbare Aufgabe, gegen die Trunkenheit auf- treten zu müssen, gleichsam gegen den Strom zu schwimmen, sondern dem Volk zu schmeicheln und es in seiner lasterhaften Neigung zu bestärken, so könnte er leicht zum Liebling des großen Haufens, zum populären Mann werden.

Der Kampf der Propheten gegen den Alkoholismus ist um so bemerkenswerter, als sonst die Heilige Schrift einem mäßigen Weingenuß durchaus nicht ablehnend gegenübersteht. So sagt z. B. Ekklesiastikus (31, 32 ff.): „Der Wein, mäßig getrunken, giebt den Menschen angemessene Kraft; wenn du ihn mäßig trinkst, bleibst du nüchtern. Was hat der für ein Leben, der es durch den Wein verkürzt? Der Wein ward im Anfang zur Freude des Menschen erschaffen und nicht zur Trunkenheit. Der Wein, mäßig getrunken, erfreut Herz und Gemüt. Mäßiger Trank ist gesund für Leib und Seele."[1] Aber durch die Verheerungen, welche der unmäßige Weingenuß angerichtet hatte, waren die Pro- pheten gezwungen, gegen den Alkoholismus Stellung zu nehmen.

---

[1] Vgl. E. Paulus, Die Bibel und die Alkoholfrage (Katholische Mäßigkeitsblätter. Beilage zur „Charitas", Mai 1898).

VI. Kapitel.

Der Kampf der Propheten gegen sonstige Ausschreitungen des Luxus.

1. Es wäre bloß zu verwundern, wenn nicht auch nach andern Seiten hin der Luxus seine Blüten gezeitigt hätte. So haben wir Andeutungen, daß ein unsinniger Pferde- und Wagensport in Schwang gekommen sei. Schon der König Salomo „hatte vierzigtausend Krippen für Wagenpferde und zwölftausend für Reitpferde" (3 Kön. 4, 26), und Isaias macht an der Stelle, wo er auf den Reichtum seiner Zeit zu reden kommt, die Bemerkung: „Voll ist das Land von Rossen, und zahllos sind seine Wagen" (If. 2, 8).

Es herrschte ferner ein übertriebener Kleiderluxus. An schönen Kleidern und Schmuck hatte man sich ja wohl auch früher gefreut. Es ist wohl mit gutem Grund anzunehmen, daß im wirtschaftlichen Leben der Juden noch manche Reminiscenzen aus der Zeit des Aufenthaltes in Ägypten nachwirkten, so besonders, was die Herstellung der Bekleidung anlangt. In Ägypten war die Kunst des Spinnens, Webens und der Stickerei in Gold zu hoher Vollkommenheit ausgebildet, welche die Israeliten während ihres dortigen Aufenthaltes erlernten (1 Par. 4, 21) und dann bei Anfertigung der Teppiche zur Stiftshütte und der Priesterkleidung mit Erfolg anwendeten (2 Mos. 35, 25 ff.). Nach 2 Mos. 32, 2 müssen bereits in Ägypten die jüdi-

schen Frauen, Söhne und Töchter goldene Ohrringe getragen
haben, und zum Bau der Stiftshütte wurden Nasenringe,
Ohrringe, Fingerringe, Halsketten aus Goldkügelchen und
kupferne Spiegel gespendet[1]. Aber „zu welchem Luxus jetzt
die Mode ausartete, zeigt ein Blick auf Jf. 3, 16 ff., Kunst
und Raffinerie müssen die Schönheit aufrecht erhalten"[2].
Es heißt daselbst: „Und der Herr sprach: Darum, weil stolz
sind die Töchter Sions und einhergehen mit emporgerecktem
Halse und mit blinzelnden Augen (mit verführerischem Buhler-
blick) und in die Hände klatschend mit Ziererei einhergehen
und gesuchten Schrittes wandeln, so wird der Herr den
Scheitel der Töchter Sions kahl machen, und der Herr wird
ihr Haar entblößen. An diesem Tage wird der Herr weg-
nehmen den Schmuck der Schuhe und die kleinen Monde
mit den Halsbändern, die Geschmeide, die Armspangen und
die Hauben (d. h. den Kopfputz), die Haargewinde, die Fuß-
kettchen, die Schnürlein, die Riechfläschchen und die Ohren-
ringe, die Fingerringe und die Edelsteine, die an der Stirn
hängen, die Feierkleider, die Mäntel, die Linnenkleider und
Haarnadeln, die Spiegel, die feinen Hemden, die Turbane
und die Sommerkleider. Statt der Wohlgerüche wird es
Gestank geben; statt des Gürtels einen Strick, statt des
gekräuselten Haares eine Glatze und statt der Brustbinde das
Trauerkleid" (Jf. 3, 16—24). Jeremias redet das Volk
an: „Und du Zerstörte, was wirst du machen? Kleidest
du dich auch in Purpur, schmückest du dich mit goldenen
Kleinoden, schminkest du deine Augen mit Schminke, so
zierest du dich doch vergeblich: deine Buhlen verlassen dich
und streben dir nach dem Leben" (Jer. 4, 30)[3]. Die Klage-

---

[1] Herzfeld, Handelsgeschichte der Juden des Altertums S. 3 f.
[2] Sellin a. a. O. S. 150.
[3] Über die bei den Israeliten gebräuchlichen Parfümerien,
Schminken u. s. w. siehe Herzfeld, a. a. O. S. 99 ff. Vgl. 4 Kön.
9, 30: „Jehu kam nach Jezrahel. Aber Jezabel, da sie seinen Einzug

lieber weisen auf die entschwundene Kleiderpracht hin: „Sions
Söhne, die berühmten, mit dem feinsten Gold bekleidet, wie
sind sie irdenen Gefäßen gleichgeachtet, dem Werke von des
Töpfers Hand" (Klagel. 4, 2). Hier ist auch davon die
Rede, daß ehedem Purpur zu den Kleidern gebraucht ward.
Der Grundzug des ganzen Volkscharakters ist „Jakobs Hoffart" (Amos 8, 7). Ebenso erhebt Isaias seine Drohungen
gegen Hoffart, Hochmut und Eitelkeit (2, 17; 5, 18). Sophonias stellt den Untergang denen in Aussicht, „die sich
in Silber eingewickelt" (Soph. 1, 11). Dieser Hang zum
Luxus und die vielfache Berührung mit fremden Handelsvölkern mußte auch dazu führen, daß die Vornehmen die
heimische Tracht verlassen und „in den Kleidern der Fremden
gehen" (Soph. 1, 8). Ausländisches Wesen und ausländische
Moden wurden nachgeäfft: man streifte die gesunde Einfachheit der Väter ab, um dagegen die gefährlichen Segnungen einer überfeinerten und verbildeten Kultur ein-
zutauschen[1]. Wenn in der späteren Zeit nachweisbar die
allermeisten Kleidungsstücke fremdländische Benennungen
tragen, und dies darauf schließen läßt, daß sehr viele von
denselben aus der Fremde importiert und in Palästina von
jüdischen und heidnischen Kaufleuten verkauft wurden[2], so
ist diese Annahme auch für die ältere Zeit statthaft, wo der
Fremdenverkehr und die Eitelkeit von selbst darauf führten.
Insbesondere gilt das vom Purpur, den die Propheten
mehrmals als in Gebrauch stehend erwähnen[3]. „Es wäre
nämlich zwar möglich, daß auch palästinensische Juden etwas

---

hörte, bestrich ihre Augen mit Schminke und schmückte ihr Haupt und
sah zum Fenster heraus."

[1] Cornill, Der israelitische Prophetismus S. 75.
[2] Herzfeld a. a. O. S. 110.
[3] Vgl. Spr. 31, 21 f., wo von der tüchtigen Hausfrau gesagt
wird, ihr ganzes Haus sei in Karmesin gekleidet, sie selbst in Byssus
und Purpur.

Purpur gewonnen und wollene Garne wie Gewebe damit gefärbt haben . . . Allein viel und namentlich gute Purpur= waren haben sie schwerlich geliefert, hier vor allem zeichneten die Thyrier sich aus, und eher noch möchte sein, daß man diesen die gewonnenen Muscheln käuflich abließ. Jedenfalls aber kamen Purpurstoffe, größtenteils oder ausschließlich von Thyrus her, in den palästinensischen Handel."[1]

2. Natürlich verwendete man auch den von außen durch den rentablen Handel hereinfließenden Reichtum zu Prunk= bauten, bei welchen besonders das kostbare Zedernholz zur Verwendung kam. Die Propheten eifern auch hier gegen das Übermaß, nicht deswegen, weil sie etwa jeder Äußerung von Prachtliebe feind gewesen wären, sondern weil, wie noch zu zeigen ist, der Reichtum oft auf unredliche Weise gewonnen und bloß zum Luxus verwendet wurde, während man für den Armen nichts übrig hatte. „Deine auserlesenen Zedern", ruft Jeremias (22, 7), „werden ins Feuer geworfen." Mit dem oft durch unsaubere Manipulationen erworbenen Gelde baute man sich schloßartige Häuser; denn nicht bloß der König, sondern auch die Vornehmen wollten ihre Schlösser und Prunksäle haben. Ein höchst bezeichnendes Wort sprechen die Reichen von Samaria: „Ziegelsteine fielen ein, aber mit Quadern wollen wir wieder bauen; wilde Feigenbäume hieben sie um, aber Zedern setzen wir an ihre Stelle" (Jf. 9, 10). Diese Übermütigen lassen sich auch durch erlittene Schicksalsschläge nicht schrecken und nicht im mindesten in ihren bisherigen Lebensgewohnheiten irre machen. Wir haben, wollen sie sagen, wohl durch die Assyrier gelitten, aber unsere Häuser aus Ziegeln, die verfallen sind, bauen wir mit Quadern auf, und statt des gewöhnlichen Holzes nehmen wir kostbare Zedern (Allioli). Jeremias spricht es offen aus, aus welchen Quellen die für die Prunk=

---

[1] Herzfeld a. a. O. S. 108. Vgl. S. 43.

bauten erforderlichen Summen flossen: „Wehe dem, der fein
Haus mit Ungerechtigkeit bauet und seine Gemächer
mit Unrecht, der seinen Freund drücket ohne Ursache und
ihm seinen Tagelohn nicht giebt; der da spricht: Ich will
mir ein geräumiges Haus bauen und weite Gemächer; der
sich große Fenster darein macht, mit Zedern es täfelt und
mit Hochrot es ausmalt" (Jer. 22, 14, vgl. B. 23).   Weil
diese Art von Prachtliebe auf Kosten der Gerechtigkeit und
zum Schaden der wirtschaftlich Schwachen ihre Befriedigung
findet, erheben die Propheten ihre Stimme dagegen.   Man
hat oft, selbst in der neuesten Zeit jeden Luxus schlechtweg
als volkswirtschaftlich vorteilhaft betrachten wollen: Wenn
die besitzenden Klassen Luxus treiben, so befördern sie damit
die Kunst, beleben sie die Produktion und verschaffen den
Armen Gelegenheit zur Arbeit und zum Verdienst.   Die
Propheten verraten dieser Auffassung gegenüber eine tiefe
Einsicht in die volkswirtschaftliche Bedeutung des Luxus. Es ist
kein „edler Luxus" mehr, der zur reicheren Entfaltung der schönen
Künste dient und dadurch sittlich und wirtschaftlich zu rechtfertigen
ist, wenn er von vornherein mit dem Kainszeichen des Fluches
geschändet ist, weil er aus Erpressung und Ausbeutung stammt.

Einen hochentwickelten Luxus, der allem Anschein nach
gar nicht so selten war, deutet auch das folgende Drohwort
Gottes an: „Das Winterhaus zerschlage ich samt dem
Sommerhaus, zu Grunde gehen die Elfenbeinhäuser
und zerstört werden viele (nach dem Hebräischen die großen)
Häuser; so spricht der Herr" (Amos 3, 15). Die Könige und
die Vornehmen hatten also ihre Sommer- und Winter-
gemächer in ihren Palästen, ja sogar eigene Sommersitze in
den Gebirgen. (Vgl. dazu die Stelle Jer. 36, 22: „Der
König aber wohnte im Winterhaus im neunten Monat, und
war ein Feuerherd vor ihm voll glühender Kohlen.")

Den Prunkbauten entsprach auch eine ausgesucht
luxuriöse Ausstattung im Inneren.   Das buhlerische

Weib des fremden Kaufmanns sagt (Spr. 7, 16 f.): Mit
Teppichen habe ich mein Lager geschmückt, mit Decken von
ägyptischem Garn und besprengt mit Düften von Myrrhe,
Aloe und Zimt.   Solche Beispiele, welche die fremden
reichen Handelsleute gaben, wirkten ansteckend.   Amos
droht mit der Vernichtung der Vornehmen, die „zu Samaria
auf des Ruhebettes Ecke sitzen und auf Damaszenerpolstern“
(Amos 3, 12).   Diese Faulenzer brauchten keine so herrlichen
Ruhebetten.   Derlei Ausstattungsstücke gehörten zu den
Luxusartikeln der alten Welt.   Auch die oben schon genannten Elfenbeinhäuser lassen auf den Prunk schließen, der
im Inneren herrschte: Decken und Wände waren wohl mit
Elfenbein verziert und die Möbel damit eingelegt.

Daß die stark bevölkerte Residenz Jerusalem in ihrem
Gesamteindrucke eine prächtige Stadt war, erhellt aus den
Klageliedern; sie war „der Schönheit Ausbund, die Freude
der ganzen Erde“; aber „all die schönen Wohnungen hat
der Herr niedergerissen“ (Klagel. 2, 2).

3. Die Lust, sich behaglich und prunkvoll einzurichten,
steckte so tief im jüdischen Blute, daß nicht einmal die Zerstörung der Stadt und die babylonische Gefangenschaft sie
ausmerzen konnten.   Das muß um so auffallender erscheinen,
als die ersten Jahre nach Beendigung des Exils unbestreitbar sehr ungünstig für die Entfaltung und Befriedigung der
Prachtliebe waren.   Die Juden befanden sich in übler Lage.
Es gab weder Verkehr noch Verdienst; dabei herrschte auch
Unsicherheit im Lande, weil die gesellschaftlichen und staatlichen Verhältnisse noch zu wenig konsolidiert waren.   Das
Land war wohl auch zum guten Teil der Verwilderung an-
heimgefallen, so daß sich bald Mißwachs und Teuerung einstellten.   Ein Licht auf die wirtschaftlichen Zustände in der
ersten Zeit nach der Rückkehr aus dem Exil wirft der Prophet
Zacharias.   „Vor diesen Tagen war kein Arbeitslohn für
Menschen und kein Arbeitslohn für das Vieh; der Ein- und

Ausgehende war nicht sicher vor Drangsal. und ich ließ zu, daß alle Menschen widereinander wären" (Zach. 8, 10). Das vom Eroberer in der Heimat zurückgelassene Volk war der Bodensatz der Gesellschaft. „Sehen wir jetzt einmal nach," sagt Herzfeld[1], „in Besitz welcher Dinge Israel sich beim Beginne unserer Periode befand. Von materiellen Gütern kann sowohl bei jenen von dem feindseligen Eroberer Deportierten, als bei denen, welche vor seiner Rache flohen, kaum die Rede sein,. zumal da der Hauptbesitz des jüdischen Volkes ein agrarischer war; hinsichtlich dieses Punktes war die zurückgebliebene Hefe in unberechenbarem Vorteil."[2] Aber auch von besonderen Talenten, welche ihr Unglück ihnen hätte lassen können, läßt sich schwerlich reden: es findet sich keine Spur von höheren technischen Fertigkeiten bei den vorexilischen Juden; als ein auf Ackerbau und Viehzucht fast ausschließlich angewiesenes Volk hatten sie nicht einmal Gelegenheit, den Gewerbefleiß bis zur Höhe der Kunst hinaufzutreiben. Zwar scheint ihr Luxus, dessen Ausdehnung wir im Obigen kennen gelernt haben, für das Gegenteil zu sprechen; allein wir haben guten Grund anzunehmen, daß den Bedürfnissen desselben größtenteils von den gewerbthätigen Nachbarländern Phönizien und Ägypten abgeholfen wurde.

Unter den etwas über 42 000 Israeliten, die mit Zorobabel heimkehrten, befanden sich gewiß manche auch Gutsituierte und

---

[1] Herzfeld, Geschichte des Volkes Israel (Braunschweig 1847) S. 39 f.

[2] Der zurückbleibenden Volksklasse gab der Sieger nämlich Äcker und Weinberge gegen Leistung einer Abgabe. Der reichere und bessere Teil der Nation mitsamt dem Könige war ins Exil abgeführt worden. Der ärmere und schlechtere blieb zurück. Dieser sah es gar nicht ungern, daß die Reichen fortgeschleppt wurden, und wünschte ihre Zurückkunft nicht, weil er in den Besitz ihrer Güter eingetreten war. Bei Ezechiel tadelt es der Herr, daß die Einwohner von Jerusalem zu den Exulanten sagten: „Weichet weit von dem Herrn, uns ist das Land zum Besitz gegeben" (Ez. 11, 15).

Reiche; mit Geld scheinen sie ziemlich reichlich versehen
gewesen zu sein, sie brachten wohl auch zahlreiche Spenden
von den in Babylon zurückbleibenden Juden mit. Diese
Mittel hätten nun in diesen schwierigen Tagen der Wieder-
aufrichtung des Staates gewiß eine zweckentsprechendere Verwendung finden können als für Luxus verausgabt zu werden.
Aber schon bald nach der Rückkehr begann sich, trotz der
ungünstigen materiellen Lage[1], die Freude an prächtigen
Häusern und schön ausgestatteten Wohnungen wieder zu
regen. Im ersten Feuereifer bemühte man sich zwar, alle
jene Einrichtungen zu treffen, die zur Wiederbelebung des
Kultus notwendig waren. Doch alsbald erlahmte dieser
Eifer, die Begeisterung für ideale Dinge erlosch; der materialistische, selbstsüchtige Zug, den das Volk vor dem Exil
an sich trug, trat wieder in seiner Ursprünglichkeit hervor, und so
war denn die Lust, den angefangenen Tempelbau weiter zu
führen, bald vorbei; die Juden arbeiteten lieber an der luxuriösen Ausstattung ihrer Privathäuser. Sie nahmen sich
zum Vorwand, daß die Zeitverhältnisse für den Tempelbau
noch nicht günstig wären. Der Prophet Aggäus, der jedenfalls zu den mit Josua und Zorobabel in ihr Vaterland
zurückgekehrten Exulanten gehörte, geißelt mit aller Schärfe
diesen Bauluxus. Er sucht den erstorbenen Eifer für den
Tempelbau wieder zu wecken, indem er dem Volke vorhält,
wie verkehrt sie handeln, wenn sie selbst in getäfelten
Häusern wohnen, das Haus des Herrn aber wüste liegen
lassen (Agg. 1, 2. 4). Auf ihrer ganzen irdischen Thätigkeit werde deswegen auch kein Segen liegen (2, 17—20).

4. Suchen wir schließlich noch die Beurteilung kennen
zu lernen, welche die Propheten dem Luxus angedeihen
ließen. Daß sie keine absoluten Gegner von solchen Auf-
wendungen waren, welche über die Befriedigung der not=

---

[1] Vgl. auch Wellhausen, Israelitische und jüdische Geschichte
(Berlin 1894) S. 122.

wendigen Bedürfnisse hinausragen und der Erheiterung und
Verschönerung des Lebens dienen, dafür haben wir Andeutungen genug. Sie verkündigen für kommende bessere Zeiten
Feste, bei welchen der Wein die Herzen erfreuen, wo die
Fröhlichkeit in Gesang und Reigen ihren Ausdruck finden
soll. Sie sprechen mit Begeisterung vom Tempel des Herrn,
in dem eine gewaltige Pracht zur Entfaltung gelangt war.
Jeremias trauert, daß Jerusalem, der Ausbund der Schönheit, in Schutt und Asche gesunken sei. Also nicht gegen
den Luxus schlechthin ereifern sich die Propheten. Aber das
Übermaß hierin, den Luxus, der nur dem Sinnenkitzel dient,
und der seine Befriedigung nur mit Vernachlässigung höherer
Lebenszwecke zu erreichen sucht, verurteilen und bekämpfen sie
mit aller Entschiedenheit.

Sie beklagen, wie wir gesehen, die Entwicklung, welche
Israel zu einem Handelsvolk gemacht hat. Der geschilderte
Luxus war aber ohne aktiven und passiven Handel ganz un-
möglich: Ohne passiven nicht, denn die meisten der verwendeten
Luxusgegenstände waren sicherlich aus der Fremde importiert;
andernfalls hätte ja zur Herstellung derselben eine ausgedehnte
Industrie in dem damaligen Palästina vorhanden sein müssen,
von welcher aber die alten Quellen gänzlich schweigen.
Und ohne aktiven Handel, namentlich ohne gewinnreichen
Absatz der Landesprodukte, hätte der fortwährende Geld-
abfluß zur Bezahlung der vom Auslande erhaltenen Luxusgegenstände in nicht allzu langer Zeit eine Armut er-
zeugen müssen, auf welche gleichfalls nichts in den alten
Nachrichten hindeutet[1]. So weckte der Handel und Fremdenverkehr den Luxus, und dieser nötigte wieder zur höchst-
möglichen Ausnutzung aller erreichbaren Handelsvorteile. Die
sittlichen Kräfte aber fehlten, welche einer solchen Entwicklung hätten die Wage halten können. Die Kehrseite blieb
auch nicht aus: „Ein Kananiter ist Ephraim, mit der Wage

---

[1] Herzfeld, Handelsgeschichte der Juden des Altertums S. 42.

des Truges in der Hand, Übervorteilung liebend. Und
Ephraim sprach: „Ei was, ich bin reich geworden" (Os. 12,
7 f.). Der maßlos gesteigerte Luxus der Vornehmen, dessen
einzelne Seiten wir bloßzulegen suchten, verschlang natürlich
ganz ungeheure Summen, und wenn die erlaubten Erwerbsquellen nicht mehr ausreichten, die wachsenden Ausgaben zu
decken, so scheute man sich nicht im geringsten, auch zu un-
redlichen Mitteln zu greifen, zu Betrug im Handel, und zu
Gewaltthätigkeit gegen Unschuldige und wirtschaftlich Schwache.
Und deswegen droht Sophonias den prunksüchtigen Reichen
an: „Ihr Reichtum wird zum Raube werden, ihre Häuser
zur Wüste, sie bauen Häuser und werden sie nicht bewohnen,
pflanzen Weinberge und werden keinen Wein trinken. Ihr
Silber und Gold wird sie nicht retten können am Tage des
Zornes des Herrn" (Soph. 1, 13. 18).

Aber auch abgesehen von den sittlichen Folgen, die sich
an diesen Luxus hefteten, und die selbstverständlich auch in
sozialer Beziehung sehr bedenklich waren, weil sie die Kluft
zwischen reich und arm vergrößerten, waren auch die volkswirtschaftlichen Wirkungen äußerst ungünstig. Wie wir gesehen, wurden viele Luxusartikel auf dem Wege des Importes
bezogen. So floß viel Geld ins Ausland und zwar zu ganz
unproduktiven Zwecken. Die Ausgaben für die kostbaren
Gegenstände des Imports verminderten das produktive Kapital,
weit entfernt, die Produktion zu beleben. Die Propheten
haben auch diese wirtschaftlich schädliche Seite des übertriebenen
Luxus scharf erkannt. Daher klagt der Prophet Joel, daß
die Tyrier und Sidonier Israel so viel Gold und Silber
abgenommen hätten (Joel 3, 4 f.).

So kontrastierten grell die Not der Besitzlosen, die es
trotz aller Arbeit und Mühe nicht vorwärts brachten, und
der Prunk und die Üppigkeit der reichen Klassen, wie wir
das aus den Bußpredigten der Propheten ersehen. Diese
erblickten nicht mit Unrecht in der geschilderten Schwelgerei

ein Zeichen sittlicher Decadence und einen Bruch mit der alten religiösen Tradition[1].

5. Im Luxus, welcher der Verschwendung und Üppigkeit des sinnlichen Lebensgenusses dient, liegt ein Mißbrauch des Privateigentums, eine Versündigung an dem allgemeinen Wohl, dem gegenüber auch das Privateigentum zur Erfüllung sozialer Funktionen verpflichtet ist. Der Prasser setzt sich frech über diese Schranke seines Rechtes hinweg. Er fühlt sich in seinem Besitz vor aller Anfechtung sicher. Es ist eine Drohung voll niederschmetternder Gewalt, die Jeremias gegen das frevle Vertrauen auf äußere Macht ausspricht. Der prophetische Fernblick fliegt zu den drohenden Geschicken, welche über die mächtigsten, auf ihre Macht pochenden Völker der alten Welt Fall und Untergang bringen. Auch dieses Moment ist für die sozial-ethische Wirksamkeit der Propheten von Bedeutung. Es liegt darin der wirksamste Hinweis auf die Unbeständigkeit irdischen Glückes. Über alle Staaten, die auf ihre territorialen Verhältnisse, auf ihre Größe und Macht ihr Vertrauen setzen, sieht der Prophet schwarzes Unglücksgewölk heraufziehen. Was nützen den Ammonitern ihre abgeschlossenen Thäler, was Edom seine Bergfestungen, was den Arabern ihr Herdenreichtum, was den Elamitern ihre kriegsgeübten Bogenschützen (Jer. 49, 4. 16. 29. 35)? Von zermalmender Kraft ist die Weissagung wider das Weltreich Babylon, das „der Ruhm aller Welt" ist (51, 41): „Das Schwert kommt über die Chaldäer, spricht der Herr, und über die Bewohner von Babylon, und über die Fürsten und über ihre Weisen" (50, 35), „das Schwert über ihre Rosse und über ihre Wagen und über alles Volk, das darin ist, daß sie wie Weiber seien, das Schwert über ihre Schätze, daß sie geplündert werden" (50, 37).

---

1 Adler, Geschichte des Sozialismus und Kommunismus von Plato bis zur Gegenwart. In zwei Teilen. Erster Teil: Bis zur französischen Revolution. (Leipzig 1899) S. 54.

Irdische Macht, materieller Besitz, in welchen die israe=
litischen Reichen ihren Götzen erblickten, sind eitel und nichtig:
auf sie ist kein Verlaß. Wenn weltgebietende Völker vom
Schauplatz verschwinden, was will ein verhältnismäßig kleines
Volk wie das jüdische, was will vollends der einzelne mit
seinem Reichtum gegen schweres Mißgeschick ausrichten? Die
materialistische Zeitströmung wird furchtbar Bankrott machen
und selber ihr Defizit bekennen in den Tagen kommender
Trübsal und Angst, die Ezechiel voraussieht: „Ihr Silber
werfen sie hinaus, ihr Gold achten sie wie Kot";
beides kann ihnen nichts nützen, kann sie höchstens nur auf
der Flucht beschweren, „ihr Silber und Gold wird sie nicht
retten können am Tage des Zornes des Herrn: ihre Seele
werden sie nicht sättigen, ihren Bauch davon nicht füllen
können, weil es ihnen ein Anstoß zur Missethat geworden"
(Ez. 7, 19). Furchtbar wird sich an den Reichen, die ihr
Eigentum mißbrauchen, das Wort erfüllen: Womit du sündigst,
darin wirst du gezüchtigt: „Denn ihrer Kleinode Schmuck[1]
gebrauchten sie zur Hoffart und machten daraus die Bilder
ihrer greuelhaften Götzen: darum mache ich es ihnen zur
Unreinigkeit (d. h. sie werden, wie Allioli erklärt, das Gold wie
etwas Unreines wegwerfen) und gebe es in die Hände der
Fremden zum Raube und den Gottlosen der Erde zur Beute ...
denn das Land ist voll Blutschuld und die Stadt voll Ungerechtigkeit" (Ez. 7, 20 ff.). Das, woran ihr Herz am meisten hängt,
soll ihnen entrissen werden: „Ich will die ärgsten aus den
Feinden herbeiführen, daß sie ihre Häuser in Besitz nehmen; ich
will den Hochmut der Mächtigen zum Schweigen bringen, und
ihre Feinde sollen ihre Heiligtümer besitzen (7, 24).

---

[1] Vgl. hierzu die oben (S. 130) gegebene Aufzählung von Schmuck-
gegenständen, von denen Nowack sagt, daß wir selbst mit Hilfe der
Phantasie unseres weiblichen Geschlechtes nur mit Mühe in jene Toiletten-
geheimnisse einzudringen vermögen, die Isaias auszeichnet. Vgl. Adler
a. a. O. S. 54.

VII. Kapitel.

Der Kampf der Propheten für Reinerhaltung von Ehe und Familie.

1. Die beste Garantie für die Lebensfähigkeit des gesell= schaftlichen Organismus liegt in einem gesunden Familien= leben. Von der Gestaltung desselben empfängt das ganze soziale Leben die mannigfaltigsten Einflüsse. Die einzelnen Familien sind die Bausteine des Gesellschaftsgebäudes, die Zellen des sozialen Organismus. Der Geist, von dem die Mehrzahl der Familien eines Volkes beseelt ist, ist für den Volkscharakter überhaupt maßgebend. Wegen dieser hohen Bedeutung für das sittliche und gesellschaftliche Leben mußten die Propheten der Heilighaltung des Familienlebens ihr besonderes Augenmerk schenken.

Es wäre gewiß verfehlt, wenn wir die christliche Idee der Ehe ohne weiteres auf die Ehen der alten Israeliten übertragen wollten. So hohe Anforderungen stellte das Gesetz wegen der Herzenshärtigkeit des Volkes in dieser Be= ziehung nicht. Durch die gesetzliche Möglichkeit der Poly= gamie und der Auflösung des Ehebandes war die rechtliche Stellung der Frau dem Mann gegenüber keine eben günstige. Der Wille des Vaters ist allein maßgebend im Hause. Über Weib und Kinder hatte der Vater ein ziemlich unumschränktes Verfügungsrecht, weshalb er seine Frau verstoßen und im Falle der Verschuldung Gattin und Kinder als Sklaven verkaufen konnte. Die Stellung der Frau war gerade dadurch charakterisiert, daß sie immer im Eigentum eines

Mannes stand. Solange sie unverheiratet war, gehörte sie zum Hausstande des Vaters und mußte an den in der Wirtschaft vorfallenden Arbeiten teilnehmen. Wurde sie verheiratet, so wurde sie gegen einen Kaufpreis (mohar) an ihren Mann verkauft und ging damit in sein Eigentum über. Ihre Aufgabe als Ehefrau war in erster Linie, ihm Kinder zu gebären, in zweiter allerlei Arbeiten in seinem Hause auszuführen. Der Mann konnte, wenn es den Verwandten der Frau nicht gelang, einen moralischen Druck auf ihn auszuüben (vgl. 1 Mos. 31, 50), so viele andere Frauen oder Kebsweiber kaufen, wie er wollte, während die Frau im Falle eines Ehebruches mit dem Tode bestraft wurde. Sie war ja nur sein Eigentum und trat durch die Ehe in kein wirklich inniges Verhältnis zu ihm[1].

Es darf indessen nicht verkannt werden, daß die Praxis auf diesem Gebiete vielfach besser war als das strikte Recht. Thatsächlich stand die Frau unter den Israeliten viel höher als man es nach jenen Grundanschauungen erwarten sollte. Und häufig genug begegnen uns im Alten Testament Züge, die auf die Wertschätzung der Frau und auf treffliches Familienleben schließen lassen.

2. War jedoch in alter Zeit die Praxis besser als das Recht, so blieb jetzt die Praxis weit hinter dem Mindestmaß des Rechtes zurück. Die großen Umwälzungen, die im ganzen sozialen Leben und auf dem Gebiete der Volkswirtschaft seit Beginn der Königszeit vor sich gegangen waren, konnten auch an der Urzelle des sozialen Lebens, an der Familie, nicht spurlos vorübergleiten. Die mannigfachen Störungen auf dem Gebiete des sittlichen Lebens zitterten auch im Inneren der Familie nach; die Bande der innigsten Gemeinschaft werden gelockert. Es sind selbstverständlich die unerschrockenen Vorkämpfer aller geheiligten Ordnungen, die

---

[1] Buhl a. a. O. S. 29 ff.

Propheten, welche dem Verfall des Familienlebens mit aller Kraft entgegenzuwirken suchen. Schon zu Davids Zeiten war es der Prophet Nathan, der am Hofe erscheint und ruft: Auch dem Könige ist es nicht erlaubt, an der Heiligkeit der ehelichen Treue zu rütteln. Das orientalisch-prunkvolle Hofleben, das Salomo seinem Volke zur Schau stellte, mußte auch den sittlichen Ernst in der Heilighaltung der Ehe schwächen. Auch der Götzendienst, besonders der Kult des Baal und der Astarte, dem sich das jüdische Volk seit den Tagen dieses Herrschers mit wachsender Intensität ergeben hatte, war an sich schon mit sittlicher Ausschweifung verknüpft.[1] Denken wir noch an die übrigen Einflüsse, die in dieser Beziehung ungünstig wirken mußten: das rasch aufschnellende Verkehrsleben, der hereinbrechende Luxus, der in den obersten Kreisen, nach den Schilderungen der Propheten, zu einem faulen Sibaritentum ausartete, die vertierende Trunksucht, das sittlich lockere Leben der Heiden, die mitten im Judenvolk wohnten — typisch ist in dieser Beziehung das buhlerische Weib des fremden Kaufmanns — die Unruhe des Handelslebens, die Geschäftsreisen, die damit verknüpft waren, die rasche Entwicklung der Hauptstädte, die allerlei Volk, und nicht immer das beste, herbeilockte —, dies alles mußte an der alten Sittenstrenge rütteln und das Heiligtum der Familie unterwühlen. Die Propheten hatten deshalb auch die Aufgabe, gegen Unzucht, die ein Volkslaster geworden war, anzukämpfen und der Auflösung der Familienbande entgegenzuwirken. Alle sind Ehebrecher! ruft Jeremias, und er sehnt sich weit fort von diesem verkommenen Volk, hinaus in die Wüste. „Wer giebt mir eine Herberge, wie die der Wanderer in der Wüste, daß ich mein Volk verlasse und von ihnen wegziehe? Denn alle sind Ehebrecher und ein Haufe von Missethätern" (Jer.

---

1 Graetz a. a. O. II, 27.

9, 2). „Sie begehen Ehebruch, klagt der Herr, und treiben Unzucht im Hurenhause. Sie sind gleich Pferden und Spring- hengsten, ein jeglicher wiehert nach dem Weibe seines Nächsten" (Jer. 5, 7. 8). Ähnlich Ezechiel (33, 26). Von der tief- eingreifenden Wirksamkeit dieses Propheten für die Rein- erhaltung des Familienlebens kann Cornill sagen: „Mit größerem Nachdruck als irgend einer vor ihm warnt Ezechiel immer wieder vor der Unkeuschheit: wenn die Heilighaltung der Ehe und die Reinheit des Familienlebens zu allen Zeiten der köstlichste Schmuck und der edelste Schatz des jüdischen Volkes gewesen ist, so müssen wir auch hierin den Stempel erkennen, den Ezechiel ihm dauernd aufgeprägt hat."[1] Fälle entsetzlicher sittlicher Entartung hat dieser Prophet zu be- klagen. Es ist eine furchtbare Korruption ins Familienleben eingedrungen; die Blutschande vergiftet es (Ez. 22, 10 f.). „Vater und Sohn gehen zu einer Dirne," klagt der Herr bei Amos (2, 6 f.), „so daß sie meinen heiligen Namen entweihen." Es ist kaum möglich, den Verfall des Familienlebens ergreifender zu schildern, als Michäas es thut: „Glaubt dem Freunde nicht, setzt kein Vertrauen auf den Fürsten; vor dem Weibe, das an deiner Seite schläft, verwahre die Pforten deines Mundes; denn der Sohn thut Schmach an dem Vater, die Tochter lehnt sich auf wider die Mutter, die Schnur wider ihre Schwieger, des Menschen Feinde sind seine Hausgenossen" (Mich. 7, 5 f.). Wo Treue und Liebe ihre natürliche Heimstätte und den Fruchtboden ihres Gedeihens finden sollten, am häuslichen Herd, im bergenden Schoß der Familie, da haben sich statt dessen Treu- bruch und Hinterlist eingeschlichen.

3. Besonders verderblich für das Familienleben mußten die ehelichen Verbindungen zwischen Israeliten und Heiden wirken. Die Mischehen zwischen Juden und Heiden

---

1 Cornill, Der israelitische Prophetismus S. 122 f.

waren nach dem Gesetz ein Greuel. Die Ungleichheit der Religion bildete geradezu ein Ehehindernis. Solche „gemischte Ehen galten vom Anfange der Geschichte Israels (Richt. 3, 6) bis zum Ende als ein Grundübel" (Mal. 2, 11. 1 Esdr. 10. 2 Esdr. 13, 25)[1]. Dieser Standpunkt des Gesetzes ist auch wohl begreiflich. Denn sollte das israelitische Volk als Träger einer großen religiösen Idee erhalten bleiben, so mußte durch diese Maßregel die innigste Lebensgemeinschaft zwischen den Anhängern so grundverschiedener Religionen verhütet werden. Hatte schon die Verkehrsgemeinschaft, das Commercium mit den heidnischen Handelsvölkern, die Israeliten auf Abwege gebracht und ihrer Aufgabe entfremdet, so mußte die Ehegemeinschaft, das Connubium, nur noch viel verderblicher wirken. Aber nichtsdestoweniger hatte schon Salomo genug solcher Verbindungen mit heidnischen Weibern eingegangen. Und selbst der große, weise Fürst unterlag diesem vergiftenden Einfluß: „Die Weiber wandten sein Herz ab. Und als er schon alt war, da ward sein Herz verdorben durch die Weiber, daß er fremden Göttern nachging. Salomo verehrte die Astarte, die Göttin der Sidonier, und den Moloch, den Götzen der Ammoniter" (3 Kön. 11, 4. 5). Es braucht bloß die Nennung der beiden Namen Astarte und Moloch, die ein furchtbarer Hohn auf Gattentreue und Kindesliebe sind, um zu erkennen, daß das Familienleben in seinem innersten Kern vergiftet war, wenn die Juden mit Anhängern solcher Kulte in Lebensgemeinschaft traten. Und jedenfalls haben diese Verbindungen mit den Heiden wesentlich mit dazu beigetragen, die Reinheit der Ehe so zu untergraben, daß der Prophet klagen muß: Alle sind Ehebrecher.

4. Es war daher nicht zu verwundern, daß die Ehen ebenso leichtfertig gelöst wurden, als sie eingegangen worden waren, zumal die Frauen der höheren Stände selbst alle weibliche

---

[1] Kirchenlexikon IV (2. Aufl.), 153, Art. „Ehe bei den Juden" von Haneberg.

Wurde abgestreift hatten. Was waren doch das für
Megären, denen Amos entgegenrufen konnte: Ihr fetten
Kühe von Basan, die ihr anf den Armen herumtretet und
zu euren Männern sagt: Schafft herbei, damit wir zechen!
Wenn wir alles das zusammennehmen, was wir im Vorausgehenden über Genußsucht und Eitelkeit der Frauen gehört
haben, so zeigt sich uns die jüdische Fran der damaligen
Zeit gewiß nicht in einem günstigen Licht, obwohl wir uns
vor einem falschen Generalisieren solcher Ausartungen hüten
wollen. Es klingt wie Spott, wenn Isaias auf alle die
verschiedenen Toilettengegenstände hinweist, als wollte er
durch ihre Aufzählung erkennen lassen, daß sie das ganze
Denken der vermöglichen Israelitinnen ausfüllten. Bei
solcher Gemütsverrohung war ohnehin an ein Glück in der
Ehe nicht zu denken. Man lief deswegen auch bald wieder
auseinander, wie das in der That der Prophet Malachias
beklagt. Außerordentlich bezeichnend ist für die laxe Auffassung der Berechtigung zur Ehescheidung die freilich erst
der Römerzeit angehörende Schule der Hilleliten. „Diese
war so weit gegangen, daß sie die ehebrecherische Ausartung
der Juden, die damals in der Leichtigkeit der Ehescheidung
mit den Römern wetteiferten, grundsätzlich rechtfertigte durch
die Deutung, daß die ‚schändliche Handlung‘, um welcher
willen das mosaische Gesetz dem Manne verstattete, der
Frau den Scheidebrief zu reichen, von allem, was dem
Manne am Weibe nicht gefalle, zu verstehen sei, daß
er also seine Gattin schon verstoßen könne, weil sie in der
Küche Speisen verbrannt habe, oder wie Akiba beifügte,
weil er eine andere schöner finde"[1].

5. Die genannten Mischehen hatten besonders während
der babylonischen Gefangenschaft stark überhand genommen.
Die im Lande Zurückbleibenden hatten, sei es aus religiöser
Indifferenz, sei es um sich seitens der heidnischen Nachbarn

---

[1] Döllinger a. a. O. S. 777. Vgl. S. 782.

Ruhe zu verschaffen, vielfach solche Verbindungen eingegangen. Aber auch noch in der ersten Zeit der Wiederein-
richtung des israelitischen Staatswesens war das Übel noch
im Zunehmen begriffen. Hierin lag eine ganz ungeheure
Gefahr: Wurde die nationale Sonderheit verwischt oder
völlig preisgegeben, dann ging Israel wirklich in den Heiden
auf, und dann mußte auch die Religion mituntergehen. Sogar
Priester und Leviten waren in das Unwesen verwickelt und
schwer kompromittiert[1]. Dem Übel war auch schwer beizukommen. „Das schwerste Hindernis bildeten die angesehensten
Kreise der Gemeinde. Diese hatten sich vielfach mit der
benachbarten Aristokratie und der persischen Beamtenschaft
verschwägert, und einem solchen Schwiegervater konnte man
doch nicht die Tochter samt ihren Kindern einfach zurück-
schicken.“[2] Das allergrößte Ärgernis hatte der Hohepriester
Eljaschib gegeben, der selbst eine ammonitische Frau hatte
und seinem heidnischen Schwager eine Zelle im Tempel
einräumte[3]. Nehemias hatte, als er an die Ausrottung dieses
Unwesens herantrat, mit unendlichen Schwierigkeiten zu kämpfen,
und gerade diejenigen, bei denen er Hilfe für sein Reformwerk
hätte finden sollen, die Priesterschaft, standen grollend beiseite.

6. Unter den Propheten hatte besonders Malachias, der
die Reihe beschließt, gegen die eingerissenen Mißbräuche zu
eifern. An ihm fand Nehemias eine kräftige Stütze. Es
war die Zeit nach der Rückkehr aus der babylonischen
Gefangenschaft und nach dem Wiederaufbau des Tempels;
gewiß hätte man, nach den vorausgegangenen Heimsuchungen,
von diesen ersten Anfängen des neu erwachenden Volkslebens
größere sittliche Strenge erwarten sollen. Aber von einer
wahren Besserung war keine Spur! Nicht allein waren die
Mischehen sehr verbreitet, es muß auch um die e h e l i c h e
T r e u e schlecht bestellt gewesen sein. Der Prophet verkündet,

---

[1] Cornill, Geschichte des Volkes Israel S. 161.
[2] Ebd. S. 164.   [3] Ebd. S. 171.

daß der Herr sich nicht mehr wolle versöhnen lassen, „darum,
daß der Herr Zeuge ist zwischen dir und dem Weibe deiner
Jugend, das du verschmäht hast, da sie doch deine Hälfte
und dein verbündet Weib ist. Hat nicht der Eine sie gemacht,
und ist sie nicht auch der Ausfluß seines Geistes? Und was
will der Eine anders als Samen Gottes? Darum bewahret
die Neigung zu einander, und verachte das Weib deiner Jugend
nicht" (Mal. 2, 14. 15). Eine wirklich hohe, ideale Auffassung
von der Heiligkeit der Ehe, die der Prophet dem leichtsinnigen
Volke vorhält. Es klingt hier schon Christliches durch; denn
es ist nur eine andere Variation des Paulinischen Wortes,
daß die Ehegatten zwei seien in einem Fleische. Den Ehe-
brechern droht Malachias mit dem Gericht des Herrn (Mal. 3,5).

So suchen die Propheten inmitten einer allgemeinen
Auflösung und Zersetzung der sittlichen Anschauungen die
„Urzelle des sozialen Organismus" zu behüten. Jeder
Unzucht erklären sie den Krieg. Mit der ganzen heiligen
Entrüstung, deren eine edle Seele fähig ist, tritt Daniel
gegen die Bösewichter auf, welche Susanna nachgestellt
hatten, und übernimmt die Verteidigung der schwer verdächtigten
Unschuld. Und wenn Osee die Treulosigkeit des Volkes
gegen Gott, den Bruch des heiligsten Bundes, als Ehebruch
und Buhlerei geißelt (2, 2 ff.), wenn er also die Ehe als
ein Abbild dieses Bundes hinstellt, so ist das doch das denkbar
stärkste Zeugnis von der Hochschätzung, die Osee der Lebensgemeinschaft der Gatten entgegenbringt. Es sind die zartesten
Töne der Empfindung, über welche des Propheten weiche
Seele verfügt, wenn er die Beziehungen Jehovahs zu seinem
Volk als die innige Liebe des Mannes zum erkorenen Weibe
mit den Worten des Herrn kennzeichnet: „Ich verlobe mich
mit dir auf ewig und verlobe mich mit dir durch Gerechtigkeit
und Gericht, durch Gnade und Erbarmung; ich verlobe mich
mit dir durch Treue" (Os. 2, 19 f.).

VIII. Kapitel.

Der Kampf des Prophetentums für Recht und Gerechtigkeit im wirtschaftlichen Verkehr.

1. Indem wir an die Darstellung der prophetischen Wirksamkeit, die sie zur Verteidigung der Gerechtigkeit entfaltet haben, herantreten, beschreiten wir damit zugleich das Gebiet, auf dem sich vor allem die sozial-ethische Thätigkeit der Propheten bewegte. Hier liegt die Hauptdomäne, auf welcher sie für die soziale Wiedergesundung des jüdischen Volkes arbeiteten. Mit wenigen Strichen zeichnet Isaias die Lage: Das Recht weicht zurück, und die Gerechtigkeit steht von fern, die Wahrheit fällt auf dem Platze, und das Recht kann nich hinkommen. Die Wahrheit ist in Vergessenheit gekommen, und wer sich vor dem Bösen hütet, wird zum Raube" (Is. 59, 14 f. Vgl. Jer. 9, 2—8).

Die Freude am Handel und Gewinn war in Israel eingezogen. Wurde auch der von Salomo ausgegangene kraftvolle Impuls zu erhöhter Handelsthätigkeit schwächer, und erfuhr auch der jüdische Handel erst nach dem Exil durch die Zerstreuung der Juden in alle Weltgegenden die größte Erweiterung [1], so war doch auch in der zwischen

---

[1] Keil, Handbuch der biblischen Archäologie S. 622. Auch der Aufenthalt im Exil trug sehr zur allseitigen Entwicklung des Handelssinnes bei. „Israel ist thatsächlich in der Diaspora vorwiegend ein Handelsvolk geworden." Herzfeld, Handelsgeschichte der Juden des Altertums S. 54. Daß auch schon vor dem Exil die Israeliten

Salomos Tod und dem Exil liegenden Periode von einem
Verschwinden des Handels keine Rede. Freilich von einem
persönlichen Vorschub, wie derselbe in so hohem Maße durch
Salomo stattgefunden, „ist bei seinen Nachfolgern nichts berichtet und nichts zu verspüren; ob es als eine Ausnahme hiervon gelten könne, daß an 80 Jahre später König Josaphat ‚des
Goldes wegen‘ wieder einmal eine Ofirfahrt vorbereiten ließ,
ist noch zweifelhaft, und jedenfalls kam sie nicht zur Ausführung; höchstens darf nach einigen Anzeichen vermutet
werden, daß abermals 120 Jahre später König Ozias, ein
überhaupt einsichtsvoller und sehr thätiger Fürst von Juda,
dem Salomo auf diesem Gebiet nachzueifern versucht hat"[1].
Allein der Geschmack an solcher Erwerbsthätig-
keit war immerhin nunmehr bei vielen erwacht,
und verlor sich seitdem nicht wieder, zumal da der
Durchzug fremder Handelskarawanen und das Beispiel der
Phönizier an der Landesgrenze wie innerhalb derselben
anregend fortbestanden. Ab und zn traten freilich politische
Ereignisse und Katastrophen ein, welche zeitweilig den
Aufschwung des Handels wieder unterbrachen, ihn wieder
zurückwarfen und Geschäftsstockungen eintreten ließen; aber
von dauerndem Einflusse konnten sie nicht sein, die Kultur und
der Luxus des Volkes waren schon in dem Maße fort-

---

in fernen Weltgegenden des Handels wegen sich niederließen, s. a. a. O.
S. 55 ff. Was die palästinensischen Juden betrifft, so sagt Schegg
(a. a. O. S. 290): Die aus dem Exil zurückgekehrten Juden hatten gleich
den im Exil Verbliebenen eine Vorliebe für Handelsgeschäfte, ohne sich
jedoch auf das Meer hinauszuwagen. „Sie blieben Kleinhändler, Krämer,
nicht zu ihrem Nachteile; denn entging ihnen auch der oft unverhältnis=
mäßige Gewinn des Tauschhandels, so hatten sie nicht das Risiko des
Verlustes. Käufer und Verkäufer befanden sich dabei wohl, weil die
Produkte eines fruchtbaren Landes und eines arbeitsamen friedlichen
Volkes derart sind, daß sie einen sich gleichbleibenden, keinen Schwankungen
unterworfenen Absatz haben."
[1] Herzfeld a. a. O. S. 37.

geschritten, daß in den nachfolgenden ruhigeren Zeiten der Verkehr wieder aufleben mußte, und es ist ein Beweis für die kräftige Entwicklung des Handels, daß kurz vor dem Ende der Königsherrschaft Tyrus einen gar nicht verächtlichen Handelsrivalen in Jerusalem erblickte.

2. Die Propheten, die inmitten des stark bewegten Volks-lebens standen und ein feines Gefühl für die von dem Handelsgeist auf das sittliche Lebensgebiet ausgehenden Ein-wirkungen besaßen, erkannten alsbald die bedenklichen Folgen. Plastisch präzisiert Osee den eingetretenen Umschwung: „Ein Kananiter ist Ephraim mit der Wage des Truges in der Hand, Übervorteilung liebend. Und Ephraim spricht: Ei was! ich bin reich geworden, habe meinen Götzen gefunden, in allem meinem Thun wird man kein Unrecht finden, das ich begangen" (Os. 12, 7 f.). Und „Isaias führt unter den Gründen, daß Jehovah sein Volk verstoßen, neben den verschiedenen Formen des Götzendienstes auch den an, daß Judas Land voll ist von Silber und Gold und kein Ende seiner Schätze ist (2, 6 ff.), d. h. mit andern Worten, daß das Geld allmählich zu einer Bedeutung gekommen ist, von der man bis dahin keine Ahnung hatte"[1]. Nicht daß Israel Geld hatte, gereicht ihm zum Verderben, sondern daß es sich vom Geld hat unterjochen lassen, und dem Geld zuliebe alle sittlichen Schranken niederreißt. Es sei gleich hier erwähnt, daß die Propheten nicht dem Reichtum als solchem feindselig gegenüberstehen; denn auch er ist nach ihrer Auf-fassung eine Gottesgabe, und sie tadeln es, daß das Volk dies vergessen hat: „Sie sah es nicht ein," klagt der Herr bei Os. 2, 8, „daß ich ihr Getreide, Wein und Öl gab, Gold und Silber;" statt dafür dankbar und gesetzestreu zu sein, hat sie dem Baal geopfert. Die Wertschätzung von Gold und Silber als Gottesgaben ist für die Würdigung der sozialen Anschauungen der Propheten von weittragender Bedeutung.

---

[1] Nowack a. a. O. S. 23.

Diese dem Berufe des Volkes zuwiderlaufende Entwicklung verfolgten die Propheten mit gespanntester Aufmerksamkeit und suchten sie nach Kräften hintanzuhalten. Je
weiter und tiefer der sittliche Zerfall frißt, um so machtvoller
erhebt sich dagegen immer die prophetische Reaktion.

3. Aber die Gewinnsucht war nun einmal aufgestachelt,
und alle Stände und Klassen waren davon ergriffen: „Vom
Geringsten bis zum Größten ergeben sich alle
dem Geize, und vom Propheten bis zum Priester
treiben alle Betrug" (Jer. 6, 13). Noch einmal
entreißt es demselben Propheten die gleiche Anklage: „Ich
will ihre Weiber den Fremden geben und ihre Äcker andern
nach ihnen, denn vom Geringsten bis zum Größten sind
alle dem Geize ergeben; vom Propheten bis zum Priester
gehen alle mit Lügen um." (Jer. 8, 10. Vgl. Ez. 33, 31:
„Ihr Herz jagt dem Geize nach.") Vor allem aber war
man darauf bedacht, möglichst viel von dem
kostbaren Ackerboden zu bekommen; dieser war ja
infolge des gewinnreichen Getreidehandels zu einer förmlichen Goldgrube geworden. „Über Korn und Wein sinnen
und sinnen sie, weichen ab von mir" (Os. 7, 14). Die
Kapitalisten wußten ihr Geld nicht besser zu verwenden als
in Grund und Boden zu „investieren". Deshalb hatten
die Propheten nur zu bald eine rasch um sich
greifende Latifundienwirtschaft zu beklagen.
Isaias ruft ein „Wehe" über die, „welche Haus an Haus
reihen, Feld zu Feld schlagen, bis kein Raum mehr da ist,
so daß ihr allein wohnen bleibt inmitten der Leute" (Is. 5, 8).
Ganz ähnlich äußert sich sein Zeitgenosse Michäas; er sagt
es unumwunden, daß dieser Gütererwerb meist auf unrechtem
Wege erfolgte: Das Legen der Bauernhöfe stand in üppigem
Flor. „Wehe euch, die ihr auf Unheil sinnet und
Böses bereitet auf euren Lagern; beim Licht des Morgens
vollführen sie es, und wider Gott ist ihr Thun. Sie

gelüsten nach Feldern und rauben sie, nach Häusern und reißen sie an sich: sie unterdrücken den Mann und sein Haus, den Mann und sein Erbe" (Mich. 2, 1 f.). So vollzog sich eine Verschiebung im Grundbesitz zu Gunsten weniger, der freie Bauernstand ward zum Teil aufgesogen; die Macht des Geldes über den unbeweglichen Besitz und damit das Übergewicht der Städte über das platte Land trat immer mehr hervor. Die Handelsinteressen überwogen alle andern. „So erfolgt jene Entwicklung, die in ihren uns bekannten prinzipiellen Hauptpunkten typisch ist für die soziale Evolution der Kulturvölker des Altertums: Mit der Ausbildung des Handels verfällt immer mehr die Wirtschaft des freien Bauern, ein Stand von Reichen kommt auf, dem der Bauernstand tief verschuldet ist; die Reichen benutzen das, um die kleinen Höfe zu legen, weite Latifundien in ihrer Hand zu vereinigen und die Bauern auf die Stufe von Hörigen oder fronpflichtigen Pächtern herabzudrücken"[1]. Als Ergebnis dieser Entwicklung mußte sich sodann ergeben: Der fruchtbare Ackerboden Kanaans hört auf, den Bedürfnissen seiner eigenen Bewohner zu dienen, die Autarkie des Landes geht verloren durch den maßlos überhandnehmenden Getreidehandel, die Nahrung des Volkes wird zum Objekt niedrigster Spekulation, der bäuerliche Grundbesitz ist mobilisiert, der freie Bauernstand geht stark zurück, die großen Latifundien werden die Goldquelle der Magnaten, das Volk hungert im eigenen Lande und wird vollständig proletarisiert. .

4. Das war nun eine Entwicklung, die ganz gegen die Grundlagen des theokratischen Staates gerichtet war. Dieser beruhte auf dem Ackerbau und einem freien, wohlhabenden Bauernstand. Das Gesetz kannte keine trennende Kluft zwischen einzelnen Klassen des Volkes, keine großen sozialen Distanzen,

---

[1] Handwörterbuch der Staatswissenschaft II. Supplementsband S. 695, Art. „Sozialreform im alten Israel" (Adler).

die das Ganze auseinanderreißen. Eine solche Spaltung war
auch politisch höchst bedenklich, da sie den Frieden im Inneren
bedrohte, die ruhige stete Fortentwicklung der Kultur gefährdete
und auch die Machtstellung nach außen, die Widerstandskraft
gegen die unruhigen Nachbarn an der Grenze schwächte.
Durch das Gesetz, soweit es die soziale Ordnung im Auge
hatte, ging der Zug der Gleichheit[1], nicht einer mathematisch
abgezirkelten, sondern einer Gleichheit im großen Durchschnitt.
„Ihr sollt das Land nicht verkaufen; denn das Land ist
mein, spricht Jehovah" (3 Mos. 25, 23). „Die Israeliten,
welche es benutzen, sind nicht Eigentümer, sondern nur Pächter,
Verwalter. Sie dürfen nichts davon dauernd verkaufen, der
Besitz ist Stammeseigentum, Familienbesitz. Muß einer
aus Armut sein Besitztum verpfänden, so kann jedes Familien-
glied das Pfand einlösen. Ist die ganze Summe nicht
vorhanden, so muß das Pfand für die betreffende Zeit zurück-
gegeben werden. Im fünfzigsten Jahre aber, dem Halljahre,
fiel jedes Eigentum ohne Lösung an den ehemaligen Besitzer
oder seine Familie zurück. Damit war die Anhäufung
kolossalen Besitzes unmöglich gemacht, der Verarmung ganzer
Familien vorgebeugt."[2]

---

[1] Kübel, Die soziale und volkswirtschaftliche Gesetzgebung des
Alten Testamentes S. 20 ff.

[2] Aus dem Vortrag, den der ehemalige Hofprediger Stöcker
auf der ersten Hauptversammlung des Gesamtverbandes der evangelischen
Arbeitervereine zu Altona im Frühjahr 1899 über „die soziale Bedeutung
der alttestamentlichen Propheten" hielt. Der Vortrag ist abgedruckt im „Evangelischen Arbeiterboten" Nr. 77—80 (Hattingen 1899). In der Form, wie der
Vortrag hier zum Abdruck gelangt ist, enthält er eine etwas zusammen-
hangslose Aneinanderreihung von Prophetenstellen, die eine Ordnung
nach gewissen prinzipiellen Gesichtspunkten vermissen läßt und auch bei
weitem nicht erschöpfend ist. Als Zweck seines Vortrages bezeichnet
Stöcker: „Wir wollen versuchen, die Übereinstimmung zwischen Gesetz
und Evangelium auf sozialem Gebiet zur Anschauung zu bringen, um
zu zeigen, wie das, was Gott in der Form des Gesetzes durch die
Gesetzgebung Mosis angeordnet hat, in der Form des Geistes durch

5. Die von den Propheten beklagte Latifundienbildung konnte also nur vor sich gehen mit grundsätzlicher Verletzung der Jobeljahrsinstitution. Über die faktische Beobachtung der auf das Jobeljahr sich beziehenden Vorschriften fehlt es für die älteste Zeit an historischen Nachrichten. Nach den Talmudisten und Rabbinen wäre es in der nachexilischen Zeit nicht gehalten, sondern nur gezählt worden, um die Sabbatjahre sicher zu berechnen[1]. Wie dem auch sei, sicher ist, daß in der Königszeit das Jobeljahr ganz außer Übung gesetzt wurde. Die Latifundienbildung wäre sonst unerklärlich. War aber das Gesetz einmal in einem so wichtigen Stück verletzt, so nahm man es, wie die im folgenden aufgeführten Prophetenstellen zeigen, überhaupt gar bedenklich leicht mit der Rechtlichkeit im wirtschaftlichen Verkehr. Die Ungerechtigkeit: Ausbeutung der Armen, Wucher, Schwindel und Fälschung wurde geradezu zu einem bedeutsamen Faktor des Marktverkehrs. Die Vornehmen, d. h. die oberen besitzenden Klassen gehen mit dem schlechtesten Beispiel voran, und Priester und falsche Propheten spielen mit ihnen unter einer Decke. Wenn Jeremias klagt, daß man in den Straßen Jerusalems kaum mehr einen finde, der recht thue, so hebt er eigens hervor, daß die „Vornehmen", die führenden, tonangebenden Schichten der Gesellschaft es sind, welche vor allem das Gesetz abgeschüttelt und „das Joch zerbrochen und die Bande zerrissen haben" (Jer. 5, 1. 5). Alle Mittel waren ihnen recht, die Geld

die Predigt des Evangeliums gefordert wird. Wir hoffen damit zu erreichen, daß das Christlich=soziale, das Evangelisch=soziale, das Kirchlich=soziale, das jetzt auch bei wohlgesinnten Christen unter Acht und Bann gelegt ist, zu besserem Verständnis gelangt und unbefangene Beurteiler findet. — Das Alte Testament enthält für die sozialen Verhältnisse eine Gesetzgebung, welche die Fragen des Besitzes und Erwerbs, der Arbeit und Armut in wunderbarer Erleuchtung mit göttlicher Weisheit ordnet."

[1] Schegg a. a O. S. 576.

eintrugen, und sie waren, wie der weitere Verlauf zeigen wird, geradezu erfinderisch, um ihre Zwecke zu erreichen. Schier zahllos sind deswegen die Klagen, welche die Propheten über den Verfall der Gerechtigkeit erheben. In allen nur möglichen Variationen kehrt dieses ernste Leitmotiv wieder und wirft einen Schatten über alle Verhältnisse im sozialen und wirtschaftlichen Leben.

6. Das mosaische Gesetz hatte sich besonders den Schutz des Eigentums angelegen sein lassen und suchte jedem ungerechten Eingriff in fremde Eigentumssphären möglichst zu steuern. Es untersagt nicht nur, die Grenzen des Nächsten zu verrücken (5 Mos. 19, 14), sondern bedroht auch den, der solches thun würde, mit dem Fluche (27, 17). Es verbietet nicht nur Raub und Diebstahl, sondern selbst das Gelüsten nach dem Hause und irgend welchem Eigentum des Nächsten: „Du sollst nicht begehren deines Nächsten Haus" (2 Mos. 20, 17). „Du sollst nicht begehren deines Nächsten Weib, noch sein Haus, noch seinen Acker" (5 Mos. 5, 21). Schon das Gelüsten nach fremdem Gut war also mit tiefer Psychologie im Gesetze verboten, um so mehr natürlich der Neid und Haß gegen die Besitzenden oder Mehrbesitzenden, der das soziale Zusammenleben gefährdet. Ja das Gesetz ermahnt sogar zu liebevoller Fürsorge für das fremde Eigentum, damit es nicht zu Schaden komme. Man solle das in die Irre gehende Tier des Nächsten, selbst des Feindes oder Hassers (2 Mos. 34, 4 f.) ihm zurückbringen, gefundenes Gut zurückgeben und dem Schaden leidenden Tier des Nächsten aufhelfen (5 Mos. 22, 1—4)[1].

Kurz und bündig hatte ferner das Gesetz als maßgebenden Grundsatz der Rechtspflege und des kaufmännischen Verkehrs aufgestellt: „Ihr sollt kein Unrecht thun (im Gericht), in der Elle, im Gewicht, im Maß. Richtige Wage,

---

[1] Reil a. a. O S. 729 f.

richtige Gewichte, richtiges Schäffel und richtiges Maß. Ich bin der Herr, euer Gott, der euch aus dem Lande Ägypten geführt hat" (3 Mof. 19, 35. 36). In allen diesen Punkten wurde jedoch das Gesetz in gröblichster Weise verletzt.

7. Den Betrug im Kaufgeschäfte, die Fälschung der Waren, falsches Maß und Gewicht, beklagen etwa folgende Stellen: „Ephraim hat die Wage des Truges in der Hand und liebt Übervorteilung" (Of. 2, 7). „Dein Silber ist in Schlacken verwandelt, dein Wein mit Wasser vermischt" (Jf. 1, 22). Aus Handel und Wandel ist die Ehrlichkeit, die Wertgleichheit von Ware und Preis verschwunden. Die Käufer betrügen durch falsches Geld, die Verkäufer durch schlechte, gefälschte Waren. „Ihr Gewebe taugt nichts zu Kleidern und ihr Gewirktes nicht zur Decke" (Jf. 59, 6). Die in einer früheren Periode mit Recht berühmten jüdischen Gewebe haben einer Schundware Platz gemacht. Wie sollte da noch ein geordnetes Wirtschaftsleben möglich sein, wenn die Gerechtigkeit so mit Füßen getreten wird? Schonungslos stellen die Propheten das betrügerische Geschäftsgebahren an den Pranger.

Im Propheten Amos „haben wir sozusagen die Verkörperung des Sittengesetzes. Gott ist ein Gott der Gerechtigkeit, die Religion ein sittliches Verhältnis des Menschen zu Gott, nicht ein bequemes Ruhekissen, sondern eine ethische Forderung. Israel getröstet sich seines Gottes, der sein Volk schließlich schon nicht stecken lassen, sondern ihm helfen und es aus aller Not erretten werde . . . Zwar ist das Volk in seiner Weise fromm, es kann sich nich genug thun an Festen und Opfern: aber das erscheint dem Propheten nur als ein Versuch, den gerechten Richter zu bestechen, wie es auf Erden damals üblich war, daß der Richter gegen Bezahlung den Schuldigen freisprach und den Unschuldigen verurteilte. ‚Ich hasse‘, spricht Gott bei Amos (5, 21—24) ‚ich verabscheue eure Feste, ich mag eure

Gottesdienste nicht riechen. Wenn ihr mir Opfer und Gaben
darbringt, nehme ich sie nicht wohlgefällig an und auf eure
Mastkälber sehe ich nicht. Thue weg von mir das Geplärre
deiner Lieder, ich mag dein Harfenspiel nicht hören. Sondern
Recht quelle hervor wie Wasser und Gerechtigkeit wie ein
nie versiegender Strom.‘ Aber gerade an diesem Einzigen,
was Gott fordert, daran fehlt es in Israel durchaus.[1]“
Wir wissen, daß in den Zeiten der Propheten Palästina
wiederholt von starken Hungersnöten heimgesucht wurde bei
gleichzeitig hoch entwickeltem Getreidehandel. So hat in
diesen Zeiten der Teurung das Volk aller Wahrscheinlichkeit
nach gar nicht selten durch Mangel an Brotgetreide schwer
gelitten. In seiner Not kam es dann zu den Reichen, um sich
Geld auszuborgen zum Ankaufe von Brot oder auch um direkt
Brotgetreide auf Kredit zu nehmen[2]. Amos schildert Typen
jener unersättlichen Wucherer, die gerade das Brot, das
unentbehrlichste Lebensmittel, das der Arme zur Fristung
seines Daseins braucht, zum Ziel ihrer erbärmlichen Spekulation und Profitwut machen. Wir ersehen aus Stellen
dieses Propheten, daß sich der Handel mit den Landes-
produkten zu einem förmlichen Kornwucher ausgewachsen
hatte[3]. Diese Getreidemonopolisten können vor brennender Gier
nach Gewinn die Neumonde und Sabbate, an denen
Handelsgeschäfte gesetzlich verboten waren, gar nicht abwarten, um ihre nach Qualität und Maß minderwertige
Ware mit Betrug dem Armen um sündteures Geld anzu-
hängen. „Höret das, die ihr die Armen zertretet und aus-
sauget die Dürftigen des Landes, sprechend: Wann ist der
Neumond vorüber, daß wir unsere Waren (hebr. Getreide)
verkaufen, und der Sabbat, daß wir Getreide aufthun, daß

---

[1] Cornill, Der israelitische Prophetismus S. 45.
[2] Memminger, Die wirtschaftlichen Ansichten der Propheten
des Alten Bundes (Monatsschrift für Christliche Sozialreform [Basel
1899, Heft 2], S. 72—87) S. 82.   [3] Nowack a. a. O. S. 23.

wir das Maß verkleinern und den Sekel (d. h. den
Preis) vergrößern und falsches Gewicht unter=
schieben und die Spreu des Kornes verkaufen?" (Amos 8,
4 ff.) — lauter Praktiken, die im Gesetz (5 Mos. 25, 13. 14)
strengstens untersagt waren. Es ist kaum möglich, mit
weniger Strichen so plastisch ein Nachtbild aus dem
damaligen Verkehrsleben zu entwerfen, als es hier Amos
gelungen ist. Diesen Kornhändlern ist kein Tag zu heilig,
um ihr schmutziges Gewerbe zu betreiben. Die Feierstille des
Sabbats ist für sie keine Zeit der Ruhe, sondern fieberhaftester
Unruhe; sie zählen die Minuten und können es kaum
abwarten, bis endlich die Stunde schlägt, wo sie ihre
Kornspeicher öffnen und ihr verderbliches Geschäft wieder
aufnehmen dürfen. Sie verwünschen förmlich den Sabbat,
der ihnen die unfreiwillige Unterbrechung des Handels und
den Entgang von Gewinn auferlegt. Aber sie wissen sich
dafür wieder zu entschädigen. Künstlich werden die Preise
für das Getreide in die Höhe getrieben. Die Großgrund=
besitzer und Getreidejobber thun sich zusammen, verabreden
die Preise und bilden einen förmlichen Ring, um das
Monopol in der gemeinsten Weise zu fruktifizieren. Der
Israelit, der ein kornreiches Land bewohnte, mußte dank
dieser Kniffe sein Brot teuer bezahlen. Und was für ein
Getreide war es, das man den Armen aufhalste? Nicht
einmal mehr Gerstenbrot, das schon als Zeichen der Dürftig=
keit galt[1], bekamen die Hungernden zu essen, sondern „die
Spreu des Kornes", der Ausfall, den man sonst nur dem
Vieh vorwarf, wurde an dieselben verkauft. Die Be=
sitzenden hatten kein Herz für fremde Not: „Die Dürftigen
werden ausgesaugt", wie Amos sagt, bis zum letzten
Heller. Aber eine Drohung voll Bitterkeit klingt diesen
Kornwucherern aus dem Munde des Propheten ans Ohr:

---

[1] Siehe oben S. 48.

„Ich will das Haus Israel unter alle Völker schütteln,
wie man Weizen schüttelt im Siebe, und kein Körnlein soll
auf die Erde fallen" (Amos 9, 9). Das war ein für die
Betreffenden verständliches Bild. Wie sie ihr Getreide, um
es zu reinigen, im Siebe schütteln, so soll Israel unter die
Völker im Exil geschüttelt werden und durch das Sieb der
Leiden geläutert werden. Wenn es aber wahr ist, daß das
Steigen und Fallen der Brotpreise ein sicherer Gradmesser
für die Stimmung eines Volkes ist, daß die Höhe des Brot-
preises ein warnendes Anzeichen des gefahrdrohenden Augen-
blicks bildet, in welchem die Verzweiflung und das Elend
der Armen den Damm des Gesetzes durchbrechen wird, so
gewinnen wir aus Amos einen Einblick in die damalige
soziale Gärung.

8. Auch der Prophet Michäas geißelt mit aller Schärfe
den Betrug im Handelsverkehr. In ihm „lebt Amos wieder
auf. Wie Amos ein Landbewohner, ein Mann des Volkes,
kann sich sein schlichtes und lebendiges Rechtsgefühl nicht
beschwichtigen und zurückdrängen lassen: eine wahrhaft
elementare sittliche Entrüstung übermannt ihn bei allem,
was er sieht und erlebt. Namentlich die Sünden der großen
Herren zu Jerusalem, dieser Blutsauger und Leuteschinder,
die sich alles erlauben, weil sie die Macht dazu haben, sind
so himmelschreiend, daß sie nur durch den Untergang Jerusalems gesühnt werden können." Der Prophet schildert
beredt, wie sich in dem ungerecht erworbenen Reichtum,
den „Schätzen der Ungerechtigkeit", gleichsam der ganze
Haß des gedrückten Volkes, aber auch die Rache des
Himmels angesammelt hat. „Im Hause der Gottlosen ist
Feuer, Schätze der Ungerechtigkeit und kleine Mäßerei
mit Zorn erfüllt. Sollte ich gut heißen ungerechte
Wage und trügerisches Gewicht im Säcklein, wodurch

<hr>

1 Cornill, Der israelitische Prophetismus S. 70 f.

ihre (der Stadt) Reichen voll Unrechts werden? Ihre Einwohner reden Lüge und eine trügerische Zunge ist in ihrem
Munde. Darum fange ich an, mit Verderben dich zu
schlagen, um deiner Sünden willen. Du wirst essen und
nicht satt werden" (Mich. 6, 10—13).

9. Die Fälschung der Waren, die Anwendung von
ungerechtem Maß und Gewicht, das waren mehr die ver-
schleierten Formen, unter welchen die Gewinnsucht auftrat.
Man machte sich die Sache aber auch noch viel leichter und
griff ungeniert zu offener Gewaltthätigkeit. Unter der Ägide
eines gott- und pflichtvergessenen Königtums trat das
semitische Wucherkapital mit aller Härte ungescheut hervor.
Die Reichen hatten es auf die Beraubung der wirtschaftlich
Schwachen abgesehen. „Bedrücker berauben mein Volk"
(Is. 3, 12). Die Unterdrückung der Armen, Witwen
und Waisen, die Bereicherung aus dem Hunger
und Elend des Nächsten wird zur stehenden
Klage der Propheten. In ihrer Bedrängnis flüchten
sich die Verfolgten zu den Propheten, weil sie wissen, daß
diese die unbestechlichen, unerschrockenen Anwälte des Rechtes
sind. Schon zum Propheten Elias hatte sich eine arme
bedrängte Witwe geflüchtet und ihr kummervolles Herz
ihm ausgeschüttet, weil die herzlosen Gläubiger ihren
einzigen Trost, den sie nach dem Tode ihres Mannes noch
hat, ihre Kinder, ihr nehmen und als Sklaven verkaufen
wollten, um sich mit dem Erlös bezahlt zu machen. „Dein
Knecht, mein Mann" — so klagt diese bedrängte Witwe
bereits dem Propheten Elias — „ist gestorben; so du weißt,
fürchtete er Jehovah. Nun kommt der Gläubiger und will
meine beiden Kinder nehmen zu seinen Sklaven (2 Kön. 4, 1).

Ein willkommenes Ausbeutungsobjekt bildeten selbstverständlich auch die besitzlosen, auf die Arbeit ihrer Hände
angewiesenen Lohnarbeiter; an diese hat man wohl vor
allem auch zu denken, wenn die Propheten die Aussaugung der

Armen und Dürftigen offen an den Pranger stellen. Wir
wissen schon, wie Salomo es verstanden hat, sich für seine
Prunkbauten billige Arbeitskräfte zu beschaffen. Es paßte
ganz in das System des durch keine sittlichen und rechtlichen
Schranken gebändigten Kapitalismus hinein, daß man die
Arbeitslöhne zu drücken suchte. Der Prophet ruft ein Wehe
über solche, die sich durch Arbeitswucher bereichern. „Wehe
dem, welcher sein Haus mit Ungerechtigkeit bauet und seine
Gemächer mit Unrecht, seinen Nächsten bedrücket ohne
Ursache (wofür das Hebräische hat: ‚Der seinen Nächsten
umsonst arbeiten läßt‘) und ihm seinen Lohn nicht giebt"
(Jer. 22, 13).

10. Die fortschreitende Proletarisierung eines
immer größeren Teiles des Volkes brachte eine
an Umfang und Schwere stets zunehmende Schuldknechtschaft des Volkes mit sich, in welche die Ver-
armten den Reichen gegenüber gerieten. Das war natürlich
nur möglich, wenn man den das Schuldenwesen betreffenden
Vorschriften des mosaischen Gesetzes strikte entgegen handelte.
Wie mütterlich vorsorgend hatte sich dieses um den Verschuldeten angenommen! Da war vor allem jene kapitale
Vorschrift, vom Volksgenossen keinen Zins zu nehmen,
die wie eine eherne Mauer den Auswüchsen des Kredit-
wesens entgegenstand. Dann die weitere Schonung, daß
im Sabbatjahre, im Jahre der Brache, kein Schuldner
zur Zahlung gedrängt werden durfte, ja, wie viele es
behaupten, daß in solchen Jahren die Schuld überhaupt
verfiel. Und das Gesetz legte es als sittliche Pflicht den
Besitzenden ans Herz, sich durch den Hinblick auf das Sabbat-
jahr nicht davon abhalten zu lassen, dem Bedürftigen mit
einem Darlehen unter die Arme zu greifen. Streng war
das Hypothekenwesen geordnet, wenn man die Verpfändung
des Grundbesitzes von seiten des Schuldners an den
Gläubiger so nennen will. Denn eigentlich trifft hier die

Bezeichnung gar nicht zu. Der Hypothekarkredit führt häufig dazu, den Eigentümer eines Grundstückes um dasselbe zu bringen, wenn er seinen Verpflichtungen nicht nachkommen kann. Durch die tiefeinschneidende Vorschrift des Jobel-jahres dagegen mußte der Acker wieder seinem ehemaligen Besitzer zufallen. Die Hypothek belastet das Grundstück, die eigentümliche Regelung des Realkredits in Israel suchte das Grundstück zu entlasten, Jahr um Jahr von einem Teil der darauf liegenden Schuld zu befreien.

Die Veräußerung des Grundbesitzes war kein eigent-licher Verkauf, sondern eine Verpachtung oder „eine Ver-pfändung, welche von unsern modernen Verpfändungen zunächst darin abweicht, daß der Pfandgegenstand nicht sowohl zur Sicherung diente, sondern der Pfandertrag zur allmählichen Tilgung der Schuld"[1].

Der Verarmung der Familien und dem Aufkommen der Schuldknechtschaft suchte somit das Institut des Jobel-jahres einen festen Riegel vorzuschieben. Und wäre dieses Institut zur konsequenten Durchführung gekommen, so hätte sich ein eigentliches Proletariat gar nicht bilden können. Das liegt klar in den Worten ausgesprochen: „Ihr sollt heiligen das fünfzigste Jahr und Freiheit ausrufen im Lande allen seinen Bewohnern; ein Jobel soll es auch sein, daß ihr zurückkehret, ein jeder zu seinem Besitze und ein jeder zu seinem Geschlechte" (3 Mos. 25, 10). Demnach sollte aller veräußerte Besitz im fünfzigsten Jahre an seine ursprüng-lichen Eigentümer bezw. dessen Erben zurückfallen, wenn er nicht bereits früher eingelöst worden war. Damit war eine Latifundienbildung so gut wie unmöglich gemacht. Wenn nicht durch Erbgang der Grundbesitz der Familie zerstückelt wurde, was nicht wahrscheinlich ist (vergl. oben

---

[1] Herzog, Realencyklopädie XIII, 170, Art. „Sabbat- und Jobeljahr" (Öhler).

S. 66), so mußte durch diese Maßregel der Grundbesitz
als Ganzes derselben Familie für immer erhalten bleiben.

11. Aber auch die p e r s ö n l i ch e   F r e i h e i t erfreute sich
des besondern gesetzlichen Schutzes. Der Ausdruck „Sklaverei"
ist für die Bezeichnung des israelitischen Dienstverhält-
nisses absolut unzutreffend. Wohl gab es eine unfreiwillige
Knechtschaft im fremden Dienst, in welche sich jemand wegen
Verschuldung hatte begeben müssen, aber der „Sklave" war
durchaus nicht der Willkür und Laune seines Gebieters
preisgegeben, sondern an Leib und Leben geschützt[1]. „Die
Sklaverei", sagt G e i g e r, „wurde also nicht ganz aufgehoben,
aber sie bestand eigentlich bloß dem Namen nach, ohne den
wesentlichen Gehalt: der neue Wein, der in den alten
Schlauch gegossen, diesen zerstören mußte; im Stamme, im

---

[1] K ü b e l, Die soziale und volkswirtschaftliche Gesetzgebung des
Alten Testamentes S. 65 f. begegnet dem Einwurf, es liege gegen
unsere Zeit etwas Barbarisches in der Gesetzesbestimmung, daß
der insolvente Schuldner in die Knechtschaft geriet. „Allein der Arme
wird nicht verkauft, sondern verkauft sich selbst, nicht als ein Vieh,
sondern als ein Mann, der für gemachte Schulden mit seinem ganzen
Eigentum nicht bloß, sondern auch mit seiner Person haftet. So etwas
übergeht freilich ein gewissenloser Gantmann mit leichtem Sinn; da
macht man geschwind Bankrott, zieht etwa auch das Vermögen der
Frau noch aus der Masse zurück, und mit seiner Verpflichtung ist man
fertig. Die Gläubiger haben das Nachsehen. . . Da sieht das Gesetz
den moralischen Zwang einer Verpflichtung doch etwas anders an.
Leichtsinniges Schuldenmachen konnte der Ausblick auf diesen Knechts-
hintergrund wohl verhindern. Anderseits ein redlicher, bloß unschuldig
ins Unglück gekommener Gantmann, der ehrlich bestrebt ist, seinen Verpflichtungen möglichst vollständig, auch mit dem letzten Heller nachzu-
kommen: in welcher Lage ist er nach einer solchen Katastrophe? Wie
soll er sich und seine Familie erhalten? In solchen Umständen mag
schon mancher viel Schlimmeres an Leib und Seele erduldet haben,
als einem israelitischen Knechte . . . bevorstand. Formell allerdings
steht der israelitische Knecht schlimmer als jener Gantmann, und unsere
formalistische Zeit sieht ja zuerst auf die Form."

Volk selbst, kann von einer eigentlichen Sklaverei nicht die
Rede sein, denn der Sklave diente bloß sechs Jahre oder
ward schon früher frei, wenn das Jobeljahr eintrat; er
trat dann in seine bürgerlichen Verhältnisse wieder ein als
vollgültig und ebenbürtig. Aber auch die fremden Sklaven,
die wohl geduldet wurden, wie wurden sie behandelt? Die
kleinste Beschädigung am Körper des Sklaven, das Ausschlagen eines Zahnes, wurde nicht etwa als bloßer Nach-
teil betrachtet, den der Eigentümer sich selbst, seiner Ware
zufügte, nein, der Sklave ging frei aus."[1]

Zur Beurteilung dieser Einrichtungen wie überhaupt
der sozialen Organisation des israelitischen Staates darf
ohne Übertreibung gesagt werden: „Israels staatliche und
soziale Gliederung ist eine durchaus gesunde, ebenso die
ganze Volksgesellschaft konservierende, alle revolutionären
Zuckungen im Keim erstickende, als die persönliche Freiheit
und Würde verbürgende. Ein Volk von Brüdern ist Israel,
weil es ein Volk von Knechten Gottes ist. Freiheit, Gleichheit, Brüderlichkeit, aber in den Ordnungen Gottes, mit
Beibehaltung der naturgemäßen Unterschiede und ohne
abstrakt theoretische Nivellierung. Das ist der schöne Zustand, welchen zu begründen und zu erhalten das alttestamentliche Gesetz bezweckt und verbürgt."[2]

12. Freilich war es in der Zeit, in der wir stehen, ganz
anders geworden. Man hat schon die Ausführbarkeit dieser

---

[1] Geiger, Das Judentum und seine Geschichte I (Breslau 1865), 43.
[2] Kübel a. a. O. S. 25 f. Kübel (a. a. O. S. 4) bemerkt
auch, daß selbst ungläubige Forscher auf dem sozialen und volkswirtschaftlichen Boden des Alten Testamentes, die den biblischen
Gesetzeskodex lediglich als rein menschliches Werk eines geistvollen und
verständigen Gesetzgebers betrachten, wie Saalschütz in seinem gerühmten
Werk „Das mosaische Recht", häufig zu der Überzeugung von der
wunderbaren Trefflichkeit und praktischen Weisheit des alttestamentlichen
Kodex gelangt seien.

tiefeinschneidenden Forderungen, insbesondere des Jobeljahres
und der Brache im Sabbat- und Jobeljahre, in Zweifel
gezogen. Unausführbar waren sie jedoch nicht. Bei der
Fruchtbarkeit des Bodens und bei einiger wirtschaftlicher
Voraussicht konnte das Brachliegen des Bodens ohne
Schwierigkeit durchgeführt werden, ja die Brache war schon
aus Gründen der damaligen landwirtschaftlichen Technik
geboten (Adler, Geschichte des Sozialismus S. 55). Aber
freilich gehörte zum Verzicht auf die Ernte eines ganzen
Jahres eine große sittliche Selbstzucht, und als vollends der
auswärtige Getreidehandel die großen Gewinne abwarf, war
den Lockungen noch weit schwieriger zu widerstehen. Auch
die anscheinend undurchführbare Institution des Jobeljahres
mit dem Rückfall des Bodens an den ehemaligen Herrn
stellte keineswegs übermenschliche Anforderungen. Es schädigte
ja den augenblicklichen Besitzer in keiner Weise: er sollte nicht
etwa das Land zurückerstatten und die Kaufsumme ein-
büßen. Er hatte bloß die Erträge des Ackers bis zum nächsten
Jobeljahre gekauft und war demnach für den Kaufpreis
durch die bezogenen Ernten bereits entschädigt. Aber natürlich war damit dem Egoismus ein Opfer zugemutet: die Ansammlung großer Landkomplexe und als Folge davon die
Getreidespekulation wären dadurch ausgeschlossen gewesen.

Ob und wie lange thatsächlich das Sabbat- und Jobeljahr zur Ausführung gelangte, darüber sind wir vollkommen im
unklaren. Bereits 3 Mos. 26, 35 sind Zeiten ins Auge
gefaßt, „wo das Land die ihm gebührenden Sabbate erhält".
Und „daß die Begehung des Sabbatjahres in den letzten
Jahrhunderten vor dem Exil abgekommen war, erhellt aus
2 Par. 36, 21, wo es heißt, das Land habe, während des
Exils verwüstet, 70 Jahre feiern müssen, um diese Sabbatjahre abzutragen. Wird die Zahl urgiert, so würde die

---

[1] Herzogs Realencyklopädie a. a. O. XIII, 173.

Stelle auf eine etwa fünfhundertjährige, also bis in die salomonische Zeit zurückgehende Unterlassung des Sabbatjahres hinweisen."[1] Es ist höchst bezeichnend, aber leicht erklärlich, daß in der Zeit des aufstrebenden Getreideexportes diese Vorschriften außer Übung gesetzt wurden. In der prophetischen Zeit ist wohl auch das Jobeljahr ganz der Nichtbeachtung verfallen. Von dem Jobeljahre finden sich im Alten Testament für die vorexilische Zeit bloß einige Spuren, die aber zum Beweise, daß das Gesetz zur Durchführung kam, nicht genügen können[1]. „Aus prophetischen Reden über Auskauf, Güterraub, Häufung des Grundbesitzes (Amos, Isaias, Michäas) ergiebt sich, daß das Jobeljahr unbeachtet war[2].

13. Diese verschiedenen Gesetzesvorschriften wurden einfach stillschweigend ignoriert; und jetzt bot natürlich das Schuldenwesen den Kapitalisten einen willkommenen Hebel, um Person und Besitz des Schuldners in ihre Gewalt zu bekommen: die Person, um entweder eine billige Arbeitskraft, d. h. einen Sklaven zu haben, oder um sie in echt heidnischer Weise als lebendige Ware weiter zu verkaufen; den Besitz, um die Latifundien fortwährend zu vergrößern. „Die Zinsen stehen hoch, Privaterwerb ist schwer zu finden bei der herrschenden Notlage. So haben sich die Schuldsummen bald vervielfacht, bis schließlich der habgierige Wucherer von seinem ‚Rechte‘ Gebrauch macht und Hab und Gut nicht nur, sondern auch den Schuldner in eigener Person in seine volle Gewalt bringt."[3] Das Verfahren kennzeichnet

---

[1] Ebd. wird die Ansicht vertreten: „Die Ordnung allerdings, zu deren Wahrung das Jobeljahr bestimmt war, daß nämlich jede Familie in Erbbesitz verbleiben sollte, hatte ohne Zweifel tiefe Wurzeln im Volke geschlagen. Man vgl. die Erzählung 1 Kön. 21, 3 f." Aber aus der Anhänglichkeit, welche Raboth gegen das von den Vätern ererbte Grundstück an den Tag legte, läßt sich schwerlich ein Rückschluß auf die Praxis des Jobeljahres machen.

[2] Kirchenlexikon VI, 1501.

[3] Memminger a. a. O. S. 82.

der Prophet mit den Worten: „Sie gehen mit Gewalt vor
gegen die Person und ihre Habe, gegen den Besitzer und
sein Besitztum" (Mich. 2, 2).

14. Daß mit dem Menschen eine förmliche Han-
delschaft getrieben wurde, spricht Amos deutlich genug
aus: „So spricht der Herr: Wegen der drei und vier Vergehen
Israels will ich ihm nicht gnädig sein," und als erstes Verbrechen
wird genannt, „daß es um Geld den Gerechten ver-
kauft und den Armen um ein Paar Schuhe" (Amos
2, 6). So hoch die Preise für die notwendigsten
Lebensmittel standen, so tief standen die Menschen
im Werte. Es war das eine durch das andere bedingt.
Daß die Preise für die Lebensmittel so hoch waren, das trug
vor allem zu der stets um sich greifenden Verschuldung mit bei.
Damit ganz übereinstimmend wird von den Kapitalisten
gesagt, daß sie die Getreidepreise deswegen so hoch hinauf-
treiben, „damit sie die Dürftigen um Geld, die Armen um
ein Paar Schuhe an sich bringen" (Amos 8, 6). Tief bringt
hier die scharfe Sonde des Propheten hinein in die Fäulnis
am sozialen Organismus. Es ist in Israel so weit
gekommen, daß die dem Volksgenossen von seinem Gott ver-
briefte und feierlich garantierte persönliche Freiheit derart
mit Füßen getreten werden kann. Die höchst bezeichnende
Stelle kann entweder bedeuten, daß die überschuldeten Armen
zu Sklaven gemacht und um eine Bagatelle, etwa um den Wert
von ein Paar Schuhen, verkauft wurden, daß also die Menschen
so billig waren, wie wertlose Sachen, oder aber daß der zahlungs-
unfähige Schuldner schon wegen der kleinsten Beträge der
Sklaverei verfiel [1]. So tief im Werte stand der Mensch,

---

[1] Herzfeld (Handelsgeschichte S. 128) sagt vom Menschenhandel
in den letzten drei Jahrhunderten v. Chr., es sei leider zu konstatieren,
„daß auch Sklaven in den palästinensischen Handel kamen, natürlich
ausländische". Für unsere Periode waren es aber jedenfalls nicht
nur ausländische, sondern auch israelitische.

von dem das Gesetz sagt, er ist „dein Bruder"! Die Schwachen wurden einfach von den Reichen ohne jede Rücksicht unterdrückt. Diese „zertreten im Staube der Erde die Häupter der Armen, beugen den Weg der Elenden" (Amos 2, 7). „Wehe dem Gottlosen! ... Bedrücker berauben mein Volk und Weiber herrschen darüber" (Jf. 3. 12). So verweichlicht und weibisch diese Reichen in ihrer ganzen Lebensweise sind, so hart sind sie gegen die Armen. Weichlichkeit und Grausamkeit finden sich in diesen Naturen gepaart, — eine oft zu beobachtende Erscheinung.

15. Mit welcher Härte, ja, mit welcher wollüstigen Grausamkeit gegen die zahlungsunfähigen Schuldner vorgegangen wurde, zeigt die schon früher zitierte Stelle bei Amos: „Auf gepfändeten Gewändern lagern sie sich neben jeglichem Altar und trinken Wein (vom Gelde) der Verurteilten im Hause ihres Gottes." Das war ein Faustschlag, der dem milden, sozialversöhnenden Geiste des Gesetzes versetzt wurde. Hatte dieses doch dem Gläubiger das Recht abgesprochen, in das Haus des Schuldners einzudringen und eigenmächtig aus der Habe desselben ein Pfand sich anzueignen: er sollte draußen an der Thüre warten, bis ihm der Schuldner ein Pfand herausbrächte (5 Mof. 24, 10—15); hatte das Gesetz doch ferner befohlen, daß die verpfändeten Oberkleider dem dürftigen Schuldner nicht über Nacht zurückbehalten, sondern bei Sonnenuntergang ihm zurückgebracht werden sollen, damit der Mitbruder während der Nacht nicht der schützenden Decke entbehren müßte! (2 Mof. 22, 25 ff.) Doch diese üppigen Schwelger, die über die prächtigsten Lagerstätten verfügten, gefallen sich und finden einen eigenen Nervenreiz gerade darin, die gepfändeten Kleider der Armen zur Lagerdecke bei ihren Zechgelagen und Opfermahlzeiten zu verwenden. Und das „im Hause ihres Gottes", wie der Prophet mit bitterem Hohn beisetzt!

Eine höchst charakteristische Stelle findet sich beim Propheten Michäas. Er droht denen, die auf alle mögliche

Weise sich Ländereien zu verschaffen suchen, mit der Verjagung von Haus und Hof; also Zahn um Zahn soll den
Güterräubern vergolten und mit gleicher Münze heimgezahlt
werden, so daß sie einst klagen werden: „Entvölkert und
verwüstet sind wir, das Erbteil meines Volkes ist vertauscht;
wie wich er von mir, da er wieder verteilt hat unser Land!
Darum wird niemand mehr sein, der dir die Meßschnur
ziehet in der Versammlung des Herrn" (Mich. 2, 4 f.).
So muß es kommen, argumentiert der Prophet, Gott ist ja gerecht; ihr aber, fährt Michäus fort, ihr seid die reinste Räuber-
horde: „Den Mantel nehmt ihr samt dem Rocke und mit denen,
die sorglos vorüberziehen, fangt ihr Händel an" (2, 8). Es muß
ein grauenerregendes Aussaugungssystem in Schwang gewesen
sein.   Nichts anderes will ja der Prophet mit dem Rauben von
Rock und Mantel sagen, als daß in diesen Plutokraten auch
der letzte Hauch menschlichen Empfindens gegenüber fremder Not
erstorben war.   Vor solchen Vampyren war aber auch niemand
mehr sicher.   Die wußten dem Sorglosen und Friedfertigen
geschickt eine Falle zu stellen, um ihn samt seinem Gut in
ihre Hände zu bringen.   Die sozialen Stützpfeiler,
Treue und Vertrauen, sind geborsten.   Ein
geregelter Verkehr, ein geordnetes friedliches Zusammenleben
ist unter solchen Umständen zur Unmöglichkeit geworden.
Die falschen Zungen, die mit Verleumdung, wie mit
Pfeil und Bogen, ihre Opfer erlegen, „haben die Macht
erlangt im Lande".   Keiner darf mehr seinem Nächsten
trauen; „denn jeglicher Bruder geht mit Hinterlist um und
jeder Freund mit Betrug" (Jer. 9, 2 ff.).   Da waren es
natürlich ganz besonders die eines kräftigen Schutzes ent-
behrenden Witwen und Waisen, an welche sich, als an ein
vielverheißendes Beutestück, jene herzlosen Kapitalisten heran-
machten, um ihnen Hab und Gut zu entreißen und ihre Person
in die traurigste Knechtschaft zu bringen: „Die Weiber meines
Volkes treibt ihr aus dem Hause ihrer Wonne; ihren Kleinen

nehmt ihr mein Lob auf immer" (Mich. 2, 9). Indem die unbarm-
herzigen Wucherer, will der Prophet sagen, den Kindern ihr an-
gestammtes Besitztum entreißen, benehmen sie ihnen auch den
Grund, den Herrn zu loben; der Familienbesitz war gleichsam
das Unterpfand göttlicher Freundschaft und Fürsorge; mit
seinem Verlust wird ihnen auch das Lob Gottes verleidet;
sie werden mit ihm rechten und über ihr trauriges Geschick
murren.

16. Georg Adler beschreibt die Aufsaugung des
mittleren bäuerlichen Betriebes durch den Großgrundbesitz,
als typisch für alle Kulturstaaten des Altertums, sehr treffend
in folgendem: „Der ökonomische Prozeß, der zur Schaffung
von Latifundien auf Kosten der kleinen Eigentümer führt,
nimmt in allen Ländern antiker Zivilisation prinzipiell den
gleichen Verlauf. Irgendwann einmal gerät der Bauernstand in eine Notlage: durch Mißernten, durch Kriegsdienste
fürs Vaterland, durch den Übergang von der Natural- zur
Geldwirtschaft oder durch preisdrückende Konkurrenz fremden
Getreides. Der Bauer wendet sich um Darlehen an seinen
reichen Nachbarn, der es auch gern gewährt, weil er, falls
die Schuld nicht bezahlt wird, sein Gut durch Einziehung
der verschuldeten Bauernhöfe zu Latifundienbesitz arrondieren
kann. Zu diesem Effekt kommt es nun in Wirklichkeit bald
genug. Zunächst pflegte in jenen alten Zeiten der übliche
Zins recht hoch zu sein, in der Regel 10 bis 20 Prozent:
wie sollte da der Ertrag des Bauerngütchens die Bezahlung
solcher Zinssummen ermöglichen? Selbst wenn es aber dem
Bauern gelang, seine Zinsen regelmäßig abzuführen, war
er seinem Gläubiger doch auf Gnade und Ungnade ausgeliefert:
denn wie sollte er im stande sein, das geliehene Kapital
innerhalb kürzerer Frist zurückzuzahlen? Ein Gut bringt
bekanntlich nicht schnellen Kapitalersatz, es befähigt also einen
nicht kapitalkräftigen Besitzer zur Rückzahlung des geliehenen
Kapitals in der Regel nur dann, wenn der Modus der

Amortisation der Schuldsumme durch kleine jährliche Teil-
zahlungen gewählt wird. So war damals der Bauer, der
eine größere Summe geliehen hatte, meist verloren und
sein Gut zu Gunsten des reichen Gläubigers verfallen. Das
ist der typische Verlauf des ökonomischen Klassenkampfes im
Altertum, — der häufig genug noch durch offene oder
versteckte Gewalt beschleunigt wurde, sei es durch Austreibung
der Bauernfamilien, wie sie in Italien vorgekommen, oder
durch Rechtsbeugung, wie sie für Attika konstatiert worden ist." [1]

So erpressen sich diese üppigen Schwelger und nimmer-
satten Kapitalisten die Mittel für ihr lasterhaftes Leben durch
schändliche Aussaugung und himmelschreiende Vergewaltigung
der Armen und Schwachen und speichern durch Gewaltthat
und Tyrannei Schätze in ihren Palästen auf.

17. Dem gegenüber bricht sich nun eine machtvolle
Bewegung Bahn zu Gunsten der besitzlosen, d. h. um ihren
Besitz durch wucherische Ausbeutung gebrachten Volksschichten,
die, wie mit gutem Grund vermutet werden kann, mit der
regierenden Klasse in Streit und Hader lebten. Daß es
seitens der Unterdrückten nicht zu kommunistischen Tendenzen,
zur Aufstellung eines eigentlichen kommunistischen Pro-
grammes kam, wird aus dem eigenartigen Charakter der
sozialen Bewegung im Altertum zu erklären gesucht: es sei das
Charakteristische der sozialen Bewegungen und Parteiungen
im Altertum, daß sie als solche niemals die bestehende
Gesellschaftsordnung aufzuheben trachteten, sondern die
fundamentalen Institutionen des wirtschaftlichen Zusammenlebens jener Zeit, das private Eigentum in der Stadt und
auf dem Lande, sowie die Sklaverei — prinzipiell als selbst=
verständliche Einrichtungen behandelten. Niemals sei im
Altertum eine soziale Partei in den politischen Kampf gezogen
mit dem Schlachtrufe: „Nieder mit dem Privatkapital!"

---

[1] Adler, Geschichte des Sozialismus und Kommunismus S. 6 f.

oder „Nieder mit dem privaten Grundeigentum!", sondern höchstens mit dem Schlachtrufe: „Her mit dem Kapital!" oder „Her mit den Äckern!" Es habe also niemals im Altertum eine sozialistische oder kommunistische Partei gegeben. Und als Grund hierfür wird angegeben, daß die technischen Voraussetzungen für kommunistische Pläne, die in den Volksmassen hätten entstehen können, damals gefehlt haben. Soll nämlich der Gedanke einer kommunistisch geregelten Produktion zum zündenden Funken, der um sich greift, und zum idealen Ziel einer Massenbewegung werden, so wäre die notwendige Voraussetzung hierfür, daß die vorhandene Organisation bereits durch das Prinzip des technischen Kollektivismus, d. h. des Zusammen-arbeitens vieler in einer Betriebsstätte charakterisiert sei: „Denn damit die Masse für einen solchen Gedanken Verständnis habe, ihn aufgreife und festhalte, ist nötig, daß sie einen wesentlichen Teil davon unmittelbar vor ihren Augen verwirklicht sieht und nur den Rest ergänzt; wenn ein paar Millionen Arbeiter in Fabriken beschäftigt sind, so vermögen sie den Schluß zu fassen, daß alle technischen Vorteile der Fabriken durch die planmäßige Zusammen-fassung im kommunistischen Staate noch erhöht, der Anteil der Arbeiter aber außerdem auch noch durch die Ausschaltung der bisher den Kapitalisten zugefallenen Gewinne gesteigert werden würde. Für diese Schlußreihe fehlte nun im Altertum die notwendige Voraussetzung: der technische Kollektivismus war damals für die gewerbliche und agrikole Produktion mit freien Arbeitern nirgends die Regel, sondern die Ausnahme. Der freie Arbeiter pflegte fast ausschließlich in Klein-betrieben der Beschäftigung nachzugehen ... Das Ideal des freien Mannes mußte darum damals, wo der Klein-betrieb ein Handwerk, Handel und Landwirtschaft die Grundlage der Produktion darstellte, die wirtschaftliche Selbständigkeit sein, und damit war ein kommunistisches

Programm für die Masse der Bürger von selbst aus=
geschlossen." [1]

Die im vorstehenden von Adler dargelegten Gründe
mögen nun thatsächlich genügen, um das Fehlen von
kommunistischen Bewegungen bei den heidnischen Staaten
des Altertums klarzumachen, wo der Großbetrieb in Industrie
und Landwirtschaft nur Sklaven beschäftigte; diese aber
seien, wie Adler geltend macht, so gänzlich vom politischen
Leben ausgeschlossen und zum großen Teil ein solch zusammen-
gewürfeltes Volk aus aller Herren Länder gewesen, daß sie
aus der politisch-sozialen Betrachtung als selbständiger
Faktor gänzlich ausscheiden müßten. „Sie haben gelegentlich
ihrer Sklaverei zu entfliehen gesucht, — aber sie haben
niemals ein eigenes Programm aufgestellt, niemals eine
eigene Partei gebildet, niemals auch nur das Institut der
Sklaverei an sich anzutasten gewagt. Sie geben lediglich
das passive Piedestal für alle Kämpfe um politische und
soziale Macht ab." [2]

18. Anders aber lag die Sache in Israel. Hier
war überhaupt das Institut der Sklaverei von viel geringerer
Bedeutung; die lebenslänglichen Knechte erfreuten sich hier
im Gegensatz zu den andern antiken Staaten einer ganz
humanen Behandlung, sie waren nicht zu der entsetzlichen
geistigen Stumpfheit verdammt, in welcher anderwärts die
Sklaven schmachteten; die Arbeiter aber, die auf den israelitischen Latifundien, also im Großbetrieb beschäftigt wurden,
waren ehedem selbst freie Besitzer gewesen, die nur durch
die schnödeste Auswucherung um Haus und Hof gebracht
waren. Hier hätten kommunistische Pläne entstehen und
einen geeigneten Boden für ihre Verbreitung finden können.
Und wir finden in der That später eine freilich in bescheidener
Ausdehnung sich haltende kommunistische Bewegung, deren

---

1 Adler, Geschichte des Sozialismus und Kommunismus S. 17 f.
2 Ebd. S. 17 f.

Träger die Sekte der Essäer war. Bei diesen herrschte wenigstens der zwangsweise Kommunismus des Konsums. Von ihnen sagt Josephus: „Den Reichtum halten sie für nichts, hingegen rühmen sie sehr die Gemeinschaft der Güter, und man findet unter ihnen keinen, der reicher wäre als der andere. Sie haben das Gesetz, daß alle, die in ihren Orden eintreten wollen, ihre Güter zum gemeinsamen Gebrauch hergeben müssen, so daß man unter ihnen weder Mangel noch Überfluß merkt, sondern sie haben alles gemein wie Brüder. Sie wohnen nicht in einer Stadt zusammen, sondern sie haben in allen Städten ihre besondern Häuser, und wenn Leute, die ihrem Orden angehören, anderswoher zu ihnen kommen, so teilen sie mit ihnen ihren Besitz, den die Fremden dann ganz wie eigenes Gut gebrauchen können."[1]

Daß es nun aber in jenen traurigen Zeiten, in welchen die Propheten gegen die Ungerechtigkeit im wirtschaftlichen Leben, besonders gegen die Bedrückung der Armen durch die Reichen ankämpften, wirklich nicht zu einer eigentlich kommunistischen Bewegung größeren Stiles gekommen ist, welche das Privateigentum als solches verwarf, ist vielleicht nicht ohne Grund dem Einfluß der Propheten auf die unteren Volksklassen zuzuschreiben, wie auch dem noch vorhandenen Reste eines sittlich-religiösen Fonds, der sich in den armen Schichten der Bevölkerung immer noch erhalten hatte. Durch ihr unerschrockenes Auftreten gegen den Übermut der Reichen, durch ihre heldenmütige Verteidigung des Rechtes der Armen mußten die Propheten das Vertrauen des Volkes in hohem Maße gewinnen, und hierdurch waren sie im stande, die soziale Bewegung zu zügeln, und vor den Irrtümern kommunistischer Art frei zu erhalten.

---

[1] Citiert nach Adler a. a. O. S. 65.

19. Dadurch dürfte sich vielleicht der Mangel von
kommunistischen Regungen erklären. Adler dagegen giebt
eine andere Chakteristik der sozialen Tendenzen im hebräischen
Altertum, der gewiß eine teilweise Berechtigung nicht abzu-
sprechen ist. Er sagt: „Für die soziale Bewegung in Israel
ist demnach ebenso wie für die griechische und römische
charakteristisch, daß sie niemals kommunistische Tendenzen vertritt, überhaupt niemals die bestehende Gesellschaftsordnung
in Frage stellt. Und aus den gleichen Gründen. Denn in
Israel war, übrigens noch viel mehr als bei jenen Völkern,
der Kleinbetrieb vorherrschend, so daß hier erst recht das
Ideal des einzelnen sein mußte, ein selbständiger Produzent
zu sein, nicht ein Teil eines kollektivistisch geordneten Ganzen.
Die sozialen Bestrebungen mußten darum gerade bei den alten
Juden sich besonders auf Postulate der „Mittelstandspolitik"
konzentrieren; und diese wieder mußten bei dem ganz überwiegend agrarischen Charakter des Landes in erster Linie
auf die Erhaltung des bäuerlichen Mittelstandes abzielen.
Faktisch stellen auch die Maßregeln staatswirtschaftlicher
Natur, deren Befolgung den Juden vorgeschrieben war, das
umfassendste und durchgreifendste System der ländlichen
Mittelstandspolitik dar, das die Weltgeschichte je gesehen:
niemals wieder hat sich ein Staatswesen so um die
Konservierung des bäuerlichen Eigentums gesorgt, wie das
jüdische zu jener Zeit, wo dort wenigstens ungefähr geschah,
wie geschrieben stand." [1]

---

[1] Adler a. a. O. S. 60 f. Speziell über die Tragweite des Jobel-
jahrgesetzes sagt Adler a. a. O. S. 58 f.: „Dieses Gesetz über das Jobeljahr
enthält faktisch ein tiefsinniges sozialpolitisches Prinzip: Der Bauer
konnte auf keinen Fall für immer seines Grundstückes
verlustig gehen; alle fünfzig Jahre mußte dasselbe an ihn oder
seine Kinder oder Geschwister zurückfallen; — und doch konnte das Gut
dem Bauern als Grundlage für die Aufnahme von Kredit dienen, da
der Gläubiger es ja bis zum Jobeljahr übernehmen und jeglichen
Nutzen daraus ziehen konnte. Wenn das Gesetz Gültigkeit erlangt hätte,

20. Daß ein Einfluß der Propheten in der oben angedeuteten Richtung wirklich bestand, wodurch sie das Volk vor
kommunistischen Plänen bewahren konnten, dürfte vielleicht
aus folgendem erhellen. Wenn es auch in den antiken
heidnischen Kulturstaaten nicht zu kommunistischen Massen-
bewegungen kam und der Kommunismus nur in der Theorie
Vertretung fand, so entstanden nichtsdestoweniger häufig
soziale Revolten, Sklavenaufstände, Empörungen der Plebs
gegen ihre Bedrücker. Daß es im alten Israel zu sozialen
ähnlichen Erschütterungen gekommen sei, darüber fehlen uns
die Berichte — wir sehen von der sozialen Erhebung, die zur
Reichsspaltung führte, hier ganz ab — obwohl diese nicht
eindringlich genug die gewissenlose Bedrückung des Volkes
zu schildern wissen. Woduch soll sich diese auffallende
Erscheinung erklären lassen?

Hierin möchten wir Adler unbedingt beipflichten, wenn
er sagt, die Propheten hätten die Volksbewegung, die durch
Ausbeutung, Luxus und Reichtum auf der einen Seite, Not
und Unzufriedenheit auf der andern, entstanden sei, in ein
Bett zu leiten gesucht, wo sie nicht verwüstend, sondern nur
befruchtend wirken konnte, und ihr Teil zur Wiederauf-
richtung des alten einfach erhabenen Volkstums und zur
Wiederherstellung von Israels Glanz und Herrlichkeit
beitragen sollte. Und so sei seit Isaias ein „jüdisch-soziales"
Programm und die Idee des sozialen Königtums entwickelt
worden, unter dessen Ägide die strahlende Norm des
Suum cuique zur Verwirklichung gelangen sollte. „Isaias
forderte einen ‚starken und gerechten König'; der sollte den
Geringeren und Niedern Recht schaffen und durch seinen

---

so wären unfehlbar die Bauerngüter und ein solider Bauernstand erhalten geblieben und die Latifundien der Großen wären unmöglich
gewesen. Aber die Kraft der unteren Klassen, der unzufriedenen kleinen
Bauernschaft reichte nur dazu aus, die Ankündigung des Jobeljahres
durchzusetzen, nicht aber seine Ausführung zu sichern."

Richterspruch den Frevler und Gewaltthätigen töten, so
daß das Lamm sich nicht fürchtet vor dem Wolf, allgemeine Sicherheit herrscht und allgemeines Vertrauen"
(Wellhausen)[1].

Dies leitet uns ganz von selbst zu der im folgenden
Kapitel erörterten Frage über: Wie stellte sich die Obrigkeit,
die geistliche und weltliche, den Auswüchsen des Verkehrslebens gegenüber?

---

1 Adler a. a. O. S. 55 f.

IX. Kapitel.

Der Kampf der Propheten für eine geordnete Rechtspflege.

1. Aber diese Frage drängt sich gebieterisch auf — wie war denn ein solches Treiben möglich? War nicht ein König im Land und waren die Ältesten nicht Richter? Gab es denn nicht Priester, die über der Befolgung des Gesetzes eifersüchtig wachten? Es gehört zu den ergreifendsten Klagen der Propheten und zu den erschütterndsten Herzenstönen, über die sie verfügen, daß gerade die Rechtspflege gänzlich korrumpiert war. Diejenigen Stände, die zur treuen Obhut der idealen Güter, der Religion und des Rechtes, verpflichtet waren, die geborenen Schirmherren der Bedrängten, König, Fürsten, Priester und Propheten, mißbrauchten selbst Macht und Einfluß zur Unterdrückung des Rechtes. Auch von ihnen gilt das Wort: „Sie beugen den Weg der Elenden" (Amos 2 f.) durch Verdrehung des Rechtes.

Die berufenen Verteidiger der gesellschaftlichen Ordnung stehen dem ruchlosen Treiben völlig indifferent gegenüber: „Alle ihre Wächter sind blind, alle wissen nichts, stumme Hunde sind sie, die nicht bellen können, Eitles schauen, schlafen und an Träumen Gefallen tragen. Unverschämte Hunde sind sie, die nicht satt werden können; obwohl Hirten, haben sie doch keinen Verstand, ein jeder weicht ab nach seinem Weg, ein

12*

jeder seinem Geize nach, vom größten bis zum kleinsten"
(Jf. 56, 10 f.). Alle sind für Geld käuflich. Die Recht=
sprechung ist zur feilen Sache geworden. „Ihre Fürsten
richten um Geldgeschenke, ihre Priester lehren um Lohn,
ihre Propheten weissagen um Geld" (Mich. 3, 11). Wir
wissen es schon, wie leicht sich das Königspaar Achab und
Jezabel mit dem Recht abzufinden wußte, um sich in den
Besitz von Naboths Weinberg zu setzen. Aber ärger noch
als die Könige trieben es die „Fürsten". Welche Bewandtnis
hat es mit diesen? Es war allmählich ein anspruchsvoller
Geldadel entstanden. Manche Familien überragten an
Macht die oft schwachen Könige. Ihr Intriguenspiel, ihre
Zettelungen und geheimen Verbindungen mit auswärtigen
Mächten haben viel mit dazu beigetragen, die Politik des
jüdischen Staates in falsche Bahnen zu drängen und die
entsetzlichen Katastrophen heraufzubeschwören. Diese Fürsten
Judas „führten das große Wort, entschieden die wichtigsten
Staatsangelegenheiten, rissen das Gerichtswesen an sich und
verdunkelten allmählich das Haus Davids so vollständig,
daß es zum Schattenkönigtum herabsank" [1]. Sie sind „der
Krebsschaden, welcher an dem jüdischen Staatsorganismus
fraß [2]. Diese Kapitalmagnaten benutzten die Justiz für
ihre Zwecke. Es war ihnen ein Leichtes, mit denen, die sie zu
ihren Opfern auserkoren hatten, anzubinden und ihnen einen
Prozeß an den Hals zu hängen, der für diese von vorn=
herein so gut wie verloren war. Um einen Grund, mit
denselben Händel anzufangen, waren sie nicht verlegen;
durch allerlei Ränke und Kniffe bringen sie es fertig, die
gute Rechtssache der Armen zu verdrehen, die sich nicht zu
helfen wissen.

---

[1] Graetz, Geschichte der Juden II, 2. Hälfte (Leipzig 1875),
S. 114. Übrigens dürfen wir wohl unter die prophetischen Anklagen
gegen die Fürsten mit allem Recht die Könige mit einbeziehen.
Sie waren aus dem gleichen Holze geschnitzt.

[2] Graetz a. a. O. S. 115.

So ist es denn für die eingerissene Mißwirtschaft im Staatswesen ungemein bezeichnend, daß der erste Prophet, der die
fortlaufende Reihenfolge des Prophetentums eröffnet. Elias[1],
gleich im Namen des verletzten Rechtes gegen den geborenen Verteidiger des Rechtes Stellung zu nehmen hat: als flammender
Beschützer des gekränkten Rechtes tritt Elias dem frevlen
Unterfangen entgegen.

2. Wenn die Regenten der Mehrzahl nach so ihre Pflicht
vergaßen — und der Ausnahmen sind wahrlich nicht viele —
so mußte die Entwicklung einem anarchischen Zustand
entgegentreiben, den das prophetische Wort mit größter
Anschaulichkeit also schildert: „Ich gebe ihnen Knaben zu
Fürsten, und Weichlinge werden über sie herrschen,
und es drängt im Volk einer den andern, jeder
seinen Nächsten, der Knabe lehnt sich auf wieder den Greis
und der Geringe wider den Vornehmen. Dann wird einer
seinen Bruder im Hause seines Vaters fassen (und sagen):
Du hast ein Kleid, sei Fürst über uns, und diese Trümmer
seien unter deiner Hand" (Is. 3, 6). Da wird man, wie
Allioli erklärt, zu dem nächsten besten wohlgekleideten Mann
gehen und sagen: Du hast noch einige Mittel, nimm dich
des zerfallenen Staates an und sei König. Zugleich liegt

---

[1] „Alle voraufgehenden Propheten", sagt Cornill (Der israelitische
Prophetismus S. 29), „sind nur episodenhaft auftretende Gestalten, von
denen wir zu wenig und zu wenig Genaues wissen, als daß es uns
möglich wäre, eine klare Vorstellung von ihrer Bedeutung und ihrer
Wirksamkeit zu gewinnen. Der erste Prophet in größerem Stile
ist Elias, eine der gigantischsten Gestalten in dem ganzen Alten
Testament... Zwar ist auch die Überlieferung von Elias eine durchaus
legendenhaft ausgeschmückte: aber gerade, daß die Überlieferung sein
Bild so ins Ungeheure und Übermenschliche gezeichnet hat, daß sich ein
solcher Kranz von Legenden um ihn bilden konnte, das ist der deut-
lichste Beweis für seine alle Vorgänger und Zeitgenossen weit über-
ragende Größe. Wo Rauch ist, da muß auch ein Feuer sein, und wo
viel Rauch ist, da muß auch ein großes Feuer sein."

darin die Einsicht ausgesprochen, daß unter solchen Verhält=
nissen mit der Gerechtigkeit auch das Erwerbsleben leidet
und eine allgemeine Verarmung eintreten muß.

Unter solchen Spottregenten blühte natürlich der Weizen
des Unrechts gar üppig. „In Ephraim wurden diese
Verhältnisse durch die fortwährenden Militärrevolutionen
noch verschlimmert (Os. 7, 3 ff.; 13, 10 f.). Jede neue
Dynastie brachte neue Geschlechter oder Personen ans Ruder,
die in richtiger Erkenntnis der Unsicherheit ihres Glückes
alles thaten, um die Vorteile ihrer Stellung so weit möglich
auszunutzen. Aber auch in Juda sah es nicht viel besser aus." [1]

3. Die Regenten und Fürsten, die ihrer Stellung nach
eigentlich für die geordnete Rechtspflege, wie für die Ein-
haltung der Normen der Gerechtigkeit im wirtschaftlichen
Verkehr sorgen sollten, sind mit den Ausbeutern des Volkes
solidarisch; in die schmutzigsten Affären des Wuchers und
der Erpressung sind sie hineinverwickelt; sie bereichern sich
selbst am ungerechten Gut und sind bei der Fällung der
Urteile der Bestechung zugänglich. Die Klagen der Propheten
hierüber klingen wie ein Wutschrei, der sich darob ihrem
gepreßten Herzen entringt. „Deine Fürsten", so schilt
Isaias, „sind ungläubig und Diebsgesellen, alle lieben
die Gaben (d. h. die Bestechung) und gehen den Beloh-
nungen nach; den Waisen schaffen sie nicht Recht, und
die Sache der Witwe kommt nicht vor sie" (Is. 1, 23).
Aber „der Herr wird ins Gericht gehen mit den Ältesten
seines Volkes und mit den Fürsten; denn ihr habt den
Weinberg abgeweidet, und der Raub des Armen ist in euren
Häusern. Warum zertretet ihr mein Volk und zerschlaget
das Angesicht der Armen?" (Is. 3, 14 f.) „Wehe euch, die
ihr dem Gottlosen Recht gebet um der Geschenke willen und
dem Gerechten sein Recht nehmet" (Ebd. 5, 23). Besonders

[1] Buhl a. a. O. S. 21.

Ezechiel hält den „Hirten Israels" ihren Sündenspiegel vor; statt das Wohl des Volkes hätten sie bloß ihr eigenes Interesse im Auge gehabt. Darum: Wehe den Hirten Israels, die sich selbst geweidet haben! Sollten nicht die Herden von den Hirten geweidet werden? „Ihr aßet die Milch und kleidetet euch mit der Wolle, und was feist war, schlachtetet ihr, aber meine Herde habt ihr nicht geweidet" (Ez. 34, 2 ff.). Das Beispiel dieser Hirten hat vergiftend auf das Volk gewirkt; wie die Hirten, so die Herde: Die „fetten Schafe" schädigen auf alle Weise die „magern" (Ebd. 34, 18 ff.). Die Richter und Rechtsgelehrten gehen förmlich darauf aus und machen ein einträgliches Geschäft daraus, harmlose Leute um ihr Hab und Gut zu bringen. „Es finden sich", klagt der Herr bei Jeremias, „unter meinem Volke Gottlose, die wie die Vogelsteller lauern, die Schlingen und Fallen legen, um die Leute zu fangen. Wie ein Vogelherd voller Vögel (um anzulocken), so ist ihr Haus voller List, daher werden sie groß und reich, dick und fett und übertreten schändlich mein Gesetz. Den Handel der Witwe richten sie nicht, den Handel der Waisen schlichten sie nicht, und Recht sprechen sie den Armen nicht" (Jer. 5, 26—28). Die Fürsten sind es, „die mit Betrug umgehen", sind wie schlechtes Metall, „sie sind Eisen und Erz, sind alle verderbt" (Jer. 6, 28). An allen Arten der schmutzigsten Ausbeutung und Erpressung waren die regierenden Kreise beteiligt. Ihr Luxus verschlang eben bedeutende Summen, und so griff man zu den ungerechtesten Mitteln, um Geld zu beschaffen. Zu dem Könige, Sellum, dem entarteten Sohn des frommen Königs Josias, sprich der Herr durch den Propheten: „Wehe dem, der sein Haus mit Ungerechtigkeit baut und seine Gemächer mit Unrecht, der seinen Freund drückt ohne Ursache (im Hebr. ‚der seinen Nächsten umsonst arbeiten läßt') und ihm seinen Tagelohn nicht giebt; der da spricht: Ich will mir ein geräumiges Haus bauen und weite Gemächer; der sich große Fenster

darein macht, mit Zedern es täfelt und mit Hochrot ausmalt.
Wirst du darum König bleiben, weil du zu Zedern dich
hältst? Hat dein Vater nicht gegessen und getrunken, und
ging es ihm nicht wohl, da er Recht und Gerechtigkeit
übte? Er schlichtete des Armen und Dürftigen Handel und
that sich selbst dadurch Gutes . . . Aber deine Augen und
dein Herz gehen auf Geiz, auf unschuldig Blut, es zu
vergießen, auf Bedrückung und auf den Fortschritt in den
bösen Werken" (Jer. 22, 13—17). Auf was wir hier
besonders aufmerksam machen möchten, das ist der Hinweis
des Propheten auf das zeitliche Glück, dessen sich der gerechte
König Josias erfreute: Ging es ihm nicht wohl, da er gerecht
war? Es besteht, sagt der Prophet, ein Zusammenhang zwischen
Wohlstand und Rechtlichkeit, zwischen Not und Ungerechtigkeit,
ein Zusammenhang, der nicht immer gleich leicht zu erkennen ist,
der auch Ausnahmen zuläßt, der aber nichtsdestoweniger besteht.
Auf ungerechtem Erwerb liegt kein Segen. Die momentanen
Glückserfolge des Ungerechten ruhen auf morschen Grund-
lagen; das unrecht zusammengeraffte Gut bringt seinem
Besitzer den Fluch ins Haus; eine günstige Gestaltung
des Wirtschaftslebens, die den Anspruch auf Bestand und
Wachstum haben will, ist für den einzelnen wie für die
Völker durch strenge Rechtlichkeit im Verkehr bedingt.

4. Man weiß nicht, worüber man mehr staunen soll, über
die Pflichtvergessenheit, mit der die bestellten Hüter der
rechtlichen Ordnung ungescheut mit den Blutsaugern des
Volkes gemeinsame Sache machen, oder über den unbeugsamen Mannesmut, mit dem die prophetische Rede voll
plastischer Kraft die bestehenden Schäden geißelt. Wie ein
zündender Blitzstrahl und prasselndes Hagelwetter, das die
dumpfe Atmosphäre reinigt, entlädt sich der Unmut der Propheten über diese ehrlosen Richter, die das Recht, das im sozialen
Bereich wohlthätig und ausgleichend wirken soll wie linderndes
Öl, in bittern Wermut verwandeln und die Gerechtigkeit zu

Boden werfen (Amos 5, 7). Aber der Herr droht in seinem Grimme: „Ich will ausrotten aus ihrer Mitte den Richter und alle seine Fürsten töten" (Amos 2, 3). Den Gipfelpunkt des herzlosen Aussaugungssystems, wie es die mit der Rechtspflege betrauten Häupter des Volkes befolgten, schildert jedoch Michäas: „Hört ihr Häupter Jakobs, ihr Fürsten des Hauses Israel. Ist's nicht eure Sache zu wissen, was recht ist? Ihr hasset das Gute und liebet das Böse, ziehet den Leuten gewaltsam die Haut ab und das Fleisch vom Gebein. Sie fressen das Fleisch meines Volkes" — als wären sie Kannibalen — „und streifen ihnen die Haut ab, zermalmen ihr Gebein und zerstückeln es, wie in dem Topf und wie Fleisch in dem Kessel. . . . Höret dies, Fürsten des Hauses Jakob, Richter des Hauses Israel, die ihr Abscheu habt vor dem Recht und alles verdrehet, was Recht ist; die ihr Sion banet mit Blutschuld und Jerusalem mit Unrecht. Ihre Fürsten richten um Geschenke, ihre Priester lehren um Lohn, ihre Propheten weissagen um Geld und doch stützen sie sich auf den Herrn und sagen: Ist nicht der Herr unter uns?" (Mich. 3, 1 ff.; 3, 9 ff.)

5. Doch wenn selbst die weltliche Obrigkeit ihrer Pflicht so ungetreu ward, wenn sie es unterließ, das Schwert in den Dienst des Rechtes zu stellen, — mußten dann nicht die Wächter des Heiligtums gegen die herrschenden Greuel um so lauter Protest erheben? Wir ersahen bereits aus den oben aufgeführten Stellen, daß die Propheten in der Reihe der Übelthäter auch die verkommenen Priester nennen. Auch die Diener des Altars sind vom herrschenden Gelddurst ergriffen. Cornill führt dafür folgenden konkreten Vorfall an. „Als für den jugendlichen König Joas sein Onkel, der Priester Jojada, die vormundschaftliche Regierung führte, hob sich natürlich das Ansehen der Priester ganz bedeutend. Leider nutzten sie das aber in sehr materieller Weise aus. Im dreiundzwanzigsten Jahre des Joas kommt es zwischen ihm und

seinem priesterlichen Oheim zu einer erregten Auseinander=
setzung. Die Priester nahmen vom Volk freiwillige Gaben
für den Kultus und den Tempel in Empfang, ließen aber
offenbar diese Gaben in ihre eigene Tasche fließen: deshalb nimmt
ihnen der König das Vertrauensamt, und es wird ein Opfer=
stock im Tempel aufgestellt, in welchen die Gaben künftig
gelegt werden sollen; war dieser „Kasten mit einem Loch
im Deckel‘, wie der biblische Bericht ihn kurz und anschaulich
schildert, voll, so kamen königliche Beamte, entleerten ihn
und führten das Geld ab, und diese Einrichtung erhielt sich
dauernd.“[1] Mag es in diesem einzelnen Fall gewesen sein
wie immer; sicher ist, daß die Priester von den Propheten
direkt des Betruges angeklagt werden (z. B. Jer. 6, 13).
Und sie setzen ihrem verwerflichen Treiben noch dadurch
die Krone auf, daß sie mit Heuchlermiene sich als Friedens=
boten gerieren: „Sie heilen den Schaden meiner Tochter
mit Spott, da sie sprechen: Friede, Friede! da doch kein
Friede ist“ (Jer. 6, 14). Also Korruption auf allen Seiten!

6. Es ist auffallend, wie häufig bei den Propheten
die Klage über unschuldig vergossenes Blut
wiederkehrt. Die Achtung vor der menschlichen Persönlichkeit
war im Gesetz in großartigster Weise in dem feierlichen Schutz,
den Jehovah dem Leben zusicherte, zum Ausdruck gelangt:
„Wer Menschenblut vergießt, dessen Blut soll durch Menschen
vergossen werden, denn in seinem Bilde hat Gott den
Menschen gemacht“ und „euer Blut je nach euren Seelen
will ich fordern (strafrichterlich ahnden), von der Hand jeg=
lichen Tieres werde ich es fordern und von der Hand des
Menschen, von der Hand jedwedes Menschen werde ich

---

[1] Cornill, Geschichte des Volkes Israel S. 120 f. Die von
Cornill geschilderte Begebenheit ist erzählt 2 Par. 24, 4 ff. Ob
wirklich eine Veruntreuung seitens der Priester und Leviten vorliegt,
ist doch nicht so klar, als Cornill es annimmt. Es wird daselbst
nur ihre Saumseligkeit im Sammeln gerügt.

fordern das Leben des Menschen" (1 Mos. 9, 6. 5). „Dem Manne, der seinem Nächsten einen Leibesschaden zufügt, werde also gethan, wie er gethan hat: Bruch für Bruch, Auge für Auge, Zahn für Zahn; je nachdem er einen Leibesschaden einem Menschen zugefügt, also werde ihm gethan" (3 Mos. 24, 19 f.).[1]

Die Ehrfurcht vor der Integrität des menschlichen Lebens mußte nach den Klagen der Propheten in entsetzlicher Weise geschwunden sein. Wollen wir die Propheten nicht der äußersten Übertreibung zeihen, so müssen die traurigen Fälle gar nicht so selten gewesen sein, wo unschuldiges Blut vergossen wurde. Ein Teil dieser Menschentötungen ist wohl auf Rechnung des Götzendienstes zu setzen, dem viele Menschenleben zum Opfer fielen. Teils waren es Kinderopfer, die dem Baal dargebracht wurden, andere waren Morde, die aus dem religiösen Fanatismus der Götzendiener stammten. Wieder andere aber waren das Werk der Habsucht: man schaffte den Besitzer eines Gutes meuchlings beiseite, um kraft dieses „Rechtstitels" das Erbe anzutreten, oder man bediente sich der käuflichen Rechtspflege, indem man durch die Künste der Bestechung einen Justizmord herbeiführte. „Wie ist zur Hure geworden", klagt Isaias, „die treue Stadt, die voll des Rechtes war! Gerechtigkeit wohnte in ihr, nun aber Mörder" (Is. 1, 21). Heimtücke und Mordlust schlichen wie unheimliche Gespenster durch die Gassen Jerusalems: „Eure Hände sind mit Blut befleckt und eure Finger mit Missethat; eure Lippen reden Lüge, und eure Zunge spricht Unrecht aus. Da ist keiner, der Gerechtigkeit sucht, keiner der nach Wahrheit richtet; sie . . . gehen schwanger mit Mühsal und gebären Bosheit. Natterneier brüten sie und Spinnengewebe weben sie; wer von ihren Eiern ißt, muß sterben, und zerdrückt man sie, so fährt ein Basilisk heraus. Ihr Gewebe taugt

---

1 Vgl. Keil a. a. O. S. 731 f.

nicht zu Kleidern und ihr Gewirktes nicht zur Decke; ihre
Werke sind unnütze (d. h. schädliche) Werke, ihrer Hände
Werk ist Missethat. Ihre Füße laufen zum Bösen und eilen,
unschuldig Blut zu vergießen. . . . Verwüstung und Verderben ist auf ihren Wegen. Den Weg des Friedens kennen
sie nicht, und kein Recht ist in ihrem Wandel; ihre Pfade
krümmen sie; wer immer darauf wandelt, weiß nichts vom
Frieden" (Is. 59, 3—8).

7. Geben wir einem Zeitgenossen des Jeremias, dem
Propheten Ezechiel, das Wort. Er steht nicht an, den
König, den Hort des Rechts selbst, mit einem blutdürftigen
Raubtier zu vergleichen: „Er ward ein Löwe und lernte Beute
rauben und Menschen fressen . . . Er lernte Witwen machen,
und das Land, und was darin war, verödete vor der
Stimme seines Brüllens" (Ez. 19, 3. 7). „Du Menschensohn", redet Gott den Propheten an, „willst du nicht Urteil
sprechen über die mit Blutschuld beladene Stadt.
Stelle ihr all ihre Greuel vor und sprich: So spricht Gott
der Herr: O Stadt, die in ihrer Mitte Blut vergießt . . .
Siehe die Fürsten Israels, ein jeder gebraucht
seinen Arm, um Blut in dir zu vergießen. Vater
und Mutter thut man Schmach in dir an, Fremde unterdrückt man in deiner Mitte, Witwen und Waisen fügt man
Leid bei dir zu. Du hast mein Heiligtum verachtet und
meine Sabbate entweiht. Falsche Ankläger sind in
dir, um Blut zu vergießen" (Ez. 22, 2. 3. 6. 7. 8).
Es scheint eine Art Sykophantentum aufgekommen zu
sein, das professionsmäßig in verleumderischer Weise Anklagen
schmiedete, womit man dem ahnungslosen Opfer eine Schlinge um
den Hals warf, um mittels ungerechter Prozesse und erkaufter
Rechtsprechung die Gegner um Leben und Gut zu bringen.
Die schnödeste Habsucht hatte den ganzen sittlichen und
rechtlichen Boden des jüdischen Gemeinwesens untergraben:
„Man nimmt in dir Geschenke, um Blut zu vergießen; du

wucherst und nimmst Übersatz, verleumdest aus Geiz deinen Nächsten" (V. 12).

Aber das Verbrechen braucht nicht einmal mehr auf verborgenen Wegen zu wandeln, es wagt sich ungescheut und unbehelligt ans offene Licht des Tages hervor und findet es nicht einmal nötig, sich nach außen einen guten Anstrich zu geben. Jeremias deutet wie mit Fingern auf die Mörder hin: „An den Flügeln deiner Gewande findet sich der Armen und Unschuldigen Blut; nicht in Gruben fand ich sie, sondern an allen Orten, die ich oben erwähnte" (Jer. 2, 34) d. h. öffentlich. Das Verbrechen hat durch den Verfall der Rechtspflege einen Freibrief erhalten, es braucht das Tageslicht nicht mehr zu scheuen.

8. Wie tief das sittliche Verderben eingedrungen war, zeigt sich am deutlichsten daran, daß auch die Sendboten der Liebe und des Friedens ihre Hände durch unschuldig vergossenes Blut entweiht hatten. Auch sie waren zur Mörderrotte geworden. Jeremias führt das über Stadt und Volk hereingebrochene Strafgericht zurück auf die „Sünden ihrer Propheten und die Missethaten ihrer Priester, die darin vergossen das Blut der Gerechten". Dies war besonders unter der blutigen Regierung des Königs Manasse der Fall, wo das Heidentum wieder mit fliegenden Fahnen und erhobenen Hauptes seinen Einzug in Judäa und Jerusalem hielt. Und da waren es die Propheten, die den Unterdrückern des Volkes so bittere Wahrheiten sagten und die deswegen in erster Linie den Haß der Priester zu fühlen bekamen. „Das ist die Zeit, von welcher Jeremias sagt, daß das Schwert die Propheten fraß, wie ein reißender Löwe, wo ganz Jerusalem voll unschuldigen Blutes war, von einer Ecke bis zur andern."[1] Die Priester „irrten herum wie Blinde in den Straßen, befleckt mit Blut, und da sie nicht anders konnten, hoben

---

[1] Cornill, Der israelitische Prophetismus S. 75.

sie ihre Säume auf" (Klagel. 4, 13. 14). Priester und
Propheten, die Herolde der Liebe und der Gerechtigkeit,
wateten förmlich im Blute ihrer unschuldigen Opfer. Gleichwohl — welch grandiose Heuchelei! — wollten sie, diese
„Blutbefleckten" (Ebd. B. 15), über welche das natürliche
Gefühl des Volkes sich entsetzt, die äußerliche Reinheit, die
das Gesetz vorschrieb (3 Mos. 21, 1; 22, 4), bewahren und
hoben darum in den vom Blut der Getöteten benetzten
Gassen die Säume ihrer Kleider auf, um sich nicht etwa
durch die Berührung des auf dem Boden in Lachen stehenden
Blutes zu verunreinigen (Allioli).

Besonders beklagt es auch Ezechiel, daß gerade diejenigen Stände, Propheten, Priester, Fürsten, denen die
Hut der idealen Volksgüter obliegt, am allertiefsten auf der
moralischen Stufenleiter stehen und bei den genannten Greuel-
thaten ihre Hand mit im Spiele haben: „Die Propheten
in ihrer Mitte haben sich verschworen; wie ein brüllender
Löwe raubt, fressen sie die Seelen, bringen Geld und Gut
an sich und vermehren die Zahl der Witwen in ihr. Ihre
Priester verachten mein Gesetz und entheiligen mein Heiligtum . . . Ihre Fürsten in ihrer Mitte sind wie Beute
raubende Wölfe, um Blut zu vergießen, Seelen zu verderben und gierig nach Gewinn zu haschen (Ez. 22, 25—27).

Diese von oben herab gegebenen Beispiele wirken natür-
lich kontagiös auf das ganze Volk ein: „Das Volk im
Lande treibt arge Bedrückung und raubt gewaltthätig, den
Armen und Dürftigen fügen sie Leid zu und den Fremden
unterdrücken sie durch Verleumdung ohne Richterspruch"
(Ebd. B. 29).

Es ist somit ein hochangeschwollenes Sündenregister,
welches Ezechiel, „nicht in der Weichheit und Zerflossenheit
des Jeremias, sondern in gewaltigen Donnerschlägen"[1] dem

---

[1] Küper a. a. O. S. 325.

Volk und seinen Führern vorhält. „Das lügenhafte Wesen des Volkes wird in verschiedenen Beziehungen geschildert und Jerusalem als eine Ehebrecherin bezeichnet, die ihre kananitische Weise noch nicht verleugnet und alle reichen Gnadenerweisungen Gottes schnöde mißbraucht habe, so daß sie selbst Samaria, ihrer Schwester, und Sodom und ihren Töchtern nicht nachsteht. Das Königtum insonderheit, als die hohe Zeder des Libanon, soll (nach Kap. 17) deshalb erniedrigt und aller seiner Herrlichkeit beraubt werden, der Prophet aber eine Wehklage anstimmen über die Fürsten Israels, die berufen, junge Löwen zu sein (vgl. 1 Mos. 49, 9. 4 Mos. 23, 24; 24, 29), auf Raub und Gewaltthat ausgingen und deshalb von den Heiden in Netzen weggeführt und sämtlich mißhandelt werden sollen."[1]

9. Besonders aber muß die Regierung im nördlichen Reich, die ja aus der Revolution[2] gegen das Davidsche

---

[1] Küper a. a. O. S. 282.

[2] Cornill (Geschichte des Volkes Israel S. 131) sucht das zu bestreiten: Die spätere jüdische Historiographie, welche für alle folgenden Zeiten das Bild der israelitischen Geschichte festgestellt habe, sehe in dem Hause Davids das legitime, von Gott eingesetzte Herrscherhaus über Gesamtisrael und in dem salomonischen Tempel das einzige legitime Heiligtum für Gesamtisrael und betrachte daher die zehn Stämme als Rebellen und Häretiker, die sich in frevlem Übermut von dem legitimen Herrscherhause und dem wahren Glauben losgesagt hätten. „Die letzte Konsequenz dieser Anschauung tritt uns entgegen in dem spätesten biblischen Geschichtsbuche, dem Buche der Chronik, für welches nur Juda Israel ist, und welche deshalb das Zehnstämmereich völlig ignoriert und nach der Reichsspaltung nur von dem Reiche Juda berichtet. . . Aber diese ganze Anschauung ist völlig unhistorisch. Der Schwerpunkt des Volkes, nicht nur materiell, sondern auch geistig, lag thatsächlich im Zehnstämmereich." Letzteres ist zuzugeben; Israel war gleichsam Großstaat, Juda kaum Mittelstaat. Aber auch Cornill giebt a. a. O. S. 99 zu, daß „rechtlich betrachtet, die auf dem Reichstage zu Sichem Versammelten Rebellen waren".

Haus herausgeboren war, in einen fürchterlichen Despotismus
ausgeartet fein. Den blutigen Greueln innerhalb der rasch
wechselnden Dynastien — in einem Zeitraum von 250 Jahren
waren es deren neun — entsprach auch der Druck nach
unten, eine aller Gerechtigkeit spottende Bedrückung des
Volkes. Jede von diesen Herrscherfamilien, die über die
Leichen der ermordeten Vorgänger hinweg den Thron besteigt,
fühlt wie instinktiv die Unsicherheit ihrer Lage und sucht
deswegen so rasch als möglich den Vorteil ihrer Machtstellung auszubeuten, natürlich auf Kosten der Regierten.
Das ganze Volk gleicht deshalb nach einem ungemein aus-
drucksvollen Bilde des Propheten Osee einem glühenden
Ofen[1]; so glüht und loht der Zunder der Rebellion und
des Hochverrates, wenn er auch durch die Asche der Heuchelei
künstlich überdeckt erscheint. In sittlicher Verdorbenheit
sind sich alle, Regierung und Volk, einander gleich; Treue
und Redlichkeit sind aus der staatlichen Gesellschaft geschwunden:
„Lüge üben sie, Diebe steigen ein und rauben, und Straßen-
räuber sind draußen" (Of. 7, 1). Weit entfernt, daß der
König gegen die verrotteten Zustände einschritt, hatte derselbe
seine helle Freude daran. Was sollte er auch der Räuberei
wehren und das gemeine Volk gegen die mächtigen Großen
in Schutz nehmen und es so mit diesen verderben? Das
war doch zu gewagt. War doch sein Thron selbst auf
Greueln und Gewaltthätigkeit aufgebaut, und waren Blut

---

[1] Haneberg (Geschichte der biblischen Offenbarung S. 267) faßt
das Bild etwas anders und bezieht es ausschließlich auf die Regie-
rung. „Der Prophet vergleicht das Treiben und Streben dieser
Regierung mit dem Brotbacken. Die Bäcker sind die obersten Räte und
Diener der Fürsten, das Volk ist die Teigmasse, die Regierung ist der
Ofen die Mittel der Anreizung bald zum Götzendienste, bald zu dieser
oder jener Gesinnung des Tages, sind das Heizen des Ofens; der
Zweck des Ganzen ist, dem Fürsten einen guten nahrhaften Bissen zu
bereiten." Auch nach dieser Auffassung ist das Volk der Spielball der
Willkür und Ausbeutung der Regierenden.

und Mord die Mittel, ihn zu stützen. Deshalb war er den großen Dieben gegenüber zu völliger Ohnmacht verurteilt. Man hatte sich so gegenseitig nichts vorzuwerfen und übte in sittlicher Beziehung die größte Toleranz. „Durch ihre Bosheit erfreuen sie den König und durch ihre Lüge die Fürsten. Alle sind Ehebrecher und gleichen dem Ofen, den der Bäcker geheizt ... Am Tage (Geburts- oder Krönungstage, wie Allioli erklärt) des Königs werden toll unsere Fürsten vom Wein; er strecket die Hand aus mit den Spöttern" (Of. 7, 3 ff.). Keiner kann dem andern trauen, überall finden sich nur Verstellung und Untreue. Die schlauen Höflinge, die den Sturz des Königs beabsichtigen, haben den König nur zum besten; der Prophet nennt sie Spötter, weil sie den König verhöhnen, ihm Schmeicheleien ins Gesicht sagen, an seinen Festen scheinbar ihm zu Ehren sich beteiligen, „voll sind vom Wein", ihn hochleben lassen, während sie heimlich auf seinen Untergang sinnen. Aber auch dem König ist es nicht ernst, wenn er freundschaftlich mit ihnen verkehrt, ihnen die Hand reicht; auch er ist nur darauf bedacht, diese mächtigen Großen, die an Macht mit ihm rivalisieren, auf die Seite zu schaffen. So ist Tyrannei und Mordlust und Empörung die Signatur dieses Regimes. Das weiß der Prophet so kernig mit den Worten auszudrücken: „Sie schließen (glühend vor Haß) wie ein Ofen ihr Herz an ihn, während er ihnen nachstellt; ihr Bäcker (d. h. ihr Unterdrücker) schläft die ganze Nacht, am Morgen brennt er selbst wie Feuerflammen. Alle glühen wie ein Ofen und fressen ihre Richter auf; alle ihre Könige fallen" (Of. 7, 6 f.). Das Treueverhältnis zwischen König und Unterthanen ist also hier so beschaffen, daß beide auf ihr gegenseitiges Verderben sinnen. Das unheimliche Feuer der Empörung glüht im Volke; Attentate werden gegen den harten Herrscher geschmiedet und vollführt.

10. So war denn die ganze Rechtspflege, Gesetzgebung und Rechtsprechung — von einer eigentlichen Gesetzgebung

konnte bei der Verfassung des theokratischen Staates nicht
die Rede sein, sondern nur von einer Rechtsauslegung —
in den Dienst der selbstsüchtigen Bestrebungen der Vornehmen
und Reichen gestellt[1]. Das göttliche Gesetz wurde einfach
ignoriert oder durch förmliche „Gesetze des Unrechts" außer
Kraft und Geltung gesetzt: „Wehe denen, die Gesetze des
Unrechts geben, die Beschlüsse fassen und Ungerechtigkeit vorschreiben, so daß sie im Gericht die
Armen unterdrücken und der Sache der Kleinen in meinem
Volk Gewalt anthun, die Witwen zu ihrer Beute machen
und die Waisen berauben" (Js. 10, 1 f.). „Das Land ist
vergiftet von seinen Bewohnern; denn sie übertraten die
Gesetze, änderten das Recht, brachen den ewigen
Bund" (Js. 24, 5).

Daß unter solchen Verhältnissen, wie überhaupt der
Sinn für alles Höhere schwinden mußte, das Rechtsgefühl
eine bedenkliche Erschütterung und Schwächung erlitt, kann
nicht wundernehmen. Rechtlichkeit galt geradezu für schädlich;
mit der Unredlichkeit kam man bedeutend weiter. Wie furchtbar kläglich es um die Wertschätzung eines idealen Sinnes,
idealer Güter bestellt gewesen sein muß, zeigt der Vorwurf,
den der Herr seinem Volke beim Propheten Malachias
macht: „Ihr sprecht: Was haben wir wider dich geredet?
Ihr habt gesagt: Unnützes thut, wer Gott dient,
und welchen Vorteil haben wir, daß wir seine
Gebote beobachtet haben und traurig einhergegangen
sind vor dem Herrn der Heerscharen? Darum preisen
wir nun selig die Übermütigen; denn die Bosheit
übten, kamen empor, und die Gott versuchten,
wurden gerettet" (Mal. 3, 14 ff.). Solch gemeine

---

[1] Vgl. über die herrschende Bedrückung der Dürftigen und Schutz-
losen auch Graetz, Geschichte der Juden II. Bd., 1. Hälfte (Leipzig
1875), S. 80 ff. 115 ff.

Gesinnung war nur die logische Konsequenz der Gewinnsucht, des Wuchers, der materialistischen Genußsucht, wie
die Propheten sie uns sonst an ihren Zeitgenossen schildern.
Allen diesen Motiven des Handelns stand eben nichts unan-
genehmer im Wege, hinderte nichts mehr die Freiheit der
Bewegung als das göttliche Gesetz. Aber das so schamlos
auszusprechen und selbstverständlich zu finden, ist doch der
Gipfel von Cynismus. Voll Entrüstung über solch erbärm-
liche Lebensanschauung, die den Tod aller sozialen und
staatlichen Ordnungen herbeiführen muß, weist Malachias
im letzten Kapitel seines Buches auf den Tag der Rache
hin: „Es wird kommen der Tag, entflammt wie ein Ofen,
und alle Hoffärtigen und alle, die Bosheit üben, werden
wie Stoppeln werden; der kommende Tag entzündet sie,
spricht der Herr der Heerscharen, und läßt ihnen weder
Wurzel noch Zweig" (Mal. 4, 1). Wie soll denn — das ist
der prophetische Gedanke — menschliches Glück von Dauer
sein können, das auf den Flugsand menschlicher Spekulation
aufgebaut ist und den Keim des Todes, den Wurm der
Fäulnis in sich selbst trägt, weil es, vom Fluch so vieler
Unterdrückten belastet und vom Blut Unschuldiger besudelt,
die Rache des Himmels auf sich herabruft? Wie Stoppeln
rasch vom Feuer verzehrt werden, soll das Glück dieser
Materialisten vergehen.

11. Der triumphierenden Ungerechtigkeit gegenüber
begnügen sich die Propheten jedoch nicht damit, die durch und
durch korrumpierten sozialen Zustände schonungslos aufzudecken
und öffentlich zu geißeln; sie wollen nicht bloß niederreißen,
sondern auch aufbauen und Neues, Besseres an die Stelle
des Alten und Schlechten setzen; sie kritisieren nicht
bloß scharf und schonungslos, sie wollen auch
reformieren, bessern; und das suchen sie zu erreichen
auf einem dreifachen Wege: sie wollen der zur Erde
gebeugten Gerechtigkeit im privaten wirtschaftlichen Verkehr

wie im öffentlichen Leben wieder aufhelfen einmal durch
Strafandrohung gegen die Missethäter, ferner
durch zu Herzen gehende Ermahnungen und endlich durch Vorhalten eines sittlichen Ideals.

Ein gellendes „Wehe" klingt den Gottlosen an die Ohren,
welche das Volk bedrücken (Is. 3, 11 f.), welche mit dem Geld der
Ungerechtigkeit sich Häuser mit prunkvollen Gemächern schafften,
die das himmelschreiende Unrecht des vorenthaltenen Lid-
lohnes auf ihr Haupt laden (Jer. 22, 13), welche die Rechtspflege in den Dienst der Habsucht stellen, in ihren Rechts-
entscheidungen den Sachverhalt verdrehen, „das Gute bös
und das Böse gut" nennen, die „dem Gottlosen recht geben
um der Geschenke willen und dem Gerechten sein Recht
nehmen" (Is. 5, 20. 23. Vgl. 10, 1 f.). Die Ungerechtigkeit
soll von der schwersten Strafe betroffen werden, indem dem
Israeliten gerade das entrissen werden soll, an dem sein
Herz am zähesten hing: Familie und Grundbesitz. Der Herr
droht: „Darum will ich auch ihre Weiber den Fremden
geben und ihre Äcker andern nach ihnen; denn vom Geringsten
bis zum Größten sind sie alle dem Geize ergeben; vom
Propheten bis zum Priester gehen alle mit Lügen um"
(Jer. 8, 10). „Darum weil ihr den Armen beraubt und
auserlesene Beute (hebr. Korngeschenke) von ihm nehmt,
sollt ihr Häuser von Quadern bauen und nicht darin
wohnen, liebliche Weingärten pflanzen und ihren Wein
nicht trinken. Denn ich weiß, wieviel eurer Laster, wie
groß eure Sünden sind, die ihr, feind dem Gerechten,
Geschenke annehmt und den Armen unterdrückt im Thore",
d. h. im Gericht (Amos 5, 11 f.).

12. Aber werden nicht die Propheten durch die Thatsachen
selbst Lügen gestraft? War nicht die Ungerechtigkeit oben
auf, und ging es einem nicht um so besser, je ärger und
ungenierter er es zu treiben verstand? Da werden wohl
jene Kapitalisten und Großgrundbesitzer hohnlachend auf ihre

Äcker hingewiesen haben, die sich beständig vergrößerten,
auf die Häuser, in denen sie sich so sicher fühlten, als wären
sie für die Ewigkeit gebaut: „Sind denn nicht unsere Häuser
stehen geblieben?" all den finstern Drohungen zum Trotz,
welche die Propheten ausstießen. Ja es war eine nicht zu
leugnende Thatsache: Das Unrecht triumphierte und zwar
in so augenfälliger Weise, daß selbst der Prophet momentan
an der Wahrheit seines Drohwortes irre werden möchte:
„Gerecht bist du, Herr, wenn ich schon mit dir rechten wollte,
gleichwohl muß ich vom Recht mit dir reden. Warum geht
es den Gottlosen wohl? Es gehet allen wohl, die
sündigen und Böses thun. Du pflanzest sie, und sie
schlagen Wurzeln: sie wachsen und bringen Frucht; sie
haben dich wohl in ihrem Munde, aber du bist fern von
ihren Nieren" (Jer. 12, 1 f.). Aber wenn der Prophet
in diesem ausgesprochenen Zweifel die Stimmung der Masse
zum Ausdruck bringt, so korrigiert er dieselbe sofort. Wenn
es auch den Unterdrückern der Gerechtigkeit äußerlich gut
geht, so ist doch kein Verlaß auf dieses Schein-
glück; das fremde Gut kann keinen Segen bringen, denn
es ist eine Störung der rechten Ordnung, daß es von seinem
rechtmäßigen Eigentümer getrennt ist, „die Sache schreit
nach ihrem Herrn", für ihn will sie Frucht tragen; dem
ungerechten Besitzer erwächst aus seinem Reichtum nur der
Fluch. Der Prophet weiß diese seine Grundauffassung
über das Eigentumsrecht in einem äußerst wirksamen
Bilde zu veranschaulichen: „Wie das Rebhuhn brütet über
Eiern, die es nicht gelegt hat (zu ergänzen ist: die aus-
gebrüteten Vögel aber fliegen davon, ohne sich mehr um
das Rebhuhn zu kümmern, weil es nicht ihre Mutter ist),
also ist der, welcher Reichtum sammelt, aber nicht mit Recht;
in der Hälfte seiner Tage verläßt er ihn" (Jer. 17, 11).
Eine allgemeine Vertilgung, droht Amos, wird die Ver-
brecher am Recht wegfegen (Amos 3, 11 f.).

13. Aber die Reichen sind ihrer Sache zu sicher: „Sie wissen und empfinden gar nicht, wie schlecht und verderbt sie sind; sie leben stumpf und leichtsinnig in den Tag hinein und haben gar kein Gefühl für die Unhaltbarkeit aller Zustände. Und doch braucht es dazu gar keiner besondern Einsicht und Offenbarung. Amos kann die Heiden, Philister und Ägypter, zu Zeugen aufrufen in dem Handel Gottes mit Israel: Selbst diese Heiden, die Gott und sein Gebot nicht kennen, müssen einsehen, daß es in Samarien himmel= schreiend hergehe und Israel reif ist zum Untergang."[1] Ergreifend ist es, wenn der Prophet, der bei dem eigenen Volk kein Verständnis findet, wie hilfesuchend auswärts flüchtet und heidnische Nachbarvölker als die Augenzeugen der in Israel herrschenden Ungerechtigkeit zu Eideshelfern anruft: „Versammelt euch auf Samarias Bergen und seht die große Verrücktheit in seiner Mitte, und wie man Bedrückung leidet in seinem Inneren. Sie wissen nicht recht zu thun, spricht der Herr, häufen Unrecht und Raub auf in ihren Häusern. Darum spricht so Gott der Herr: Geängstigt und umzingelt wird das Land, genommen von dir deine Stärke und geplündert deine Häuser. So spricht Gott der Herr: Gleichwie der Hirt aus des Löwen Rachen ein paar Knochen rettet oder ein Ohrläppchen, also werden von den Söhnen Israels gerettet, die zu Samaria auf des Ruhebettes Ecke sitzen und auf Damaszener= polstern" (Amos 3, 9—12). Wir wissen bereits, wie derselbe Prophet den fetten Kühen Basans, welche die Armen zermalmen, um ihrer Üppigkeit zu frönen, mit schrecklicher Strafe droht: Sie sollen in die Leiden der Gefangenschaft geschleppt werden, wie man das Fleisch in siedende Kessel hineinhält. Den ausbeuterischen Reichen und den ungerechten Richtern gilt das „Wehe" des Amos: „Sie sind aufbewahrt

---

[1] Cornill, Der israelitische Prophetismus S. 45 f.

zum bösen Tag" (Amos 6, 1. 3), und gerade „wegen der Unterdrückung der Armen soll Trauer ins Land kommen" (Amos 8, 9 f.). Und der äußere Kulturschimmer, der zur Schau getragene Prunk kann den Propheten nicht im mindesten bestechen und in seinem Urteil irremachen: „Das blühende Rot auf den Wangen der Jungfrau Israel ist für den Propheten nicht Zeichen des Lebens, sondern die hektische Röte des Schwindsüchtigen, der schon in Auflösung begriffen ist: Durch all das Lärmen und Treiben, das Hasten und Jagen vernimmt sein geschärftes Ohr bereits das Röcheln des Todes, und so stimmt er schon die Leichenklage an über Israel. Und die Geschichte hat ihm recht gegeben; 40 Jahre später war das Reich Israel hinweggefegt und das Volk ins Exil geschleppt." [1]

14. Das von den Propheten angekündigte Strafgericht, das über die Ausbeuter des Volkes hereinbrechen soll, steht aber in einem gewissen inneren, ursächlichen Zusammenhang mit den dasselbe hervorrufenden Vergehen, ja knüpft sich als natürliche Folge an die gerügten Auswüchse der kapitalistischen Volkswirtschaft. Wenn den herzlosen Reichen angedroht wird: „Euer Land ist verwüstet, eure Städte sind mit Feuer verbrannt, eure Gegend (Felder) fressen Fremde vor euren Augen, und sie wird verwüstet (wie) durch feindliche Verheerungen" (Jf. 1, 7); „ich will deine Schätze und Reichtümer zum Raube geben ohne Ersatz um deiner Sünden willen in allen deinen Grenzen" (Jer. 15, 13), so bestätigt die historische Entwicklung der Völker die Voraussagung der Propheten in ihrem vollen Umfang.

Die ungesunde Verteilung der Güter erzeugt nämlich auf einem Teile des volkswirtschaftlichen Organismus eine Art Hypertrophie, der auf dem andern, und zwar dem beträchtlicheren, Leere und Schwäche entspricht. Ein solches

---

[1] Cornill a. a. O. S. 46.

Verhältnis kann nur dem Ganzen als höchst nachteilig sich erweisen, und wird dies um so mehr, wenn sich der Besitz aller seiner sozialen Verpflichtungen entschlägt.

Geht aber die Bildung großer Vermögen, wie das in Israel der Fall war, auf dem Wege der Ausbeutung der unteren Volksschichten vor sich, so muß das in absehbarer Zeit zur Verarmung und Verelendung der Massen führen. Die Folge aber hiervon ist das physische und intellektuelle Degenerieren des Volkes, das Dahinschwinden der nervigen Volkskraft. Versinkt aber ein großer Bruchteil des Volkes in Not und Elend, so wird auch die Wehrkraft desselben gelähmt, sie wird nicht mehr im stande sein, die Landesgrenzen thatkräftig zu schützen. Die geknechtete Volksklasse hat auch kein Interesse daran, die Heimat mit dem Aufgebot aller Kraft zu verteidigen; sie wird wenig Lust verspüren, für den Besitz ihrer Unterdrücker Blut und Leben aufs Spiel zu setzen. Die Feinde des Landes dringen siegreich über die Grenzen. Sie fallen, wie die Propheten es voraussehen, über die Paläste und Luxusgärten her, die aufgehäuften Reichtümer fallen in Feindes Hand, die geraubten oder aufgekauften Felder liegen wüst und öde[1].

15. M i c h ä a s, der dem Verschwinden des freien Bauernstandes und der unheilvollen Latifundienbildung zu steuern sucht, droht den Güterräubern, daß sie ihres Besitzes nicht froh werden sollen: „A u f u n d w a n d e r t! Denn hier ist keine Ruhe für euch" (Mich. 2, 10). Das ungerecht angeeignete Gut kann bloß Unheil bringen. Der freche Eingriff in das fremde Eigentumsrecht, die Störung der sittlichen Ordnung, muß auch eine Störung der natürlichen Ordnung nach sich ziehen, in welcher gleichsam der Protest der Natur gegen die Mißachtung des Rechtsverhältnisses zwischen Eigentümer und Gut zum Ausdruck kommt: „Du wirst essen und nicht

---

[1] Memminger a. a. O. S. 85.

satt werden, . . . du wirst nach etwas greifen, aber es nicht retten, und was du rettest, gebe ich dem Schwerte. Du wirst säen und nicht ernten, du wirst Oliven keltern und dennoch dich nicht salben, und Most und dennoch keinen Wein trinken" (Mich. 6, 14 f).

Die gleiche Drohung über die reichen Latifundienbesitzer findet sich bei Isaias. „Weh euch, die ihr Haus an Haus reiht und Acker mit Acker verbindet, bis kein Platz mehr übrig ist. Wollt ihr denn allein wohnen im Lande? . . . Wahrlich die vielen Häuser sollen wüste werden, die großen und schönen ohne Bewohner sein. Zehn Joch Weinberg sollen nur einen Eimer geben, und dreißig Scheffel Samen nur drei Scheffel bringen" (If. 5, 8—10).

Wir haben gesehen, wie gerade die bestellten Beschützer des Rechtes „das Recht in Bitterkeit kehren und die Frucht der Gerechtigkeit in Wermut" (Amos 6, 13). Daß die Kauf-leute im Handel und Wandel es nicht so streng nahmen, war noch nicht das Schlimmste; daß die Gläubiger ihren Opfern förmlich das Blut aussaugten, war schon weit trauriger: aber daß die Obrigkeit, die weltliche und die geistliche, keine Miene machte, ihrer Berufspflicht nachzu-kommen und die Unterwühlung des Rechtsbodens zu verhüten, das machte die Lage so ganz unerträglich und hoffnungslos. Diesen Verbrechern an der sozialen Ordnung gilt daher ein besonders schriller Drohruf des Propheten Jeremias. „Wehe den Hirten, welche die Herde meiner Weide zerstreuen und zerreißen" (Jer. 23, 1). Sie sollen deswegen das Opfer ausgesuchter Strafgerichte sein: „Heulet ihr Hirten und schreiet, bestreuet euch mit Asche, ihr Vornehmen der Herde, denn eure Zeit ist aus, daß ihr geschlachtet werdet, daß ihr zerbrechet und zu Boden fallet, wie ein kostbares Gefäß. Bei den Hirten ist es aus mit der Flucht, mit der Rettung der Vornehmen bei der Herde. Der Hirten Klagegeschrei ertönt, das Heulen der Vornehmen

der Herde, denn der Herr hat verwüstet ihre Weiden"
(Jer. 25, 34—36).

16. Über den schrecklichen Drohungen vergaßen es jedoch
die Propheten nicht, in väterlich eindringlicher Weise
zur sozialen Reform durch energische Ausrottung
der Mißstände, vor allem durch strenge Übung
der Gerechtigkeit zu ermahnen. „Wenn ihr eure
Werke und eure Absichten gut einrichtet, wenn ihr Gerechtig=
keit übet zwischen einem und dem andern, dem Fremdling,
dem Waisen und der Witwe keine Gewalt anthuet, und
nicht unschuldig Blut vergießet an diesem Orte, so will ich
bei euch wohnen an diesem Orte, im Lande, das ich euren
Vätern gegeben habe für und für. Aber siehe, ihr verlasset
euch auf Lügenworte, die euch nichts nützen, ihr stehlet,
mordet, brechet die Ehe, schwört fälschlich, opfert den Baalen"
(Jer. 7, 5—9).

Der Prophet erschöpft sich in den eindringlichsten
Mahnungen, doch dem zertretenen Recht wieder aufzuhelfen:
„Haltet Gericht am Morgen und rettet den Unterdrückten
aus des Gewaltthätigen Hand" (Jer. 21, 12). „Übet
Recht und Gerechtigkeit, errettet den Unterdrückten aus der
Hand des Gewaltthätigen, betrübet nicht Fremdlinge, Waisen
und Witwen, verübet nicht Druck und Unrecht an ihnen
und vergießet kein unschuldig Blut an diesem Orte"
(Jer. 22, 3). Osee mahnt: „Säet euch Gerechtigkeit und
erntet Barmherzigkeit, brecht euch um ein neues Feld, denn
Zeit ist's den Herrn zu suchen, bis er kommt, euch Gerechtig·
keit zu lehren. Ihr habt Bosheit gepflügt, Ungerechtigkeit
geerntet, der Lüge Frucht gegessen" (Os. 10, 12 f.). „Barm·
herzigkeit und Recht habe in acht" (Os. 12, 6). Das ganze
ethische wie soziale Reformprogramm faßt Michäas (6, 8)
dahin zusammen: „Ich will dir anzeigen, o Mensch, was gut ist,
und was der Herr von dir fordert: recht thun und Barm·
herzigkeit lieben und sorgfältig mit deinem Gott wandeln."

17. So sehr sind die Propheten davon durchdrungen, daß es vor allem not thue, die Gerechtigkeit wieder zum Grundprinzip des sozialen Lebens zu machen, daß sie trotz ihrer an sich selbst geübten Strenge in ihren Predigten den Hauptaccent durchaus nicht auf äußerliche Bußwerke, auf Fasten oder andere Abtötungen, wie es bei der Verkommenheit des Volkes doch so naheliegend gewesen wäre, sondern vor allem andern auf die Heilighaltung des Rechtes legen. Viele Äußerungen der Propheten sprechen dafür, daß häufig neben der ärgsten Ungerechtigkeit noch der äußere Schein von Religiosität gewahrt wurde. So mag sich eine gewisse Fastenübung noch forterhalten haben. Aber selbst an den Bußtagen blieb das Herz gegen die fremde Not unempfindlich. Die Abgestumpfheit des sittlichen Empfindens brachte es mit sich, daß man Fasten und Gottesdienst mit Grausamkeit gegen den notleidenden Mitmenschen ganz gut vereinigen zu können glaubte. „Siehe, selbst am Tage des Fastens zeigt sich euer Wille und alle eure Schuldner treibt ihr... Ist denn das ein Fasten, wie ich es wünsche, wenn der Mensch den Tag durch sich kasteit, wie einen Reif sein Haupt beugt und in Sack und Asche liegt?... Ist nicht vielmehr das ein Fasten, wie ich es wünsche: losmachen die Bande der Bosheit, losmachen die Fesseln der Bedrückung, freigeben die Gedrückten, zerreißen jegliche Last. Brich dem Hungrigen dein Brot, Arme und Herberglose führe in dein Haus, wenn du einen Nackenden siehst, so kleide ihn und verachte dein Fleisch nicht" (Js. 58, 3 ff.). Die rein äußerliche Religionsübung ist in den Augen des Propheten völlig wertlos; Wert hat allein die Abtötung des Herzens, das Ausreißen alles selbstsüchtigen Begehrens, der Verzicht auf die Vergewaltigung fremden Rechtes, die Ausübung von Werken der Barmherzigkeit. Interessant ist in dieser Beziehung die Antwort, welche der Prophet

Zacharias auf eine Anfrage erteilte, ob die in der Gefangenschaft angeordneten Buß- und Fasttage auch noch fernerhin gehalten werden sollen: „So spricht der Herr der Heerscharen: Gerechtes Urteil fället, Liebe und Barmherzigkeit übet, ein jeglicher mit feinem Bruder. Und drücket nicht Witwen und Waisen, Fremblinge und Arme, und sinnet nicht Böses, einer gegen den andern in seinem Herzen" (Zach. 7, 8—10). Allein der Prophet fügt sofort bei, daß solche Ermahnungen nichts fruchten, sondern an den „Herzen gleich dem Diamant" wirkungslos abprallen werden (Zach. 7, 11 f.).

Wir ersehen hieraus, daß die Propheten die große Wahrheit ausgesprochen haben, daß neben der Gerechtigkeit für das soziale und wirtschaftliche Leben noch ein anderer Faktor, die mitteilende, aufopfernde Liebe von der größten Wichtigkeit ist, um die aus der Unvollkommenheit aller irdischen Einrichtungen und Ordnungen sich ergebenden Härten abzuglätten. Sie soll die Erhitzung des sozialen Organismus, die aus der beständigen Reibung der aufeinanderstoßenden Sonderinteressen entsteht, durch das lindernde Öl liebevoller gegenseitiger Annäherung mildern. Während die Gerechtigkeit die einzelnen Rechtssphären umfriedet und schützt, aber auch von einander trennt, so daß sie einander recht schroff gegenüberstehen können, ist es die Liebe, welche diese scharfe Absonderung aufhebt. Sie entfernt zwar nicht die Marksteine, welche die verschiedenen Rechtsgebiete scheiden, verlangt aber, daß über der Trennung des Besitzes die Solidarität der Beziehungen unter den Menschen nicht vergessen werde. Während demnach die Gerechtigkeit die Freiheit beschränkt und die fremde Rechtssphäre zu achten gebietet, begründet die Liebe die Annäherung und Gegenseitigkeit[1]. Nennt man nun es Humanität, oder nennt man es Charitas, immer

---

[1] Vgl. Walter, Sozialpolitik und Moral S. 217 f.

ist damit ausgesprochen, daß neben den strengen Rechts-
pflichten noch ein Kreis anderer Pflichten besteht, durch deren
Erfüllung einem wichtigen sozialen Postulat genügt wird.

18. Die Propheten haben endlich, wie früher bemerkt
wurde, auch dadurch eine Besserung der in wirtschaftlicher
und sozialer Beziehung so trostlosen Lage herbeizuführen
gesucht, daß sie ihren verderbten Zeitgenossen ein
sittliches Ideal, gleichsam einen Tugendspiegel,
vorgehalten haben. Besonders hat Ezechiel in scharfen
Umrissen seinen Zeitgenossen das Bild eines echten nach dem
Gesetze lebenden Israeliten vor Augen geführt und darin
besonders die sozialen Tugenden, Gerechtigkeit und
Barmherzigkeit, hervorgehoben, Züge, die freilich im
schneidendsten Kontrast zur Wirklichkeit standen. „Wenn ein
Mann gerecht ist, Recht und Gerechtigkeit übt, auf den Bergen
nicht ißt (d. h. nicht den Götzen opfert), seine Augen zu den
Götzen des Hauses Israel nicht aufhebt, das Weib seines
Nächsten nicht befleckt ... der niemand betrübt, das Pfand
dem Schuldner wiedergiebt, mit Gewalt nicht raubt, sein Brot
dem Hungrigen reicht und den Nackten bekleidet, der nicht
auf Wucher leiht und nicht darüber nimmt, der seine Hand
vom Unrecht zurückhält und recht richtet zwischen Mann
und Mann; der nach meinen Geboten wandelt und meine
Rechte in acht hat, um nach der Wahrheit zu thun: der
ist gerecht, er soll leben, spricht der Herr" (Ez. 18, 5—9).
So stark aber hier der soziale Zusammenhang der
Menschen und die daraus entspringenden Pflichten betont
werden, ebensosehr legt der Prophet im folgenden den Nachdruck auf die individuelle sittliche Verantwortlichkeit des einzelnen: Ein jeder büßt seine Schuld (Ez. 18,
10—20). Den heutzutage weitverbreiteten ethischen Irrtum,
daß der Mensch auch in moralischer Beziehung das
Produkt des auf ihn wirkenden sozialen Milieu
sei, daß die äußeren Umstände und die Lebenslage, in

welche der Mensch hineingeboren wird, auch seine ganze
Charakterentwicklung notwendig determinieren, verwirft Ezechiel
unbedingt: „Die Seele, welche sündigt, die soll sterben: der
Sohn soll nicht tragen die Missethat des Vaters und der
Vater nicht tragen die Missethat des Sohnes: die Gerechtigkeit
des Gerechten bleibt auf dem Gerechten, und die Missethat
des Gottlosen bleibt auf dem Ungerechten" (Ebd. 18, 20). „Es
ist kein Prophet," sagt Küper, „der die persönliche Verschuldung und Verantwortlichkeit des einzelnen so nach-
drücklich hervorhebt wie Ezechiel; überhaupt aber ist es ihm
eigentümlich, die Verdorbenheit Israels in ihrer ganzen Tiefe
zu schildern und dabei auf die Natur des menschlichen
Herzens selbst zurückzugehen, dessen radikale Verderbnis
auch in Israel nur durch eine innere Umwandlung geheilt
werden könne."[1]

19. Fragen wir noch, welchen greifbaren Erfolg die
Propheten bei ihrem Kampf für Recht und Gerechtigkeit zu
verzeichnen hatten. Es schien zeitweilig, als ob im Volk
der Sinn für das Edle, der wie ein Funke unter der Asche
der von den Propheten geschilderten Verirrungen noch fort-
glimmte, von dem Sturm der prophetischen Reden angefacht,
wieder zur hellen Flamme auflodern wollte. Den Propheten
gelang es mitunter, eine Jüngerschaft zu werben, die auch
nach dem Tode ihrer Begründer für die von diesen vertretenen
großen Ideen Propaganda machen sollte. Professor Adler
glaubt sogar von einer besondern prophetischen Partei reden
zu können. „Die von Isaias begründete prophetische Partei
erhielt sich auch nach dem Tode ihres Stifters und verlangte
in unverkennbarem Anschluß an die erwähnten Forderungen
des Bundesbuches eine weitgehende Reform des Schuld-,
Arbeiter- und Armenrechts. Gegen Ende des 7. Jahrhunderts
kam dann die reformatorische Partei, der die eingetretenen

---

[1] Küper a. a. O. S. 334.

prophetischen Drohungen überall Anhang verschafft hatten,
zu Einfluß, und schließlich gelang es ihr auch, den jungen
König Josias für sich einzunehmen. So ‚ließen sich die
Umstände günstig an, um mit dem umfassenden Programm
einer Neugestaltung der Theokratie hervorzutreten. Im Jahre
621 wurde das Deuteronomium entdeckt, anerkannt und
eingeführt' (Wellhausen). Damit war endlich greifbar
formuliert, was die Propheten bisher in dunkeln Worten
zur Um- und Einkehr Israels gepredigt."[1]

20. Aber so großartig und umfassend die israelitische
Sozialreform auch gedacht war, und von so tiefgehender
Bedeutung sie hätte werden müssen, wenn sie zur Durchführung
gelangt wäre — die Bemühungen der Propheten, dem unter-
brückten Recht wieder aufzuhelfen, scheiterten an dem Widerstand der oberen Klassen. Mögen auch die prophetischen
Reformbestrebungen auch auf dem Gebiete des Kultus von
Erfolg begleitet gewesen sein, ihre moralischen und sozialen
Forderungen wurden tauben Ohren gepredigt und fanden
keinen Zugang zu den „Herzen, gleich Diamant" (Zach. 7, 11).
Wellhausen hebt hervor, daß ja diese Postulate sich
besonders an die oberen Stände gerichtet hätten, und diese
zur Selbstverleugnung zu bewegen, sei nicht so leicht gewesen,
wie das Volk zum Verlassen seiner Altäre[2].

Adler faßt den ganzen Effekt der von den Propheten
geplanten sozialen Neugestaltung des israelitischen Staatswesens dahin zusammen: „So verlief die jüdisch-soziale Bewegung als solche im Sande — doppelt schnell, da der
junge Herrscher, der ein roi des gueux hatte sein wollen,
und dessen Haupt mit einem Tropfen sozialistischen Öls
gesalbt war, Josias, früh dahingerafft wurde — und ihr
einziges bleibendes Resultat war eine gewisse Ethisierung

---

1 Adler, Geschichte des Sozialismus und Kommunismus S. 56.
2 Ebd. S. 58.

und Humanisierung der wirtschaftlichen Verhältnisse in
bescheidenem Rahmen. Israel konnte sich zur wirklichen
Durchführung einer tiefgreifenden sozialen Reform, die doch
so dringend notwendig geworden war, nicht mehr aufraffen,
die unteren Schichten waren nicht mehr fähig, ihre berechtigten Wünsche dem Staatsganzen aufzuzwingen und frische
Elemente hervorzubringen, die der Nation neues Leben ein-
zuhauchen vermochten. Und da die herrschenden Klassen
immer mehr in Decadence gerieten, immer mehr in einer
kastenmäßigen Absonderung erstarrten, immer steriler und
unproduktiver wurden, so waren sie auch nicht mehr regierungs-
fähig, nicht mehr im stande, das Staatsschiff durch die
politischen Stürme der Zeit ungefährdet hindurchzusteuern.
So mußte denn der jüdische Staat zu Grunde gehen und
die jüdische Nation aufhören, selbständig ihre Geschicke zu
bestimmen." [1]

---

[1] Adler a. a. O. S. 699, Art. Sozialreform; vgl. Geschichte
des Sozialismus und Kommunismus S. 59.

X. Kapitel

Prophetische Zukunftsideale und Reformgedanken.

1. Es war stets so und ist psychologisch wohl verständlich, daß in Zeiten sittlichen Niederganges und sozialer Zerrüttung die besseren Naturen sich aus der Drangsal ihrer Gegenwart herauszuflüchten versuchten, indem sie gewisse Ideale hochgehalten haben, an welchen sie sich inmitten trostloser Zeitverhältnisse wieder getröstet und aufgerichtet haben. Es ist dies eine Erscheinung, die von den ältesten Zeiten bis herauf zur Gegenwart dem Wesen nach sich gleich geblieben ist, und die auch zur Litteratur der Staats- romane[1] geführt hat.

Das war auch bei jenen Männern nicht anders, die an der ethischen und sozialen Reform des von der Höhe seiner Bestimmung herabgesunkenen israelitischen Volkes arbeiteten. Aus der Trostlosigkeit ihrer Zeit flüchten sie zu ihren Zukunftsidealen. Hier fand die prophetische Seele ihren Ruhepunkt und schöpfte wieder neue Schwung- kraft, wenn sie nach der Kampfesarbeit gegen die Sünden ihrer Zeit, nach den wuchtigen Schlägen, die sie — zu ihrem eigenen Schmerz — gegen Gottesstadt und Bundesvolk führen mußten, an der Idylle künftiger besserer

---

[1] Über deren Bedeutung f. v. Mohl, Geschichte und Litteratur der Staatswissenschaften (Erlangen 1855) S. 167 ff.

Zeiten sich erlaben und aus der traurigen Gegenwart in
die Herrlichkeit der messianischen Zukunft hinüberfliegen
durfte. Es sind das die hochpoetischen Stellen der Propheten-
bücher. Man fühlt es am Vollklang der Sprache, an der
satten Färbung der geschauten Zukunftsbilder, wie der
Prophetenseele Flügel der Sehnsucht gewachsen sind. Es
regen sich neue, frische Lebenspulse, die von der hoffnungs=
freudigen Erregung des Herzens zeugen.

Auch vom soziologischen und nationalökonomischen
Standpunkt und für die Darlegung der sozialen Reformbestrebungen der Propheten sind diese Ideale von Interesse.

Es war oben von der Berührung der prophetischen
Ideale mit den Staatsromanen die Rede. Beide entstammen
dem Mißvergnügen an den bestehenden sozialen Verhältnissen,
der Erkenntnis ihrer Unhaltbarkeit und dem Wunsche nach einer
gründlichen Umgestaltung. Es liegt in ihnen die Kritik,
welche die edelsten Geister an den staatlichen, besonders den
gesellschaftlichen Zuständen ihrer Gegenwart übten. Indessen
ist doch hinsichtlich dieser Verwandtschaft eine bedeutende Einschränkung zu machen Was dem Staatsroman eigentümlich
ist und sein Wesen ausmacht, ist, daß er ein Produkt der
frei schaffenden Phantasie ist; er ist eine Dichtung, welche
den in irgend einem Bilde zur Anschauung gebrachten Wunsch
nach einer Besserung der staatlichen Ordnung ausspricht.
Ob das, was er vorstellt, überhaupt realisierbar ist, ist zunächst
gar nicht von Belang. Er will die Sehnsucht nach einer
Umgestaltung der Zustände wecken und sucht dies zu erreichen,
indem er das Idealbild eines Staatswesens zu zeichnen
unternimmt und diesen Phantasiestaat dann mit allen Reizen
ausstattet, welche dazu geeignet sind, durch die Schärfe
des Kontrastes die Schäden der bestehenden Staats- und
Gesellschaftsordnung um so greller hervortreten zu lassen
und so in den Gemütern das Mißvergnügen an der als
ungerecht geschilderten staatlichen Organisation und das

Verlangen nach einer gründlichen Abhilfe wachzurufen.
Diese Schilderungen mußten vor allem auf jene Eindruck
machen, welche nicht gewohnt sind, den Dingen tiefer auf
den Grund zu schauen. Die Staatswesen, welche die Dichter
der Staatsromane fingierten, nannte man, weil sie bloß in
der Phantasie, in der Wirklichkeit dagegen nie und nirgends
existierten, wohl auch „Utopien" und die Dichter selbst
„Utopisten"[1]. Doch ist die Dichtung nicht Selbstzweck,
d. h. sie will nicht als reines Kunstprodukt wirken, sondern
der Staatsroman ist im letzten Grunde doch ein Erzeugnis
ernsten Nachdenkens und lehrhafter Absicht, und die Dichtung
pflegt „nur den äußeren Rahmen abzugeben, der mit dem,
was dem Autor eigentlich am Herzen liegt, der Darlegung
von sozialen und staatlichen Reformen, nur locker zusammen-
hängt"[2]. Um den Dichtungen wenigstens den Schein der
Durchführbarkeit zu geben, sehen sich die Verfasser meist
genötigt, den Schauplatz ihres beglückenden Zukunftsstaates
aus dem Zusammenhang mit andern Staatskörpern, aus
den Wechselbeziehungen, welche die einzelnen Volkswirtschaften
aneinanderketten, und den daraus resultierenden Wirkungen
der Konkurrenz und des Verkehrs herauszulösen, ihn zu isolieren
und auf eine abgelegene Insel im fernen Ozean zu verlegen,
„zu der sie etwa einen verwegenen Schiffskapitän vordringen
oder an deren Ufer sie einzelne aus einem Schiffbruche
mehr oder weniger wunderbar gerettete Personen verschlagen

---

[1] Staatslexikon der Görresgesellschaft V, 450 Art. „Staatsromane" von Stöckl. Hier wird auch die Begriffsbestimmung gegeben:
„Staatsromane nennt man Dichtungen, in welchen in der Form
eines konkreten Bildes oder einer konkreten Erzählung das Ideal des
Staates gezeichnet, d. h. dargelegt wird, wie nach der Ansicht des
Dichters ein Staat eingerichtet sein müsse und folglich den Charakter
des ‚besten Staates' für sich in Anspruch nehmen könne."
[2] v. Hertling, Kleine Schriften zur Zeitgeschichte und Politik
III (Freiburg 1897), 201, Über alte und neue Staatsromane.

werden ließen"[1]. Aber als das bedeutsamste Unterscheidungs-
merkmal zwischen den sozialen Romanen und den prophetischen
Idealen ist doch wohl zu betrachten, daß die ersteren nicht
bloß die faktisch bestehenden Mißstände auf staatlichem und
gesellschaftlichem Gebiete aufs schärffte geißeln, sondern vor
allem in dem Privateigentum an den Produktions-
mitteln den Störenfried erblicken und deswegen mehr
oder weniger auch in ein kommunistisches Fahrwasser
hineingeraten.

2. Sind nun auch die Reformgedanken der
Propheten bloße Utopien, ähnlich jenen, mit denen
der Kommunismus so freigebig ist? Manche ihrer Zukunfts-
hoffnungen weisen auf ferne Zeiten hin, sind messianischen
und eschatologischen Charakters und können deswegen auch
ihrem Hauptsinn nach nicht als unmittelbare Vorbilder für
die in damaliger Zeit und unter den damaligen konkreten
Verhältnissen durchzuführenden Reformen gelten. Diese
Ideale sollen erst in ferner Zukunft oder gar erst am Ende
der Zeiten ihre Erfüllung finden, wo nach dem Aufhören
aller Bosheit endlich Gerechtigkeit und Liebe triumphieren
werden. Aber selbst diese eschatologischen Ideale sind für
unsern Zweck nicht wertlos; sie bieten doch immerhin
einzelne Züge dar, in denen sich die sozialen Anschauungen
der Propheten spiegeln; sie enthalten gewisse Grund-
elemente ihrer sozialen und ökonomischen Ansichten, sie
sind gleichsam die Hauptlinien des Planes, nach dem die
prophetische „Politik" den theokratischen Staat reformiert
wissen wollte.

Andere Ideale dagegen zielen direkt auf die Neugestaltung
des israelitischen Staatswesens ab; sie sind einfach der Ausdruck dessen, wie sich der warme Patriotismus der Propheten
das Ideal des theokratischen Staates seinen hohen Aufgaben

---

[1] v. Hertling a. a. O. S. 194.

entsprechend verwirklicht denkt — und wünscht. Es ist
freilich mitunter schwer, in der prophetischen Rede die Grenzlinie
fein zu ziehen zwischen dem, was schon in der Gegenwart
oder in nicht allzuferner Zukunft, und dem, was erst in
späten Zeiten eintreten soll. Was in naher Zukunft realisiert
werden sollte, ist gern mit dem verwoben, was in weiter
Ferne liegt; beide Arten gehen häufig unvermerkt inein-
ander über.

Endlich sind sie keine Utopien nach der Art jener,
die von sozialistischen Weltverbesserern ersonnen werden,
sondern sie sind nur der in die lebhafteste Form gebrachte,
feurige Wunsch nach sittlich-sozialer Regenerierung des
Volkes. Sie unterscheiden sich deshalb scharf von den
Zukunftsverheißungen, mit welchen der Sozialismus seine
Anhänger beglückt. Der prophetische Reformplan
erstrebt Besserung des Menschen und dann erst Besserung der
äußeren sozial-ökonomischen Verhältnisse, der Sozialismus
verlangt dagegen gerade umgekehrt Hebung des äußeren kulturellen Niveaus, höheren materiellen Genuß und erwartet sodann
eine daraus ganz von selbst resultierende, überspannt gedachte
Vervollkommnung des Menschen. Die Propheten heischen
Rückkehr zur alten Einfachheit und Trefflichkeit der Vätersitten, vernunftgemäße Eindämmung aller Bedürfnisse, Ab-
schütteln alles rohen entnervenden Sinnengenusses; der Sozialismus dagegen will, wie auch viele nichtsozialistische
Nationalökonomen, möglichste Steigerung und Verfeinerung
aller Lebensgenüsse, um dadurch den höchsten Aufschwung
der Produktion herbeizuführen; sozialistischerseits wird darum
die Sparsamkeit und Beschränkung der Bedürfnisse als
„verdammte Genügsamkeit" aufs schärfste bekämpft. Die
Propheten denken sich endlich ihr Ideal als realisierbar innerhalb der Grenzpfähle des kleinen jüdischen Staatswesens; der
Sozialismus träumt von Internationale und Kosmopolitis-
mus. Mögen die sozialen Reformgedanken der Propheten

„Ideale" gewesen und auch solche geblieben fein — Utopien sind sie nicht. Es erscheint das Kommen des Gottes-reiches bei den Propheten als eine Verbindung ethischer und politischer Güter[1].

Dabei soll aber nicht im entferntesten bestritten werden, daß auch hier, bei der Fassung und Einkleidung dieser Ideale in gewisse Formen des sprachlichen Ausdrucks, die dichterische Gestaltungskraft ihr Recht behauptet habe. So wenn Isaias eine kommende Friedensperiode in jener herrlichen Stelle schildert: „Dann weilt der Wolf beim Lamm, und der Panther lagert bei dem Böckchen, Rind und Leu weiden zusammen, und ein kleiner Knabe leitet sie. Da gesellt sich die Kuh zum Bären, gemeinschaftlich lagern ihre Jungen, und der Löwe frißt Heu wie das Rind. Da wird der Säugling mit der Natter spielen und der Entwöhnte nach der Viper seine Hand ausstrecken."

3. Zudem verhehlen es sich die Propheten nicht, daß nur durch schwere Drangsale eine sittliche Besserung und Läute-rung und damit ein sozialer Fortschritt erzielt werden könne. Von der Generation, in der sie lebten, wagten sie soviel wie nichts zu hoffen. Das ist gleich zu Beginn der prophetischen Wirksamkeit des Isaias mit aller Deutlichkeit ausgesprochen. „Die Thätigkeit des Isaias", bemerkt Cornill, „beginnt scheinbar mit einer grellen Disso-nanz. Als er im Todesjahr des Ozias die Berufung und Weihe zum Prophetenamte erhält, da spricht Gott zu ihm: ‚Geh und rede zu diesem Volke: Höret wohl, aber verstehet es nicht, sehet wohl, aber erkennet es nicht. Verstocke das Herz dieses Volkes und verhärte sein Ohr und verblende seine Augen, damit es nicht sehe mit seinen Augen und mit seinen Ohren höre, und man es dann heile' (Is. 6, 9 f.). Diese Worte klingen furchtbar, ich möchte fast sagen, gott-

---

[1] Jacoby, Neutestamentliche Ethik (Königsberg 1899) S. 24.

los — und doch enthalten sie eine tiefe Wahrheit."[1] Isaias
hat ganz klar erkannt, daß der Mensch dem Guten gegenüber
nicht gleichgültig sein könne und dürfe: entweder er unter=
wirft sich dem Guten, und dann gereicht es ihm zum Segen,
oder er verhärtet sich dagegen, und dann wird es ihm zum
Fluch. Das Volk in seiner Gesamtheit ist für das künftige
Gottesreich weder reif noch fähig, und da nun das Gericht
nur der notwendige Durchgangspunkt zum Heile ist, und
da, je schneller das Gericht kommt, desto schneller auch das
Heil sich verwirklichen kann, so liegt es im Interesse Gottes
und im Interesse Israels, wenn dessen Sünde möglichst bald
einen solchen Grad erreicht, daß das Gericht erfolgen muß."

4. Es wurde schon gezeigt, daß dieser „Zukunftsstaat",
den die Propheten in seinen Grundzügen zeichnen, nichts
mit einem nach sozialistischem Muster ausgedachten Gesell=
schaftszustand zu schaffen habe. Adler hat ganz recht mit
seiner Bemerkung, daß in den besseren Zeiten Israels so
wenig wie eine praktisch-kommunistische Bewegung ein theo=
retischer Kommunismus aufgetaucht sei: Eine kommunistische
Gedankenrichtung fand erst in späteren Zeiten in Israel Ein=
gang, als die Essäer einen auf der Gemeinsamkeit des Konsums
beruhenden „Tugendbund inmitten der rauhen Wirklichkeit
unter einem der Genußsucht verfallenen Volk"[2] zu verwirk=
lichen trachteten. Dagegen ist nicht recht verständlich, warum
Adler glaubt, daß noch während des ersten israelitischen
Reiches Gedankenkreise vorkommen, die man als „anar=
chistisch" bezeichnen müßte, „wenn man überhaupt die
religiösen Visionen der erhabensten Prophetengestalt des
alten Israels, nämlich Isaias', unter nationalökonomische
Begriffe bringen dürfte — was freilich geschmacklos wäre."[3]
Es ist unerfindlich, welche anarchistische Elemente in dem

---

[1] Cornill, Der israelitische Prophetismus S. 61 f.
[2] Adler, Geschichte des Sozialismus S. 67.   [3] Ebd. S. 61.

Gottesreich gelegen sein sollen, das der Prophet als messianische
Hoffnung den Besten seines Volkes vor Augen geführt hat,
und dessen Grundlinien von Adler also skizziert werden:
„In diesem Zukunftsreiche, das ein Davidide auf nicht näher
beschriebene Art mit dem Reste der Gläubigen, die sich aus
den Trümmern des Reiches und dessen wiederholter Verwüstung gerettet, begründet, wird es lauter Vollkommene
geben, da alle Gottlosen ausgetilgt sind und unbedingte
Gerechtigkeit herrscht. Und mit dem Menschen, dessen Stärke
Gott der Herr ist, wird auch die ganze Natur sich in Ein-
klang setzen und darum eine neue Gestalt annehmen."

Zugleich glaubt Adler in dem von Isaias geschilderten
Gottesreiche die ersten Wurzeln der im späteren Verlauf
der Geschichte noch öfters hervorgetretenen chiliastischen
Idee erblicken zu müssen, und begründet die nähere Darstellung dieses messianischen Reiches gerade damit, daß „wir
in der Geistesgeschichte unseres Kulturkreises noch öfters
gerade bei erlauchten Geistern Phantasiebildern von vollkommenen Gemeinwesen der Gerechten und Glücklichen, die
den Abschluß der irdischen Menschheitentwicklung darstellen
sollen, begegnet werden."[1] Der Chiliasmus „habe seine
letzte historische Wurzel in der jüdischen Messiasidee gehabt.
Denn bereits die Propheten des Alten Testaments hätten
ein Messiasreich verheißen, wo nach Wiederherstellung
des jüdischen Staates und Vereinigung aller Völker in der
gemeinsamen Anbetung Jehovahs das Glück der gebesserten
Nation sich auch durch Wohlstand und Fülle der Natur-
gaben kund thun würde.[2] „So war der jüdische Volkstraum

---

[1] Adler a. a. O. S. 61.

[2] Gerade dadurch, daß Adler die Visionen der Propheten in
diesem wörtlichen Sinne nimmt, muß er dazu kommen, eine Geistes-
verwandtschaft von Messiasidee und phantastischem Chiliasmus zu
statuieren. Die Bilder, in welche die Propheten ihre Verheißungen
kleiden, dürfen nicht derart gepreßt werden.

von einem theokratischen Weltreich entstanden, wo Frieden
und Gerechtigkeit herrschen und das allerwärts aus der
Zerstreuung gesammelte und auferweckte Israel ein Leben
voll unaussprechlicher Wonne führen sollte (vgl. die Schrift
Semischs über den Chiliasmus)." [1]

5. Aber was uns hier ganz besonders interessiert, ist
dies: Es treten in diesen Zukunftsbildern der Propheten
bestimmte Züge überaus lebhaft hervor, die für ihre sozial=
ökonomischen Ansichten von Wichtigkeit sind. Wie die
Propheten es beklagen, daß Israel zum Kanaan, zum Handels=
volk, geworden, in dem sich gewaltige Unterschiede des Besitzes
herausbildeten, so erblicken sie Heil und Rettung in
einer geordneten und gesicherten Eigentumsver-
teilung, in der Rückkehr zur Mittelstands= und
Agrarpolitik. Die liebevolle Pflege des heimatlichen
Fruchtbodens und eine gesunde Verteilung des ländlichen
Grundbesitzes, das sind die scharf hervortretenden Linien
dieses Ideals, des „Zukunftsstaates" im Sinne der Propheten.
In ihrer lebhaften Redeweise stellen sie ihr Ideal als in
der Gegenwart bereits realisiert vor Augen.

Nach diesen beiden Seiten soll die „Sozialpolitik" der
Propheten nunmehr des weiteren noch beleuchtet werden. Ihre
Anschauungen über Ackerbau und Mittelstand sind die
wichtigsten Elemente der von den Propheten ausgesprochenen
Reformgedanken. Die beiden folgenden Kapitel sollen deshalb
die Darlegung der prophetischen Agrar= und Mittelstandspolitik zum Gegenstand haben. [2]

---

[1] Ebd. S. 99.
[2] Vgl. Walter, Über Agrar= und Mittelstandspolitik im hebräi=
schen Altertum. („Die Wahrheit" 5. Band, Heft 2, München 1900.)

XI. Kapitel.

Die Agrarpolitik der Propheten.

1. Der sprechendste Beweis von der Hochschätzung, welche
die Propheten dem Ackerbau entgegenbringen, liegt darin,
daß sie denselben unmittelbar von Jehovah selbst ableiten.
So heißt es bei Isaias (28, 26), daß in den verschiedenen
Arbeiten des Landbaues, in der richtigen Aufeinanderfolge
der ländlichen Verrichtungen und im Wechsel der verschie=
denen Samenarten der Ackersmann „von seinem Gott belehrt
und unterwiesen wird, wie es recht ist“. Aus Gottes Hand
quillt nach den Propheten die Frucht der Herde und der
Segen des Feldes. Und der spezifische Erweis der Güte
Jehovahs gegen sein Volk ist die Fruchtbarkeit des Landes.

2. Ohne festgesicherten Grundbesitz und blühende
Landwirtschaft können sich die Propheten für die
Zukunft eine gedeihliche Entwicklung ihres
Volkes gar nicht denken. Wo sie Erlösung aus der
sozialen Not in Aussicht stellen, schildern sie stets auch den
Ackerbau als einen überaus gesegneten[1]. Wenn der prophe=
tische Blick über die drohenden Zeiten der Verwüstung und
Gefangenschaft hinwegschweift, hinüber zu den Tagen der
Restauration von Staat und Volk, so schaut er diese Besse=
rung der Dinge gern unter dem Bild einer üppigen Frucht=

---

[1] Sellin a. a. O. S. 217.

barkeit des Landes. So entwirft Amos, der selbst aus
ländlichen Verhältnissen hervorgegangen war — er war
Schafhirte in einem kleinen Landstädtchen — ein herrliches
Zukunftsbild: „Siehe es kommen die Tage, spricht der Herr,
da reicht der Pflüger an den Schnitter und der Traubenkelterer an den Säemann; es träufeln die Berge Süßes
(Most), und alle Hügel sind bebaut" (Amos 9, 13). In diesen
glücklichen Zeiten also soll sich das Land einer solchen Fruchtbarkeit erfreuen, daß, wie auf jungfräulichem, noch nicht
erschöpftem Boden, die Ernte nicht lange auf sich warten lassen
wird. Bald nachdem Pflüger und Säemann ihre Arbeit
besorgt haben, warten schon die schweren Ähren des Schnit-
ters, und die Weinlese soll so ergiebig sein, daß man bis
zur Zeit der Aussaat mit dem Keltern der Trauben zu thun
haben wird. Die Möglichkeit einer solchen überraschenden
Fruchtbarkeit ist nicht etwa ein Produkt der freiwaltenden
Phantasie des Propheten; sie liegt auch nicht im Gebiet der
Übertreibungen. Denn der Boden des Landes erwies sich
der menschlichen Arbeit äußerst dankbar. „Die Fruchtbarkeit Palästinas war wohl nicht geringer als die Albaniens,
wo nach Strabo (XI, 4, 3) von einer Aussaat zwei bis
drei Ernten gemacht werden konnten."[1] Bezieht sich dieses
wohl in einem höheren Sinn zu deutende Gesicht des
Propheten vor allem auf die Segensfülle, welche, symbolisiert
durch Korn und Wein, in der letzten Periode der messianischen Zeit dem auserwählten Volke zuströmen soll, so ist
es doch für den ganzen Ideenkreis des Propheten
höchst bezeichnend, daß ihm dieser Segen unter
dem Bild der ländlichen Idylle, der Fruchtbarkeit des Bodens und des ungestörten Genusses
der Ernte, vorschwebt. Ob es nicht wie ein leises,

---

[1] Herzog, Realencyklopädie XIII, 169 f., Art. „Sabbat- und
Jobeljahr" (Öhler).

schmerzliches Sehnen durchklingt, endlich herauszukommen
aus den unheilvollen sozialen Mißständen, die der Prophet
rings um sich wahrnimmt, wo der Ackerbau nicht mehr das
maßgebende Prinzip für die Organisation der ganzen Volkswirtschaft bildete, sondern aus seiner beherrschenden Stellung
verdrängt und ganz in den Dienst der Interessen des Handels
und der großen Handelsherren gestellt worden war? Diese
hatten ja den Grund und Boden, der die unentbehrliche Grundlage für die Ernährung der Bevölkerung bildet, an sich
gerissen, und die große Masse des Volkes konnte sich kaum mehr
mit dem schlechtesten Korn satt essen. „Ich führe zurück",
— so schreitet die Weissagung desselben Propheten fort —
„die Gefangenen meines Volkes Israel, und sie bauen die
verwüsteten Städte und bewohnen sie, pflanzen Weinberge
und trinken Wein, legen Gärten an und essen die Frucht
davon, und ich will sie in ihr Land pflanzen und fürder
nicht mehr ausrotten aus ihrem Lande, das ich ihnen
gegeben, spricht der Herr, dein Gott" (Amos 9, 14 f.). Mit
diesem trostreichen Ausblick in weite Fernen schließt Amos
seine Prophetie.

3. Es ist fast kein Prophet, bei welchem nicht ähnliche
Saiten anklingen. So faßt Osee die Zukunft des Volkes
dahin zusammen, es werde das Land freibleiben von Dürre
und Mißwachs, und die Elemente werden zusammenwirken, um
den Ertrag der Ernte möglichst zu steigern: „Zu jener Zeit
will ich willfahren, ist der Spruch Jehovahs, will ich willfahren dem Himmel, und der wird der Erde willfahren, und
die Erde wird dem Getreide und dem Most und dem Öl
willfahren, und die werden Israel willfahren" (Os. 2, 23).
Und der Abschluß seiner Prophetie lautet: „Die in seinem
(des Libanon) Schatten sitzen, sollen dann wieder Getreide
erzielen und blühen wie der Weinstock" (Os. 14, 8). Isaias
schildert die bereinstige wunderbare Ertragsfähigkeit des
Ackers: „Es wird Regen für deine Saat gespendet, mit der

du den Acker besäest, und das Getreide, das der Acker trägt,
wird saftvoll und fett sein. Dein Vieh wird an jenem
Tage auf weiter Au weiden. Die Ochsen und die Esel, die
den Acker bearbeiten, werden gesalzenes Mengfutter fressen …
Auf allen hohen Bergen und Hügeln wird es Bäche und
Wasserströme geben" (Is. 30, 23 ff.). Dieser Wasserreichtum
kann von der natürlichen Bewässerung durch Regen und
Quellen verstanden sein, oder auch von künstlichen Bewässe-
rungsanlagen[1], die der erfinderische Mensch macht, um auch
da, wo die Natur spröde und spärlich mit ihren Gaben ist,
Fruchtbarkeit zu wecken. Wäre das letztere der Fall, so wäre
also auch ein hoher technischer Fortschritt in die Verheißung
mithereinbezogen. Desgleichen stellt Jeremias für die Zukunft als Gabe Jehovahs in Aussicht: „Du sollst wiederum
Weingärten pflanzen auf Samarias Bergen" (Jer. 31, 5).
Und das Volk wird „zusammenströmen zu den Gütern des
Herrn, zum Getreide, Wein und Öl, zu den jungen Schafen
und Rindern … Dann freuet sich die Jungfrau am Reigen,
Jünglinge und Greise allzumal" (Jer. 31, 12 f.).

---

[1] So versteht es Memminger, Die wirtschaftlichen Ansichten
der Propheten des Alten Bundes (Monatsschrift für Christliche Sozialreform [Basel 1899, Heft 2] S. 72—87) S. 86. Der Aufsatz ist eine
Arbeit für das Staatswissenschaftliche Seminar der Universität Freiburg
i. Schweiz. Über die Einteilung seines Stoffes bemerkt der Verfasser
a. a. O. S. 77: „Wir können die Lehren, die Mahnungen, Warnungen,
welche die genannten Propheten in feurigen, erhabenen Worten an das
Volk Gottes richten, nach folgenden Gesichtspunkten gliedern: 1. Begriff
des Reichtums; 2. Erwerbsarten des Reichtums und Hilfsarbeiter;
3. Beweggründe des Erwerbs; 4. kommendes Strafgericht und Zukunftsstaat; 5. Gesetz und Glaube." Der genannte Aufsatz, der sich auf die
Darlegung der rein wirtschaftlichen Gesichtspunkte beschränkt, sowie
der schon zitierte Vortrag Stöckers über „die soziale Bedeutung der
Propheten" sind meines Wissens die einzigen Abhandlungen, welche
die Wirksamkeit der Propheten nach dieser Seite hin ex professo
erörtern.

Es sind immer Variationen desselben Lieblingsthemas, welche auch bei andern Propheten wiederkehren. Michäas hat vor allen übrigen die Latifundienwirtschaft und die Art und Weise ihrer Entstehung bekämpft und den Ländergierigen mit Verjagung von Haus und Hof gedroht. Auch er erhofft sich als Entschädigung für die unruhige Gegenwart eine um so bessere Zukunft und stellt günstige soziale und ökonomische Verhältnisse in Aussicht. Er erweitert das auch von andern Propheten entworfene Bild um einen lieblichen Zug, den des ungestörten Friedens: „Sie werden ihre Schwerter zu Pflugscharen schmieden und ihre Spieße zu Hippen; nicht mehr wird Volk wider Volk das Schwert ergreifen, und sie werden nicht mehr den Krieg erlernen. Dann sitzt ein jeglicher unter seinem Weinstock und Feigenbaum, und nichts wird ihn stören" (Mich. 4, 3 f.). Und wenn Zacharias aus trüber Gegenwart seinen Blick sehnend in die Siegesherrlichkeit des makkabäischen Befreiungskampfes hinübergleiten läßt, fragt er, worin dann in diesen siegesfrohen Tagen der Herr besonders seine Güte und Herrlichkeit zeigen werde: „Was ist sein (des Herrn) Gut, und was ist seine Schöne? Das Getreide der Auserwählten und der Wein, aus dem Jungfrauen sprossen" (Zach. 9, 17). In jenen glanzvollen Tagen, die selbst wieder nur ein Vorbild der messianischen Herrlichkeit sein sollen, wird Gott seine Güte gegen sein Volk bekunden durch reichlichen Weizen und Wein, von deren Genuß eine auserlesene Jugend heranwächst.

4. Der Ackerbau muß nach den Propheten das Mark und Knochengerüst eines festbegründeten Staatswesens und den Mittelpunkt des nationalen Arbeitslebens und der ganzen Volkswirtschaft bilden. Die Brotversorgung des eigenen Volkes muß das Ziel der staatlichen Wirtschaftspolitik sein. Die Autarkie des Staates, d. h. seine Fähigkeit sich selbst

zu ernähren, ohne dabei wesentlich auf die Getreideeinfuhr aus fremden Ländern angewiesen zu sein, ist auch ein bemerkenswertes Element der prophetischen Zukunftsideale. Diese Auffassung teilen die Propheten mit dem bedeutendsten Sozialtheoretiker des Altertums. Auch Aristoteles hat in seiner „Politik" die Forderung vertreten, der Staat solle sich selbst genug sein und nicht zum Handelsplatz für andere werden[1]. Wie diese Getreideversorgung des eigenen Landes zu bewerkstelligen ist, haben die Propheten deutlich genug in ihren Reflexionen über den Mittelstand ausgesprochen, ein Punkt, der weiter unten noch seine besondere Erläuterung finden wird.

5. Es soll hier noch des näheren auf dieses Sichselbst-genügen des Staates eingegangen werden. Damit der Staat wirklich selbständig ist, müssen in demselben die verschiedensten Berufsarten vorhanden sein. Der erste notwendige Teil des Staates ist eine ackerbautreibende Bevölkerung. Vermag der Staat selbst den hauptsächlichsten Bedarf zu stellen, dann bleibt er zugleich bewahrt vor den Nachteilen, die den Handelsvölkern drohen. „Auf zweifache Art" — so führt Thomas von Aquin aus[2] — „wird einem Staate der nötige Gütervorrat (affluentia rerum) ermöglicht: 1. Durch die Fruchtbarkeit des Territoriums, welches alles vollauf hervorbringt, was der menschliche Lebensbedarf erfordert. 2. Durch die Ausübung des Handels, durch den das zum Leben Notwendige von verschiedenen Seiten dem Staate zugeführt wird. Daß aber die erstere Art angemessener ist, kann klar bewiesen werden. Denn es steht etwas um so höher, je mehr es sich selbst genügt, da das Bedürfnis nach etwas anderem einen Mangel bekundet. Das

---

[1] Ruhland, Eine agrarische Beurteilung der englischen Getreide-handelspolitik (Separatabdruck aus „Führlings landwirtschaftlicher Zeitung" 47. Jahrg. S. 1.).

[2] Cf. Thomas Aq. de reg. princ. II, c. 3.

Sichselbstgenügen besitzt aber der Staat im volleren Sinne, dessen umliegendes Territorium für den notwendigen Lebensbedarf hinreicht, als jener, der auf die kaufmännische Zufuhr aus andern Staaten angewiesen ist. Denn höher steht der Staat, wenn er seinen Gütervorrat aus dem eigenen Territorium zieht, als wenn er übervoll ist an Handelsleuten. Dies scheint auch sicherer zu sein. Denn infolge von Kriegsereignissen und verschiedenen Schwierigkeiten der Verkehrswege kann die Zufuhr leicht gehemmt werden, und dann wird der Staat wegen Mangel an Lebensmitteln überwältigt. Ebenso ist es für das bürgerliche Leben zuträglicher. Denn der Staat, der zu seinem Unterhalt viele Handelsleute notwendig hat, muß das beständige Zusammenleben mit Fremden dulden. Der Verkehr mit Fremden verdirbt aber nach der Ansicht des Aristoteles meistens die Sitten der Bürger, da die unter andern Gesetzen und Gewohnheiten erzogenen Fremden vielfach anders handeln müssen, als es unter den Bürgern Sitte ist. Und so wird, indem die Bürger zu ähnlichem Thun veranlaßt werden, das bürgerliche Zusammenleben gestört. Wenn dann weiter die Bürger selbst Handelsgeschäfte betreiben, wird den meisten Lastern der Zutritt eröffnet. Denn da das Streben der Handelsleute es hauptsächlich auf den Gewinn absieht, wird durch die Ausübung des Handels die Leidenschaft in die Herzen der Bürger gepflanzt, wodurch im Staate alles feil und an Stelle der geraubten Treue für Betrügereien Platz gemacht wird, wo jeder mit Verachtung des Gemeinwohls nur den eigenen Vorteil sucht, wo der Tugendeifer nachläßt, da die Ehre, der Preis der Tugend, allen angeboten wird. In einem solchen Staate wird daher das bürgerliche Zusammenleben notwendig korrumpiert werden ... Aber die Handelsleute dürfen nicht vollständig aus dem Staate ausgeschlossen werden, da sich nicht leicht ein Territorium findet, das einen so reichlichen Vorrat an allen zum Leben notwendigen

Mitteln aufweist, daß es nicht auf anderweitigen Bezug angewiesen wäre. Anderseits würden die Dinge, woran man an einem Orte Überfluß hat, vielen zum verderblichen Übermaß, wenn sie nicht durch die Thätigkeit der Handelsleute anderswohin gebracht werden könnten. Ein vollkommener Staat wird sich daher der Kaufleute in mäßiger Weise bedienen.[1]"

6. Wie die Propheten ein gut fundiertes Staatswesen und • eine ihrem obersten Zwecke genügende Volkswirtschaft sich ohne freien Bauernstand und ohne prosperierende Landwirtschaft nicht vorstellen können, so erblicken sie umgekehrt die Zeiten des Niedergangs von Staatswesen und Volkswohlstand, der Zerstörung, der Auflösung — die negativen Perioden, wie Carlyle sie nennt —, unter dem Bilde der Dürre und Unfruchtbarkeit, von denen das Land betroffen werden soll. Außer den bereits angeführten diesbezüglichen Äußerungen wäre z. B. das Wort Habakuks (3, 17) zu nennen: „Der Feigenbaum wird nicht blühen, keine Frucht bringen die Rebe, es trügt des Ölbaums Getrieb, und die Fluren geben kein Brot, entrissen sind der Hürde die Schafe und kein Rind ist an der Krippe." Und Isaias: „Und es wird geschehen an dem Tage, daß jedermann, der eine Kuh und zwei Schafe behalten wird, um des Überflusses der Milch willen Butter ißt (oder Käse, dicke Milch). Butter und Honig wird jeder essen, der noch im Lande übrig geblieben ist" (Js. 7, 21 f.). Diese Stelle kommentiert Allioli: „Zu der Zeit werden die Feinde nur sehr wenig Vieh im Lande übrig lassen und alles so verwüsten, daß es überall kein Ackerland, sondern nur mehr Viehweiden giebt, von deren überflüssigem Ertrag man sich nähren wird." Einleuchtender dürfte es jedoch sein, statt bloß an eine Minde-

---

1 Thomas Aq., De reg. princ. II, c. 3. Die Zitate sind aus Schaub, Die Eigentumslehre nach Thomas von Aquin und dem Sozialismus S. 406 f.

rung des Viehbestandes auch an eine starke Verminderung der Bevölkerungszahl zu denken, so daß trotz des geringen Viehbestandes doch ein Überfluß an Milch entsteht. Der Prophet fährt in seiner Prophezeiung der kommenden Verwüstung weiter: „Und es wird geschehen an dem Tage, daß jeder Ort, wo tausend Weinstöcke von tausend Silberlingen Wert standen, voll Disteln und Dornen sein wird. Mit Pfeilen und Bogen wird man dahin gehen müssen (um sich nämlich gegen den Überfall wilder Tiere oder Räuber zu schützen), denn Disteln und Dornen werden im Lande sein. Und alle Berge, die man mit Hauen umzuhacken pflegte, werden sich vor Disteln und Dornen nicht mehr zu fürchten haben, denn man wird daselbst Ochsen weiden und Vieh darauf treiben lassen" (If. 7, 23—25). Die Weinberge nämlich, die man mit der Haue bestellt, und die der Eigentümer sorgfältig mit einem Dornzaun umfriedet, werden zu jener Zeit kein schützendes Dorngehege mehr haben, sondern man wird das Vieh auf ihnen zur Weide treiben (Allioli).

Das notwendige Korrelat der prophetischen Agrarpolitik, ja deren wichtigsten Bestandteil bildet aber die Lehre vom Mittelstand, die im folgenden noch behandelt werden soll. Seiner ganzen Natur nach gehört ja das Mittelstandsideal der Propheten noch zu dem Kapitel „Prophetische Zukunftsideale und Reformgedanken". Doch soll es seiner Bedeutsamkeit wegen in einem besondern Kapitel behandelt werden.

XII. Kapitel.

Das Mittelstandsideal der Propheten.

1. Die bisherige Darlegung des prophetischen Zukunfts-
ideals, in welchem das innerste Sehnen der Prophetenseele
nach besseren sozialen Zuständen sich ausspricht, läßt zur
Genüge erkennen, daß die Träger dieses Ideals keine verbitterten und verbissenen Sozialreformer, keine enragierten
Führer im Klassenkampf des Proletariats waren, die dem
Privatbesitz und dem Reichtum unversöhnliche
Fehde bis zur Vernichtung geschworen hätten, wie man sie,
in einer einseitigen Geschichtsphilosophie befangen, schon hat
auffassen wollen. Was sie bekämpfen, ist immer das ethische
Übel, die Ungerechtigkeit, die auch sozial und volkswirtschaftlich schädigt, nicht aber der Reichtum und der gewinn-
bringende Handel als solche. Sie sind weit entfernt, einen
sogenannten Naturzustand, wie ihn z. B. Rousseau als die beste
soziale Ordnung betrachtete, herbeizuwünschen, von dem alles,
was nach Zivilisation und Kultur schmeckt, strengstens fern-
zuhalten wäre[1], im Gegenteil begrüßen sie die Fortschritte
der Kultur dankbarst und nehmen sie bereitwillig in ihre
„Reformpläne" auf.

Dieser Punkt bedarf näherer Ausführung. Kein ge-
sellschaftsloser Zustand der Menschheit mit der möglichst

---

[1] Vgl. Staatslexikon IV, 938 f. Art. „Rousseau" von Stöckl.

primitiven Befriedigung der körperlichen und geistigen Be-
dürfnisse schwebt den Propheten vor, wie die Rousseausche
Staatstheorie sich den Naturzustand als den Stand der
Unschuld und des Glückes ausmalte, sondern eine geordnete,
mit den Segnungen der Kultur ausgestattete Volkswirtschaft.
Wohl kämpfen die Propheten gegen die Formen des Luxus,
wie er in ihrer Zeit auftrat, aber nicht deswegen, weil er
Ausgaben verursachte, die das streng notwendige Maß der
Bedürfnisse überschritten, sondern weil es ein Luxus war,
der nicht edlen Zwecken, der Entfaltung der schönen Künste,
der berechtigten Erheiterung des Lebens, sondern einem
rohen Materialismus diente, und weil er zugleich wieder eine
Quelle der entsetzlichsten Rechtsverletzungen wurde. Die
Propheten sind keine Gegner eines durch Kunst und Frohsinn
verschönten menschlichen Daseins. Sie gönnen ihrem Volk
frohen Lebensgenuß und nehmen häufig selbst heitere Züge
in ihr Zukunftsbild auf: Tanz und freudigen Jubel, Ernte-
feste mit fröhlichen Reigen. Aber es sind bescheidene, länd-
liche Freuden, welche sie in ihr Zukunftsbild einfließen lassen.

2. Man könnte ihnen das zum Vorwurf machen, daß
sie doch immer mehr die Entsagung, die Einschränkung der
Bedürfnisse betonen als den Lebensgenuß. Aber die Entartung der oberen Klassen macht dies nur zu begreiflich.
Die Propheten kennen zudem das menschliche Herz zu gut,
als daß sie der möglichsten Ausdehnung der materiellen
Bedürfnisse, oder gar ihrer Emanzipation von den Schranken
der sittlichen Ordnung das Wort geredet hätten, um so
die höchste Anspannung der produktiven Kräfte hervorzurufen.
Im Mittelpunkt der wirtschaftlichen Ansichten der Propheten
steht eben nicht, wie in manchen nationalökonomischen
Systemen der Neuzeit, die möglichst hohe Steigerung der Güterproduktion, sondern der Mensch
als ein Wesen, das in eine sittliche Ordnung hineinge-
stellt ist und dessen sittlichen Interessen auch die Produktion

und Konsumtion zu dienen haben. Unbestreitbar ist, daß die wirtschaftliche Thätigkeit der Menschen gerade durch ihre Bedürfnisse einen wirksamen Ansporn erhält, und daß die Erhöhung des Bedürfnisniveaus es auch gewesen ist, die zur Mehrung des Reichtums und zur möglichst vollkommenen Ausnutzung der Rohstoffe, zu technischen Fortschritten aller Art geführt hat. Wenn und solange die Bedürfnisse gedeckt werden können, wird gewiß das Wohlbehagen des einzelnen gesteigert. Wenn aber die Bedürfnisse schneller wachsen als die Mittel zu ihrer Befriedigung? Wie viele Bedürfnisse werden ferner nicht künstlich durch das Angebot erzeugt, künstlich gesteigert oder in ganz falsche Bahnen gedrängt! Gerade dadurch, daß ein Verlangen wachgerufen wird, das nicht befriedigt werden kann, wird der Keim der Unzufriedenheit ins Volksleben hineingetragen. In den maßlos gesteigerten Bedürfnissen eines Volkes liegt nicht mehr der Antrieb zu fruchtbarer Thätigkeit, sondern das Gift sozialer Unzufriedenheit, die Wurzel des Umsturzes enthalten.

3. Aber auch rein wirtschaftlich betrachtet, ist eine schrankenlose Steigerung der Bedürfnisse vom Übel, weil eine solche Entwicklung der Produktion auf ganz unsicheren Grundlagen beruht. Sie wird zum großen Teil auf den Wechsel bloß eingebildeter, schnell vorübergehender Bedürfnisse, bloßer Modelaunen gestellt. Hierdurch wird ein großer Teil des Kapitals den wichtigen Produktionszweigen entzogen. Die nötigen Kapitalien sind für sie schwer erhältlich, hierdurch wird aber die Produktion wichtiger Verbrauchsgegenstände ganz unnötigerweise verteuert, und die Lebenshaltung der unteren Klassen wird herabgedrückt. Hierzu kommt noch, daß in solchen mit der Herstellung von bloßen Luxusgegenständen beschäftigten Produktionszweigen gerade wegen der Unsicherheit des Bestandes viel Kapital vernichtet wird[1]. Also ver-

---

[1] Vgl. über das Verhältnis von Bedürfnis und Produktion Walter, Sozialpolitik und Moral S. 88 ff.

denken wir es den Propheten nicht zu sehr, daß sie der
Befriedigung menschlicher Luxusbedürfnisse etwas enge Grenzen
gesteckt haben. Dazu kommt noch ein weiteres. Der Staat,
den die Propheten für den besten halten, ruht auf einem
b r e i t e n M i t t e l s t a n d; die Bevölkerung ist zum weitaus
größten Teil wohlhabend, hat keine Not zu leiden, kann
aber auch selbstverständlich sich keinen besondern Luxus
gestatten, denn es sind mittlere bürgerliche und bäuerliche
Verhältnisse, wie sie die Propheten im Auge haben.

Aber durch dies alles wird die Behauptung in keiner
Weise widerlegt oder abgeschwächt, daß sie einer Verschönerung des Lebens durch Freude und einen edeln
Luxus nicht im entferntesten abhold gegenüberstehen. Von
übertriebenen Anforderungen an ihre Zuhörer ist bei ihnen
keine Rede, so streng sie auch gegen sich selbst sind. Sie
wollen das jüdische Volk, um es vor den Ausartungen
einer überfeinerten Kultur zu bewahren und es wieder zur
Rückkehr zur Einfachheit der Vätersitten zu vermögen, keineswegs völlig vom Verkehr mit andern Völkern abschließen.
Sie verkennen die guten Seiten des Handels nicht, nur
warnen sie vor einseitiger Übertreibung und deren schädlichen
Folgen. Daß die Propheten trotz vorherrschender Beto-
nung des Ackerbaues, als der natürlichsten Grundlage der
Existenz, auch dem Handel, abgesehen von den zu ihrer
Zeit sich daranknüpfenden Auswüchsen, nicht unfreundlich
gegenüberstanden, erhellt aus manchen Stellen. Jeremias nimmt ohne Bedenken in seine Schilderung einer
Wiederherstellung des Staatswesens den Gedanken auf, man
werde auch in Zukunft dort handeln und kaufen können: „Man
wird dereinst noch Häuser und Felder kaufen in diesem Lande"
(Jer. 32, 15). „Ja Felder wird man kaufen um Geld und Kauf-
briefe schreiben und versiegeln und Zeugen dazu nehmen" (32, 44).

4. Diese Stellen sind für die Klarlegung der sozialöko-
nomischen Anschauungen der Propheten von großer Trag-

weite. Sie besagen nämlich ein Doppeltes. Einmal: Die
Propheten wollen an der Privatwirtschaft, an
der auf dem Privateigentum an den Produktions-
mitteln beruhenden Wirtschaftsordnung unent-
wegt festhalten. Wie sie die Urzelle des sozialen Organismus, die Familie und den häuslichen Herd, mit aller
Sorgfalt zu behüten und in ungebrochener Kraft zu erhalten
sich bemühen, so wünschen sie auch, daß die natürliche Grundlage der Familie, das Privateigentum, bestehen bleibe. Das
Eigentum ist organisch mit der Familie verwachsen. Es ist
die von der Natur vorgesehene materielle Hilfsquelle, welche
die Familie zur Lösung ihrer Aufgaben benötigt. Aus dem
Grunde ist es auch klar, daß die Propheten am Erb-
recht festgehalten wissen wollen. Denn wie die Aufgaben der Familie nicht auf die gerade lebende Generation,
sondern auch auf die kommenden Geschlechter sich erstreckt,
so muß auch das Familiengut auf die Nachkommen fort-
geerbt werden können.

Die Propheten traten also für eine auf Privateigentum beruhende Gesellschaftsordnung ein. Den Auswüchsen
des Kapitalismus gegenüber, welchen die Propheten den
Krieg erklärt hatten, hätte es sich gewiß als naheliegender
Ausweg aus den vielfachen Nöten von selbst dargelegt,
eine kommunistisch organisierte Volkswirtschaft zu verlangen,
die an Stelle dieser korrumpierten Privatwirtschaften zu
setzen wäre. Adler hat freilich mit Recht hervorgehoben,
daß im Altertum die wirtschaftlichen und technischen Voraussetzungen nicht gegeben waren, die für eine kommunistische Bewegung als Massenbewegung erforderlich sind.
Um eine Organisation des Wirtschaftslebens, welche eine
Vergesellschaftung der Produktionsmittel in sich schließt,
anzustreben und möglicherweise durch Empörung gegen die
herrschenden Klassen zu erkämpfen, dazu mußte die große
Masse selbst schon in gewisser Beziehung kommunistisch ge-

schult und organisiert sein; es mußte für weite Gebiete der
Volkswirtschaft bereits der Großbetrieb mit seinem technischen Kollektivismus d. h. dem Zusammenarbeiten vieler
in einer Betriebsstätte gegeben sein; es mußte die Masse
also die technischen und wirtschaftlichen Vorteile des Großbetriebes sozusagen schon mit Händen greifen können, um
dann in logischer Konsequenz die Gemeinwirtschaft als die
beste Wirtschaftsform zu postulieren. [1]

Das Gesagte gilt aber nur von einer kommunistischen
Bewegung, die das Ziel einer Volksbewegung darstellt,
die also mehr praktischer Natur ist und auf einen Kommunismus der Produktion abzielt. In diesem Sinne kann
Adler sagen, daß von einer Sozialdemokratie, d. h. von
einer kommunistischen Partei, im ganzen Altertum nicht die
Rede sein kann. Jene Gründe haben aber schon zum Teil
ihre Berechtigung verloren, wenn es sich um einen Kommunismus nicht der Produktion, sondern des Konsums
handelt. Dieser hatte trotz des Mangels jener technischen
Voraussetzungen in die Ideenwelt des Altertums Eingang
gefunden. Besonders war derselbe im spartanischen Staatswesen und in der israelitischen Partei der Essäer praktisch
verwirklicht worden.

Und vollends ein theoretischer Kommunismus, der das
Ergebnis einer fortlaufenden Gedankenkette eines über die
sozialen Zustände spekulierenden Kopfes ist, hing in keiner
Weise von dem Vorhandensein jener technisch-wirtschaftlichen
Bedingungen ab. „Der war natürlich die Konsequenz ganz
anderer Faktoren wie der vorhin betrachteten: er erschien
nämlich als Resultat der Geistesströmung, die sich kritisch-
grübelnd der Untersuchung aller Institutionen des gesellschaftlichen Zusammenlebens zuwandte und durch systematische
vernunftgemäße Analyse eine positive Anschauung von den

---

1 Vgl. Adler, Geschichte des Sozialismus und Kommunismus S. 17.

erstrebenswerten, ‚wahren‘ Staats-, Rechts- und Wirtschafts-
formen zu erlangen suchte."[1] Dieser theoretische Kommunismus gehört durchaus der Welt der Gedanken an, und
sein hervorragendster Vertreter im Altertum ist bekanntlich
Plato.

Trotzdem aber die Propheten sich mit den sozialen
Verhältnissen ihres Volkes so eingehend befaßten und
scharfe Kritik an den Mißständen übten, so verlangten sie
doch mit keinem Wort die Beseitigung des Privateigentums
und stellten, was besonders bemerkenswert ist, auch in ihren
Zukunftsidealen keinen kommunistischen Gesellschaftszustand
in Aussicht. Da ist um so auffallender, wenn wir bedenken,
mit welchen scharfen Waffen sie den Volksbedrückern zu
Leibe gerückt sind.

5. Das Privateigentum ist aber ein wirksamer Hebel des
wirtschaftlichen, wie überhaupt des kulturellen Fortschrittes,
während bei Gemeinbesitz und Gemeinwirtschaft, weil hier
der Sporn des unmittelbaren eigenen Interesses in Wegfall
kommt, auch ein Erlahmen der wirtschaftlichen Energie und
ein Stillestehen der Entwicklung zu befürchten sind. Die
nichts zu eigen besitzen, worüber sie selbständig verfügen
könnten, die haben auch nichts zu wagen und nichts zu
gewinnen. Aber in der Privatwirtschaft — das hat schon
Aristoteles in seiner „Politik" ausgesprochen — liegt
der Anreiz zur Sparsamkeit, zur möglichst vollkommenen
Ausnutzung der Rohstoffe, zu stetiger Verbesserung der Produktion. Anderseits bleibt der gesellschaftliche Frieden am
besten gewahrt, wenn die Eigentumssphären scharf abgegrenzt
sind. Das sind lauter Momente, die in der auf Privat=
eigentum beruhenden Wirtschaftsordnung einbegriffen sind.
Und indem die Propheten an letzterer festhalten, haben sie
auch dem kulturellen Fortschritt das Wort geredet.

---

1 Ebd. S. 19.

In dem schönen Ausspruch: Ein jeder sitzt unter seinem
Weinstock und unter seinem Feigenbaum, ist auch der Hinweis auf die Sicherheit und den Frieden des gesellschaftlichen Lebens, sowie auf die Freude und das Be-
hagen enthalten, welche der Eigentümer an seinem Gut
empfindet. Es liegt aber darin auch noch ein anderes bedeutsames Moment.

Es wurde von den Propheten als Folge der auf Aussaugung des Volkes beruhenden Vermögensanhäufung in
den oberen Klassen die Schwächung der Volkskraft gegen
die auswärtigen Feinde hingestellt. Der Mittelstand verbürgt aber auch den Frieden nach außen. „Keine fremden
Eroberer finden Zugang ins Land, die Masse des Volkes
bleibt stark und kräftig. Der Besitzende ist jederzeit der
beste Verteidiger der Heimat und des heimatlichen Herdes.
Der Boden wird also nicht durch Feinde verwüstet, und bei
der verhältnismäßig gleichen Verteilung des Bodens sind
viele fleißige und strebsame Hände bemüht, die Fruchtbarkeit zu heben in Acker und Weinberg.“[1]

6. In dieser Wirtschaftsordnung sollen auch Kauf
und Verkauf ihre Rolle spielen dürfen; Arbeitsteilung und
Austausch der Produkte sollen beibehalten werden; ja die
Propheten wollen, trotz ihrer warmen Sympathien für
Landwirtschaft und gesicherten Grundbesitz, doch keine absolute
Unbeweglichkeit und Unveräußerlichkeit von Grund und
Boden: Man wird dereinst noch Felder und Weinberge
kaufen in diesem Lande. Freilich wollen sie ebensowenig
einen unbeschränkten Freihandel mit Grund und Boden,
der nicht aus den Bedürfnissen des ländlichen Grundbesitzes
hervorgeht, sondern allein der Spekulation entspringt.
Zum Objekt der unruhigen Spekulation aber soll und darf
der Immobilienbesitz, der Nährboden des Volkes nicht

---

[1] Memminger a. a. O. S. 85.

werden. Die selbstverständliche Schranke für den Kauf von
Ackerland bildet für die Propheten das Jobeljahr, wodurch der
Rückfall des Bodens an seinen ursprünglichen Eigentümer
gewährleistet ist.

7. Wenn aber die Propheten dem Handel durchaus
nicht ablehnend gegenüberstehen, so ergiebt sich hieraus
auch, daß sie den aus dem Handel sich ergebenden Besitz
und Wohlstand keineswegs bekämpft haben, wenngleich
sie den mit Mühe und Schweiß, mit Selbstüberwindung
und im Aufblick zum Himmel gewonnenen Ertrag der Landwirtschaft zweifellos höher taxieren als die mühelosen
Gewinne des Handels. In ersterem liegt ein sittliches Moment,
in letzterem die Gefahr, daß die Gewinnsucht aufgestachelt
wird. Aber trotzdem gilt ihnen auch der Handelsgewinn,
recht empfangen und mit rechtlichen Mitteln erworben, als
erstrebenswerte Gabe Gottes[1].

Wenn aber das der Fall ist, dann konnten die Propheten
sich auch der Einsicht nicht verschließen, daß durch die
Fluktuationen des Handelslebens sich ganz unvermeidlich
größere Vermögensunterschiede herausbilden mußten. Ein
besonderer Wohlstand, ja ein gewisser Überfluß an Glücks-
gütern, also Reichtum im eigentlichen Sinn, mußte sich
bei einem Teil der Bevölkerung entwickeln. Auch dieser
Ungleichheit des Besitzes haben sich die Propheten nicht
feindselig entgegengestellt. Auch der Reichtum stammt
aus Gottes Hand, und das Unglück ist gerade,
daß das israelitische Volk es nicht erkennen will,
daß alle irdischen Güter von Jehovah kommen
und folglich nach seinem Willen zu erwerben und
zu verwenden sind. Deshalb klagt der Herr bei
Osee: „Sie sah es nicht ein, daß ich ihr Getreide, Wein
und Öl gab, Silber und Gold in Menge" (Os. 2, 8).

---

[1] Sellin a. a. O. S. 219 f.

Und der Verlust des Reichtums wird als göttliche Strafe angesehen: „Darum will ich mein Getreide wieder nehmen zu seiner Zeit und meinen Wein zu seiner Zeit" (Of. 2, 9).

Auch von hier aus fällt wieder ein klares Licht darauf, wie unberechtigt die Anschauung ist, welche die Propheten zu Agitatoren und Demagogen, zu Führern des Proletariats im Kampf gegen den Besitz stempeln will. Was sie befehden, das ist allein das Unrecht, welches das soziale Wohl von einem um dasselbe unbekümmerten Welthandel und Kapitalismus erleidet; diese tragen in sich die Tendenz zum Internationalen, sie haben eine kosmopolitische Ader und kümmern sich deswegen auch „um den Schaden Josephs nicht" (Amos 6, 6).

8. Nicht den Reichtum weniger und die Armut vieler kann das soziale Wohl und eine gut gedeihende Volkswirtschaft ertragen, und deswegen sind die Propheten die eifrigsten Vorkämpfer der Interessen des Mittelstandes und einer denselben fördernden Eigentums- und Wirtschaftsordnung. Mit einer solchen ist auch dem Gesamtwohl am besten gedient. Der Kapitalismus und der Großhandel tragen, wie gesagt, in sich einen Zug zum Internationalen, ja sie können, wo das Staatsinteresse ihrem Geldinteresse entgegensteht, sogar antinational werden. Dagegen hängt der Mittelstand treu an ererbtem Besitz und stellt, wie schon Aristoteles sagt, die besten Patrioten.

Das Besitzproblem hat Michäas gestreift, oder besser gesagt, auf den prägnantesten Ausdruck gebracht in dem bereits zitierten Satze: Ein jeglicher sitzt unter seinem Weinstock und unter seinem Feigenbaum. Das ist ja doch nur eine metaphorische Fassung des Gedankens, jeder, d. h. jede israelitische Familie, werde von dem Ertrag des eigenen Grundstückes zu leben haben: Keinen Parzellenbesitz mit Zwergbetrieben, aber auch keine Latifundienwirtschaft, die den Bauernstand aufsaugt und den Bauern zum Pächter oder

Tagelöhner degradiert, verlangen die Propheten, sondern eine solche Verteilung des Grundbesitzes, die dem weitaus größten Teil der Familien ein sorgenfreies Auskommen gewährt. Wenn das einseitige Interesse der Produktion auf die Ausbildung des Großbetriebes bei intensiver Wirtschaft unter zentraler Leitung geht, so liegt umgekehrt das wahre Interesse der bäuerlichen Bevölkerung, die den Kern und das Mark des Staates bildet, in der Erhaltung des mittleren und kleinen Grundbesitzes. „Hier liegen die Probleme, an die man zunächst zu denken pflegt, wo von Agrarpolitik die Rede ist."[1]

9. Wir sahen, wie die Propheten auch größerem Wohlstand, Reichtum in der eigentlichen Bedeutung des Wortes, einem gewissen Überfluß an äußeren Gütern, nicht ablehnend gegenüberstehen, trotz aller Sympathien, die sie dem Mittelstand entgegenbringen. Es scheint mir deswegen eine etwas zu weitgehende Behauptung, wenn Memminger die Stellung der Propheten zum Reichtum mit den Worten kennzeichnet: „Diesem Gütervorrat in der Hand des Produktionsmittel besitzenden und arbeitenden Mittelstandes, gewonnen durch die Arbeit des einzelnen, steht das, was die Propheten als Reichtum schildern, schroff gegenüber."[2] Nicht der Reichtum als solcher ist den Propheten ein Dorn im Auge, sondern der Reichtum, wie sie ihn in ihrer Zeit vielfach entstehen sehen, zum Schaden des Mittelstandes und der ganzen Gesellschaft, und sie betonen die Gefahren des Mißbrauches, die in ihm liegen. Das war ihnen angesichts der traurigen Zustände ihrer Zeit gewiß nicht zu verargen; dazu brauchen sie keine Pessimisten zu sein. Außer den bereits angeführten Stellen, die den Mißbrauch des Reichtums hervorheben, seien noch etwa folgende erwähnt: „Siehe, die Missethat

---

1 Staatslexikon IV, 411. Art. „Politik" von Hertling.
2 Memminger a. a. O. S. 78.

Sodomas, deiner Schwester, war Stolz, gesättigt von des
Brotes Überfluß, reichten sie bei ihrem und ihrer Töchter
Müßiggang dem Dürftigen und Armen nicht die Hand und
wurden übermütig und thaten Greuel vor mir" (Ez. 16,
49 f.). „Höret des Herrn Wort, ihr Fürsten von Sodom,"
spricht Isaias (1, 10) zu den Reichen, und Osee sagt
von ihnen: „Die Fürsten Judas sind gleich denen, die Marksteine wegrücken" (Os. 5, 10). Es ist der thatsächliche Mißbrauch des Reichtums, gegen den hier die Propheten
ankämpfen. „Die Fürsten von Juda, die Reichen, redet der
Prophet an als Fürsten von Sodoma. Dies Wort allein zeigt
uns, daß die Handlungen der hier in Betracht kommenden
Personen sich nicht decken mit redlichem Erwerb, mit
gerechter Arbeit. Die Güter, deren Besitz den Reichtum der
Fürsten Judas bildet, sind nicht so sehr zu direktem Ver-
brauche und Gebrauche bestimmt, als zu Prunk und üppigem
Leben. Ihr Vorrat geht weit über das hinaus, was durch
das Bedürfnis des einzelnen Besitzers nöthig wäre, wie uns
die Propheten bezeugen: ‚Voll ist das Land von Silber
und Gold, und seiner Schätze ist kein Ende; voll ist sein
Land von Rossen und zahllos sind seine Wagen. Voll ist
sein Land von Götzen, das Werk ihrer Hände beten sie an,
was ihre Finger gemacht'"[1] (Js. 2, 7 f.).

10. Indem die Propheten sich mit aller Schärfe gegen die
verschiedenen Arten der ungerechten Bereicherung wendeten,
wie sie zu ihrer Zeit in Übung waren, gegen die Aussaugung
und Bedrückung des wirtschaftlich Schwachen, verlangten sie
damit auch, daß aller Besitz, Wohlstand und Reichtum, auf
ehrlicher, wertbildender Arbeit, auf einer wirklich produktiven Thätigkeit beruhe. Ist diese Grund-
forderung erfüllt, so gilt es den Propheten im Grunde

---

[1] Memminger a. a. O. S. 79. Es werden daselbst als Beleg-
stellen noch angeführt Amos 2, 8; 3, 10. Mich. 6, 11 f.

gleich, ob diese Arbeit im Landbau oder im Handel sich
bethätige; sie hüten sich wohl vor der Einseitigkeit, der viele
Nationalökonomen schon verfallen sind, den Handel als
durchaus unproduktiv und den Handelsgewinn auf bloßer
Übervorteilung beruhend anzusehen. Die Propheten stellen
bloß die Forderung: Der Reichtum soll redlich erworben,
nicht aber erwuchert sein. Auf derartigem Wohlstand aber,
der aus ehrlicher Arbeit erwächst, soll auch der Segen des
Herrn ruhen: „Saget dem Gerechten," heißt es bei
Isaias (3, 10), „daß es wohl um ihn steht, denn er wird
genießen die Früchte seiner Anschläge," d. h. die Früchte
seines erfinderischen Schaffens, — eine für die Darlegung
der ökonomischen Anschauungen der Propheten sehr wertvolle
Stelle, weil sie auch die Geistesarbeit als einen
gewichtigen, ja als den gewichtigsten Faktor der
Produktion anerkennt und ihr das Recht auf voll-
wertige Entlohnung zuspricht. Es ist damit eine gefährliche
Klippe vermieden, an welcher der Sozialismus gestrandet
ist: die Überschätzung der materiellen Arbeit. Diese gilt
dem Sozialismus als alleiniger Produktionsfaktor, ganz
entsprechend seiner materialistischen Lebensanschauung, die
nur den Stoff als wirklich betrachtet; die geistige Arbeit ist
nur eine etwas qualifizierte materielle Arbeit und wird auch
in letzter Linie auf diese reduziert und durch sie berechnet[1].
So äußert sich Marx folgendermaßen: „Kompliziertere
Arbeit gilt nur als potenzierte oder vielmehr multipli-
zierte einfache Arbeit, so daß ein kleines Quantum kom-
plizierter Arbeit gleich ist einem größeren Quantum einfacher
Arbeit."[2]

---

[1] Auch nach Robbertus giebt es keine andere Quelle des Reichtums als die materielle Arbeit (Abler, Robbertus, der Begründer des
wissenschaftlichen Sozialismus [Leipzig 1883] S. 21).

[2] Marx, Kapital I, 11.

11. So soll nach der Ansicht der Propheten die produktive Arbeit, die geistige wie die materielle, das Grundprinzip der Einkommensverteilung bilden; Arbeit und Lohn stehen im Wechselverhältnis zu einander: „Und ich führe zurück die Gefangenen meines Volkes Israel; und sie bauen wieder auf die verwüsteten Städte und bewohnen sie, pflanzen Weinberge und trinken Wein davon, legen Gärten an und essen die Frucht davon" (Amos 9, 14). Der Arbeit gebührt auch ihr Ertrag. „Die Auffassung der Güter als Arbeitsprodukte ist hier in eine Form gefaßt, die mit der bekannten Definition des gerechten Arbeitslohnes eine überraschende Ähnlichkeit zeigt. Das Gut ist hier Arbeitsprodukt und zu gleicher Zeit Arbeitslohn und zwar nicht des Lohnarbeiters, sondern des selbständigen Arbeiters, der der Eigentümer seiner Produktionsmittel ist, der die Frucht seines eigenen Weinberges und seines eigenen Gartens genießt."[1] Aber das ist es gerade, was den Propheten als Ideal vorschwebt, daß die Arbeit auch im Besitz der notwendigen Produktionsmittel ist, damit sie sich nicht an das allmächtige Kapital auf Gnade oder Ungnade auszuliefern braucht. Keine feindliche Trennung soll das Verhältnis von Kapital und Arbeit beherrschen, sondern diese beiden Produktionsfaktoren sollen möglichst in ein und derselben Person sich vereinigt finden, wie sie ja auch im Produktionsprozesse selbst eine Verbindung miteinander eingehen müssen. Damit stehen die Propheten voll und ganz auf dem Boden des Gesetzes, das jedem Menschen die Pflicht der Arbeit auferlegt[2]. „Das Alte Testament hat zuerst den Grundsatz aufgestellt und ihn festgehalten durch Jahrhunderte, wo die umwohnenden Völker und Menschen nicht daran dachten,

---

[1] Memminger a. a. O. S. 78.

[2] Vgl. über die Hochschätzung, welche das Alte Testament der Arbeit entgegenbringt, Sim. Weber, Evangelium und Arbeit (Freiburg 1898) S. 42—57: Das Alte Testament und die Arbeit.

den Grundsatz, daß jeder Mensch für sein Durchkommen und die Befriedigung seiner Lebensbedürfnisse verantwortlich sei — eine Verantwortung, der er durch Arbeit nachzukommen hat. Das Essen des Brotes ist an die Bedingung des Schweißes der Arbeit geknüpft" (1 Mos. 3, 19)[1]. Ein volkswirtschaftlich hochwichtiger Grundsatz, daß alle Arbeitsfähigen in der Gesellschaft auch thatsächlich Arbeiter sein sollen! Die scharfe Scheidung von Arbeit und Kapital sollte dadurch zur Unmöglichkeit, die soziale Kluft zwischen bloßen Arbeitgebern und Arbeitnehmern überbrückt werden. Das Kapital kann oder soll wenigstens nicht eine Macht für sich und noch viel weniger der beherrschende Faktor im Arbeitsverhältnisse werden[2].

12. In der von den Propheten erhofften Friedensperiode werden dann endlich — dies liegt in der Stelle des Amos noch enthalten — geordnete und gesicherte Eigentumsverhältnisse, die zu damaliger Zeit ganz umgestürzt waren, wiederkehren, und jeder soll die Früchte seines Eigentums und seiner Arbeit in ungestörter Ruhe genießen. Das ist es vor allem, was zum sozialen Frieden und zur gedeihlichen Fortführung des wirtschaftlichen Fortschrittes notwendig ist, daß das Eigentum auf gesicherten Grundlagen beruht. Das bildet den festen Anker inmitten der Umwälzungen im sozialen und wirtschaftlichen Leben. Auch der kleine Mann, der kleine und mittlere Bauer, muß in seiner Rechtssphäre geschützt sein. Er darf nicht so leicht zur Beute des Großgrundbesitzes werden können. Durch Gesetzgebung und Sitte muß verhütet werden, daß die Kleinbetriebe vom Großkapital aufgesogen werden.

Die Rechtsordnung hat Vorsorge zu treffen, daß ein allzu leichter und plötzlicher Übergang von der Armut zum

---

1 v. Rathusius a. a. O. S. 299 f.
2 Kübel a. a. O. S. 70.

Reichtum und umgekehrt möglichst vermieden werde. Eine
gewisse Stabilität soll die Erwerbs- und Besitzordnung
beherrschen. Dagegen sind solche Erwerbs- und Produktions-
verhältnisse, welche den ruhigen Besitz des rechtmäßig
erworbenen Vermögens unsicher machen, als ungesund ebenso
zu verurteilen, wie solche Zustände zu verwerfen sind, unter
denen das rechtmäßige Besitztum durch Raub und Diebstahl
beständig bedroht ist. „Ein rasches, unverschuldetes Hinab-
sinken in das Proletariat hat ganz gewöhnlich Entmutigung,
Erbitterung, ja Verzweiflung zur Folge, die dann auch
Vernachlässigung der pflichtmäßigen Sorge für das Seelen-
heil zur Folge haben. Umgekehrt wird die Leichtigkeit, ein
großes Vermögen sich zu erwerben, zum übermäßigen Verlangen nach demselben anreizen und damit zum Vergessen
des letzten und höchsten Zieles, zur Anwendung auch
unerlaubter Mittel, und falls das Vermögen erworben ist,
zur Selbstüberhebung und zum Stolz. Besteht die Möglichkeit des raschen und unverschuldeten Verlustes der zeitlichen
Güter einerseits und des raschen Aufsteigens in die höheren
und höchsten Gesellschaftsklassen anderseits ganz allgemein,
dann muß diese Erwerbs- und Besitzordnung als eine solche
verworfen werden, welche zu wenig dem letzten Ziele der
Menschen zu dienen geeignet ist. Ein plötzlicher müheloser
Erwerb einerseits, und anderseits der plötzliche Übergang
von Wohlhabenheit zu Armut üben durchgehends einen
ungünstigen Einfluß auf das sittliche Verhalten der von
ihnen betroffenen Menschen aus. Die Wirtschaftsordnung
ist vielmehr so einzurichten, daß alle für angestrengte und
andauernde wirtschaftliche Thätigkeit, aber auch nur für eine
solche, als Lohn schon jetzt die Erhaltung und Besserung
ihrer äußeren Lage erwarten können."[1] Diese prinzipiellen
Erörterungen werden die Bedeutung des prophetischen Wortes:

[1] Biederlack, Die soziale Frage (3. Aufl., Innsbruck 1898) S. 137.

Jeder sitzt unter seinem Feigenbaum und unter seinem Weinstocke, noch klarer hervortreten lassen.

13. Aber auch der Arbeiter, der nicht selbst die Produktionsmittel besitzt, sondern in fremdem Dienste arbeitet, soll vor
der Auswucherung seiner Arbeitskraft geschützt sein[1]; auch
der Lohnarbeiter soll sich der Früchte seiner Arbeit
freuen. Wir sahen bereits, wie die Propheten die ungerechte
Behandlung des Lohnarbeiters mit aller Entschiedenheit
bekämpften. Jeder soll seine „Arbeitsprodukte genießen,
sogar reichlich genießen, doch nicht so, daß sie allzu wesentlich
über den laufenden Bedarf hinausragen"[2]. Der herzlose
Kapitalist soll sich nicht mit fremdem Schweiße bereichern;
die Arbeit soll wieder zu ihrer Ehre und zu ihrem unge-
schmälerten Recht gelangen. Wir wissen, mit welcher Verachtung der Prophet Amos von den Reichen spricht, die
in träger Ruhe auf schwellenden Polstern den Müßiggang
pflegen. Das Sibaritentum, dem die Propheten so energisch
zu Leibe rücken, muß verschwinden. Faule Drohnen, die
den Gewinn der fremden Arbeit einsacken, darf die Gesell=
schaft nicht dulden; aber der ganze Arbeitsertrag soll
auf diejenigen sich verteilen, die zum Zustandekommen des Wertes mitwirkten. „Sie werden Häuser
bauen und bewohnen, Weinberge pflanzen und die Früchte
davon genießen. Sie werden nicht bauen und ein
anderer bewohnen, nicht pflanzen und ein anderer
essen" (Jf. 65, 21 f.). Der Träger des gerechten Erwerbes,
will der Prophet besagen, hat demnach eine produktive
Thätigkeit zu entwickeln, die, der ganzen Natur der israelitischen Volkswirtschaft entsprechend, meist auf Bearbeitung des
Bodens und ähnliches gerichtet ist. Die dabei gewonnenen
Produkte dienen in erster Linie dem eigenen Bedürfnisse

---

[1] Über den Arbeitswucher f. oben S. 161 f.
[2] Memminger a. a. O. S. 79.

des Arbeitenden und bleiben hinsichtlich ihrer Menge inner=
halb jener Grenzen, die durch den Mittelstandsbegriff
gezogen sind [1]. So wird auch die soziale Zerklüftung, die
das Volk auseinanderreißt und seine Kraft schwächt, ver=
schwinden, der Friede wird alles einigen: „Der Wolf und
das Lamm soll miteinander weiden" (Jf. 65, 25). Friede
nach innen und außen, reichlicher Ertrag des Bodens, der
hundertfach die darauf verwendete Mühe vergilt, das ist auch
das Ideal, das Zacharias herbeisehnt: „Ein Same des
Friedens wird es sein: der Weinstock wird seine Frucht, die
Erde ihr Gewächs und der Himmel seinen Tau geben"
(Zach. 8, 12).

14. Tiefer als die andern Propheten geht Ezechiel auf
die Frage der Besitzverteilung ein. Der Entwurf einer
Landesverteilung, welchen dieser Prophet für die Neu=
einrichtung des Staatswesens nach der Rückkehr aus der
babylonischen Gefangenschaft giebt, greift wieder zurück auf
die ursprüngliche Verteilung des Ackerlandes zu
gleichen Teilen: „Dieses Land nun sollt ihr unter euch
teilen nach den Stämmen Israels" (Ez. 47, 21); und zwar
soll die Zuweisung der einzelnen Anteile durch das Los
erfolgen (Ebd. 48, 29).

Einer etwa wiederkehrenden Ausbeutung des Volkes
durch die Vornehmen, Fürsten und Priesterschaft, soll nach
diesem Projekte dadurch vorgebeugt werden, daß die Leistungen,
welche an dieselben zu entrichten sind, gesetzlich genau fest=
gelegt werden. Dem König soll ein Krongut gegeben
werden, und zwar geschieht das mit der ausgesprochenen
Absicht, „daß die Fürsten fürderhin nicht mehr mein
Volk berauben, sondern das Land dem Hause Israel nach
seinen Stämmen einräumen. So spricht Gott der Herr:
Lasset es euch genügen, ihr Fürsten Israels, laßt ab vom

---

[1] Memminger a. a. O. S. 80.

Unrecht und Raub, übt Recht und Gerechtigkeit und sondert eure Grenzen von meinem Volk" (Ez. 45, 8 f.).

Damit aber nicht wieder dieselben trostlosen Verschiebungen im Grundbesitze zu Gunsten der Minderheit und zum Schaden des Ganzen auftauchen, muß eben von seiten des Fürsten aufs strengste Recht und Gerechtigkeit geübt werden: Die Wahrung der Gerechtigkeit bleibt des Königs höchste Aufgabe, der Krone herrlichster Juwel. Es ist deshalb eine ungenaue Wiedergabe der Gedanken Ezechiels, wenn Cornill behauptet, dem König falle in dem neuen Jerusalem nicht mehr der Schutz des Rechts und die Obsorge für die äußere Wohlfahrt als Aufgabe zu. Es bleibe „dem König lediglich die Stelle eines Repräsentanten des Volkes und eines Kirchenpatrons: er hat für den Tempel zu sorgen und den Kultus zu bestreiten und darf nur zu diesem Zwecke von dem Volke Abgaben erheben von denjenigen Dingen, welche beim Gottesdienste gebrau h werden: Schafe, Böcke, Rinder, Korn, Wein, Öl. Alle Steuern sind ausschließlich Kirchensteuern; der Fürst erhält, um nicht seinerseits dem Volke beschwerlich zu fallen und dessen Steuerkraft in Anspruch zu nehmen, ein reichliches Domanium an Grundbesitz zugewiesen, wo er wie jeder andere Israelit sein Feld bestellt. Denn auch jeder einzelne Stamm erhält seinen bestimmten Anteil an dem heiligen Lande. Hier haben wir zum erstenmal mit voller Klarheit den Begriff eines Gottesstaates, oder wie wir auch sagen können, eines Kirchenstaates: der Staat geht völlig auf in der Kirche."[1] Soll aber der Mittelstand nicht wieder vom Großkapital aufgesogen werden, so müssen in erster Linie die elementarsten Forderungen der Gerechtigkeit im Wirtschaftsleben zur Durchführung gebracht werden. Um den wirtschaftlichen Verkehr, der in früherer Zeit zu einem Tummelplatz der Fälscherei und des Betruges aller Art

---

[1] Cornill, Der israelitische Prophetismus S. 125.

geworden war, in den Schranken der kommutativen Gerechtigkeit zu halten, soll vor allem auch wieder für gerechtes
Maß und Gewicht, sowie für ein geordnetes Münzwesen, diese Grundbedingungen eines reellen Geschäfts-
verkehrs, Sorge getragen werden (Ez. 45, 10 ff.).

Wie oben schon angedeutet, werden auch die Natural-
leistungen bestimmt, welche an die Fürsten (Ebd. 45, 16 ff.)
und an die Priester (Ebd. 44, 30; 45, 13) zu entrichten sind.
Es ist bemerkenswert, daß der Prophet Naturalien als
Abgaben für die öffentlichen Zwecke des Staates und des
religiösen Kultes will: der Staat ist nach der Auffassung
Ezechiels vorwiegend Agrikulturstaat, der Handel spielt dem
Ackerbau gegenüber nur eine dienende Rolle; da ist es denn
am einfachsten und dem Steuerzahler gewiß auch am zuträg-
lichsten, wenn er seine Abgaben in der Form von Natural-
leistungen entrichten darf. Es soll überhaupt dem Über-
wiegen der Geldwirtschaft gesteuert werden.

15. Das sozialpolitische Ideal der Propheten
ist demnach ein auf gesicherten Erwerbsverhält-
nissen sich erhebender freier Mittelstand. Er ist
der breite, tragfähige Unterbau in der Gesellschaftspyramide,
auf dem als Spitze eine verhältnismäßig geringe Anzahl
von großen Vermögen ruht. Es kommt nicht so sehr darauf
an, daß der Staat möglichst reich sei, sondern daß er möglichst
viele tüchtige Bürger habe. „Eine der wichtigsten Bedingungen
hierzu ist eine derartige Verteilung des Reichtums, daß Not
und Überfluß gleichmäßig gemieden werden. Eine gesunde
Mittelstandspolitik wird nicht nur den Bürgern, sondern
auch dem Staate als Gesamtheit zum größten Vorteil
gereichen."[1]

Um die prophetische Lehre vom Mittelstand in noch
helleres Licht zu setzen und ihren vollen Inhalt darzulegen

---

[1] Schaub a. a. O. S. 412. Daselbst sind auch die nachfolgenden Stellen aus Thomas von Aquin zitiert.

seien die Gedanken wiedergegeben, die Thomas von Aquin über diesen Gegenstand vorgetragen hat: „Man hat (bei Einrichtung des Staates) dafür zu sorgen, daß für die einzelnen die nach Stand und Stellung vorhandenen Mittel vorhanden sind, sonst könnte kein Reich oder Staat Bestand haben." „Da durch die Regellosigkeit des Besitzes die meisten Staaten zu Grunde gehen, wie der Philosoph sagt, wandte das (mosaische) Gesetz zur Regelung des Eigentums ein dreifaches Heilmittel an: eines, wonach der Besitz nach der Kopfzahl gleichheitlich verteilt wurde; in diesem Sinne heißt es 4 Mos. 33, 54: „Vielen sollt ihr ein ausgedehnteres und wenigen ein beschränkteres Land geben." Das zweite Heilmittel verhindert die dauernde Veräußerung des Besitzes, sieht vielmehr für eine bestimmte Zeit dessen Heimfall an den früheren Eigentümer vor, damit keine Mißordnung in der Besitzverteilung eintrete. Ein drittes Heilmittel zur Fernhaltung einer solchen Mißordnung regelt die Erbfolge dahin, daß zuerst die nächsten Angehörigen in den Besitz der Verstorbenen eintreten ... Zur Unterscheidung der Besitzanteile verordnet das Gesetz ferner, daß die Erbinnen Männer aus ihrem Stamm heiraten." „Wie der Philosoph (Aristoteles) sagt, trägt die richtige Verteilung (regulatio) des Besitzes viel zur Erhaltung des Staates oder Volkes bei." „Deshalb war es, wie er selbst sagt, in vielen heidnischen Staaten Gesetz, daß jemand seinen Besitz nur bei nachgewiesenem eigenen Schaden verkaufen konnte. Wenn nämlich der Besitz allgemein verkauft werden kann, können alle Besitzungen leicht in wenige Hände kommen; und dann wird notwendig ein Staat oder Gebiet entvölkert werden [1].

---

[1] Vgl. dazu Jf. 5, 8: „Wehe über die, welche Haus an Haus reihen, Feld zu Feld schlagen, bis kein Raum mehr da ist, so daß ihr allein wohnen bleibt im Lande." Es ist eine Thatsache der Erfahrung, daß, wo Latifundienwirtschaft überhand nimmt, die Bevölkerungsziffer zurückgeht. Die armselige Lage, in welcher z. B. auf den großen Ritter-

Darum traf das Alte Gesetz, um dieser Gefahr vorzubeugen, die Bestimmung, daß einerseits den menschlichen Bedürfnissen abgeholfen werde, indem es die Besitzveräußerung für eine bestimmte Zeit zugab, anderseits aber jener Gefahr vorbeugte durch das Gebot, der verkaufte Besitz habe an einem bestimmten Zeitpunkt an den Verkäufer heimzufallen. Es traf diese Bestimmung, um die Unordnung in der Verteilung zu verhindern und immer dieselbe Gebietsscheidung in den Stämmen zu erhalten." Das war der Standpunkt des Gesetzes und der Propheten.

16. Mit dieser ihrer sozialen Grundidee hängt aber noch manche andere für das gesellschaftliche Leben wichtige Folgerung wie als Ausläufer der einen Wurzel zusammen. Indem sich die Propheten gegen die Bedrückungen der Schwachen durch die Reichen ereifern, liegt es ihnen am Herzen, die Freiheit der Person wie die Freiheit des Besitzes gegen die Gefahr einer drückenden Schuldknechtschaft zu verteidigen. Es ist bekannt, wie Jeremias sich bemühte, der Idee der persönlichen Freiheit auch thatkräftigen Ausdruck zu verschaffen. „Es mag eine Folge seiner Wirksamkeit gewesen sein, daß der schwache König (Sedecias), von der Not gedrängt, sich dazu entschloß, dem Gesetz entsprechend, die Sklaven, soweit sie hebräischer Abkunft waren, frei zu geben. Als man aber in Veranlassung der durch einen Abzug der Chaldäer gegen die herankommenden Ägypter unterbrochenen Belagerung auch diesen Schritt wieder zurücknahm, erhob der Prophet um so nachdrücklicher seine Stimme und verkündete Sedecias und seinen Fürsten das Gericht des Herrn."[1] Es ist eine erschütternde Drohung, die der Prophet wegen der mit Füßen getretenen Freiheit eines Teiles des Volkes ausrufen muß: „Darum

---

gütern im Osten Deutschlands die ländlichen Arbeiter sich befinden, veranlaßt viele zur Landflucht.

[1] Küper a. a. O. S. 311.

spricht dieses der Herr: Ihr habt mir nicht gehorcht, daß
ihr Freiheit ausgerufen hättet, ein jeglicher für seinen Bruder
und ein jeglicher für seinen Freund: siehe, so rufe ich für
euch, spricht der Herr, Freilassung aus zum Schwert, zur
Pest und zum Hunger und will euch zerstreuen in alle
Königreiche der Erde" (Jer. 34, 17).

17. Damit steht im engsten Zusammenhange eine andere
für die soziale Gliederung hochbedeutungsvolle Idee, die
Gleichheit aller Menschen. Man möchte dieselbe gerne
als eine Errungenschaft der neuesten Zeit, als ein Produkt des
modernen Geistes hinstellen[1]. In der That klingt sie jedoch
laut und vernehmlich schon bei den Propheten durch. Wenn
wir in Erwägung ziehen, wie der antiken Welt das Verständnis
für die Gleichheit aller Menschen gänzlich gefehlt hat, wie
selbst der gefeiertste Sozialtheoretiker des Altertums, Aristoteles, sich nicht bis zur Höhe dieses Gedankens zu
erschwingen vermochte, sondern in dem Unterschied zwischen
Herren und Sklaven eine von der Natur selbst getroffene
Einrichtung erblickte, so ist das Eintreten der Propheten zu
Gunsten der persönlichen Freiheit aller Menschen nur desto
höher anzuschlagen. Mit dem Hinweis auf die messianische
Zukunft verknüpft sich bei den Propheten gern der Gedanke
an die Gleichheit aller Volksglieder. So wenn Joel die
Geistesausgießung „über alles Fleisch" verkündet (Joel 2,
28 f.). Der Geist „kommt über alle Alters- und Standes-
stufen, selbst über Knechte und Mägde."[2]

Aber nicht bloß der enge Kreis des auserwählten
Bundesvolkes soll im messianischen Reich das Bürgerrecht
erlangen, sondern auch die in den Augen des Israeliten
als minderwertig geltenden Heidenvölker sollen dazu berufen

---

[1] Z. B. Jul. Wolf, Sozialismus und kapitalistische Gesellschaftsordnung (Stuttgart 1892) S. 30 ff.
[2] Küper a. a. O. S. 159.

sein. Die Idee der Gleichheit ist so weit als der Begriff der Menschheit. Deutlich hat dies Isaias ausgesprochen: „Und die Kinder der Fremdlinge . . . die will ich auf meinen heiligen Berg führen" (Is. 56, 6 f.). Der Prophet Jonas ist die Verkörperung dieser universalistischen Idee im Gegensatz zum engherzigen jüdischen Partikularismus. Küper sagt, „daß durch das Buch Jonas der Universalismus des göttlichen Reiches im Unterschied von dem israelitischen Partikularismus bezeugt" werden soll[1]. Die ausgezeichnete Stellung der Israeliten als auserwähltes Volk beruht eben nicht auf einer besondern, dieses Volk weit über alle andern Nationen stellenden Trefflichkeit, sondern auf einem unverdienten Gnadenerweis Gottes. Das Prinzip der Gleichheit der Menschen leidet darunter nicht im mindesten: die Israeliten haben, soweit ihre Würdigkeit in Betracht kommt, vor andern Völkern nichts voraus. Die Propheten betrachten deshalb das Verhältnis Israels zu Gott als ein sittlich bedingtes, welches durch Erfüllung der sittlichen Bedingungen von jedem andern Volke ebensogut hergestellt werden kann. „Denn Recht ist überall Recht und Unrecht überall Unrecht. War der Gott Israels als der Gott der Gerechtigkeit anerkannt, so erstreckte sich sein Reich so weit, als es eine Gerechtigkeit giebt und geben soll — er wurde eben damit zum Herrn der Welt . . . Vor dieser Weltmacht der Gerechtigkeit fielen die nationalen Schranken."[2] Aus der Gleichheit der Menschen zieht dann Ezechiel in seinem Programm für die Landverteilung den höchst praktischen Schluß, daß auch dem Fremden Ackerboden zugewiesen werden soll: „In welchem Stamm immer der

---

[1] Küper a. a. O. S. 166.

[2] Cornill, Der israelitische Prophetismus S. 47 f. Cornill macht diese Ausführungen jedoch bloß mit Bezug auf Amos, in welchem die Religion Israels zuerst die nationalen Schranken durchbreche. Sie gelten jedoch ebensogut auch von den übrigen Propheten.

Fremdling sein wird, daselbst sollt ihr ihm ein Erbteil geben" (Ez. 47, 23).

18. Das bisher geschilderte Zukunftsideal der Propheten würde in einem wesentlichen Stücke unvollständig und deswegen auch unwahr sein, wollten wir eines besonders kräftig hervorleuchtenden Zuges, auf den im Vorausgehenden schon wiederholt hingewiesen wurde, vergessen: des lebhaften Wunsches nämlich nach dem endlichen Sieg der Gerechtigkeit und vor allem nach einer gerechten Regierung. Ohne eine solche wäre ja die Erhaltung eines kräftigen Mittelstandes gar nicht denkbar. Eine Regierung, welche die Verteidigung des Rechtes zu ihrem ersten Programmsatze macht und demgemäß auch in dem Schutz der Schwachen gegen den Druck und die Übermacht des Kapitalismus ihre oberste Aufgabe erblickt, welche nicht in dem Interesse einer Klasse, sondern in dem Wohl des Ganzen den leitenden Grundsatz ihrer Politik besitzt: das ist der warme Sehnsuchtsruf, in welchem alle sozialen Reformideen der Propheten ausklingen. Wie sie es für den ärgsten Greuel halten, daß die Ungerechtigkeit auf dem Thron und im Heiligtum herrscht und sich von diesen Höhepunkten der Gesellschaft wie ein breiter Strom vergiftend ins breite Volk ergießt; wie dies der Zündstoff für ihre Entrüstung und die Hauptschuld an den von ihnen verkündeten Strafgerichten ist: so bildet das dringende Verlangen nach dem Siege des Rechtes den Mittelpunkt ihrer Hoffnungen und Bestrebungen. Die Gerechtigkeit ist der unentbehrliche Pfeiler, der das Gebäude aller sozialpolitischen Ideale stützen muß. Verbindet sich mit dem Begriff der Gerechtigkeit in der Vorstellung der Propheten ja sicherlich überhaupt der allgemeine Sinn von Sündenlosigkeit und Heiligkeit[1], so ist

---

[1] Im Alten wie im Neuen Testament werden alle geforderten sittlichen Qualitäten im Begriff der Gerechtigkeit einheitlich zusammengefaßt. (Jakoby, Neutestamentliche Ethik [Königsberg 1899] S. 62.)

doch gerade aus dem schroffen Gegensatz, in dem die von den
Propheten so tief beklagte Ungerechtigkeit im Handel
und Verkehr, in der Rechtspflege und Politik zu
ihrem Wunsche nach Gerechtigkeit steht, die Schlußfolgerung
gestattet, daß darunter auch, und sogar in erster Linie,
die Gerechtigkeit im engeren Sinn, die Gerechtigkeit als
soziale Tugend, als Beherrscherin des Tauschverkehrs und
als Norm der Staatsleitung, das Recht als soziales
Gut verstanden sei.

Es wurde schon an passender Stelle darauf aufmerksam
gemacht, wie Ezechiel, wenn er es unternimmt, den
Begriff des „gerechten Mannes" klarzulegen, die soziale
Seite so nachdrucksvoll hervorhebt. Fast zahllos sind auch
bei den andern Propheten die Rufe nach dem Siege der
Gerechtigkeit — rechte Stoßseufzer, die bei dem Anblick
der traurigen Zustände sich jeden Augenblick dem entrüsteten
Prophetenherzen entringen. Besonders ist das bei Isaias
der Fall. Er erwartet das Heil von einer gerechten
Obrigkeit. So verheißt der Herr der Stadt Jerusalem:
„Ich werde dir wieder Richter geben wie vorher und Rat-
geber wie vor alters; dann wirst du heißen die Stadt
der Gerechtigkeit, die treue Stadt. Sion wird durch
Recht erlöst werden und durch Gerechtigkeit zurückgeführt"
(Is. 1, 26 f.). Es ist des Sehers heißester Wunsch,
daß der Herr „Sion mit Recht und Gerechtigkeit erfüllt"
(33, 5). Denn nur die Gerechtigkeit giebt der Gesellschaft
Sicherheit und Gedeihen; sie ist eben, wie man das später
ausdrückte, „das Fundament der Reiche": „Wer in Gerechtigkeit wandelt und Wahrheit redet, wer ungerechten Gewinn
verschmäht und wessen Hand sich aller Bestechung enthält,
wer seine Ohren verstopft, um vom Blute nicht zu hören,
und seine Augen verschließt, um nichts Böses zu sehen, der
wird wohnen in der Höhe, Felsenschlösser werden sein
Schutz sein, sein Brot wird ihm gegeben und sein

Waſſer bleibt nicht aus" (Iſ. 33, 15 f.). Soll es wieder
beſſer werden, ſo muß die Loſung der Zukunft lauten:
„Bewahret das Recht und thut Gerechtigkeit, denn mein
Heil iſt nahe, daß es komme, und meine Gerechtigkeit, daß
ſie offenbar werde. Selig der Mann, der ſolches thut und
der Menſchenſohn, der daran hält: den Sabbat hält, daß
er ihn nicht entheilige und ſeine Hände bewahrt, auf daß
er nichts Böſes thue (Iſ. 56, 1 f.).

19. Beſonders iſt das meſſianiſche Reich, das die höchſte
Vollendung des israelitiſchen Königtums darſtellt, das Reich
der Gerechtigkeit und der Meſſias der Gerechte ſchlechthin
(Iſ. 61, 10; 62, 1 f.). Küper faßt die Bedeutung, welche
der Gerechtigkeit bei Iſaias beigelegt wird, dahin zuſammen,
daß der herrſchende Grundgedanke des Propheten ſei: S i o n
ſoll durch Recht erlöſt werden. Jehovah ſteht der
Welt gegenüber als der Heilige und Gerechte, und dem
entſprechend beruht Israels Berufung und Bewahrung auf
ſeiner Gerechtigkeit, um den Heilsplan auszuführen. Dazu
haben alle Ordnungen des Geſetzes dienen ſollen; aber darin
beſteht gerade das ganze Unglück, daß es dem Volk an der
Gerechtigkeit, ſowohl im äußeren Verhalten (Ebd. 59, 4. 14)
als in ſeinem Verhalten gegen Gott gebricht. „Deshalb
erſcheint es als eine Notwendigkeit, daß Gottes Gerechtigkeit
ſtrafend eingreife; da die Gerechtigkeit in Israel fernſteht,
heißt es maleriſch (Ebd. 59, 16 f.), ſo zieht er die Gerechtigkeit an wie einen Panzer und die Kleider der Rache zum
Gewand und deckt ſich mit dem Eifer als mit einem
Mantel . . . Wie das Gericht erſcheint aber auch die
Erlöſung aus Babel und die Heilsvermittlung des Knechtes
Gottes als ein Werk der göttlichen Gerechtigkeit (Ebd. 42, 6;
46, 13; 56, 1). Wenn der Alte Bund mit ſeinen ſündigen
Heilsvermittlern und ſeinem abgefallenen Volk aufhören
muß, ſo wird dagegen ein neuer Bund eintreten, durch die
Gerechtigkeit des Knechtes Gottes (Zadik genannt ebd. 53, 11)

und sein versöhnendes Leiden bedingt, da es auf der Grundlage göttlicher Gerechtigkeit ein Volk von lauter Gerechten, eine ganz neue Ordnung der Dinge giebt,
an welcher der Rest Israels und auch der Heidenwelt Anteil
nehmen solle (Ebd. 54, 14; 60, 21). Wenn der Prophet
alles Elend der Vergangenheit in der Ungerechtigkeit Israels befaßt, so steht für ihn alles Heil der
Zukunft in seiner Gerechtigkeit ... Es entspricht fast
schon neutestamentlicher Innerlichkeit, wie in diesem Abschnitt
alles Elend der Gegenwart und alles Heil der Zukunft auf
tiefere sittliche Grundlagen zurückgeführt wird.“ [1]

Da wird also keinem ökonomischen Fatalismus gehuldigt, als seien die Mißstände notwendige Begleiterscheinungen
der kulturellen Entwicklung, die stillschweigend in Kauf genommen werden müssen, wenn man nicht auf jede höhere
Kultur Verzicht leisten wolle. Nicht die technischen und ökonomischen Bedingungen der Produktion tragen die Schuld
daran, daß die einen die Macht in Händen haben und die
andern Sklavenketten tragen, wie das der Sozialismus
behauptet [2], sondern die Verantwortung dafür haben die
Menschen selbst zu tragen, die bewußt und freiwillig gegen
die sittliche und soziale Ordnung sich vergangen haben.

Tritt der Wunsch nach Beobachtung der von der Gerechtigkeit gestellten Forderungen als ein bedeutsames Element
aller prophetischen Ideale scharf hervor, so ist besonders

---

[1] Küper a. a. O. S. 250 f.
[2] „Die sozialen Verhältnisse sind eng verknüpft mit den Produktiv-
kräften. Mit der Erwerbung neuer Produktivkräfte verändern die
Menschen ihre Produktionsweise, und mit der Veränderung der Produktionsweise, der Art, ihren Lebensunterhalt zu gewinnen, verändern sie
alle ihre gesellschaftlichen Verhältnisse. Die Handmühle ergiebt eine
Gesellschaft mit Feudalherren, die Dampfmühle eine Gesellschaft mit
industriellen Kapitalisten.“ Marx, Das Elend der Philosophie (Stuttgart 1892) S. 91.

lebhaft die Sehnsucht nach guten Hirten, nach gerechten
Regenten. So heißt es bei Jeremias (23, 4 ff.): „Ich
will Hirten über sie stellen, die sie weiden sollen . . . Siehe
es kommt die Zeit, spricht der Herr, daß ich dem David
einen gerechten Sprößling erwecke; ein König wird
herrschen, der weise ist und Gerechtigkeit übt auf
Erden . . ., und dies ist der Name, womit man ihn nennen
wird: Der Herr, unser Gerechter.“ Und Baruch: „Gott
wird dir umthun das Gewand der Gerechtigkeit.“ Und
dann soll „Friede aus Gerechtigkeit“ erblühen“ (Bar. 5, 2. 4).
Ebenso richtet Ezechiel den Blick von der bloß auf ihren
Vorteil bedachten geistlichen und weltlichen Obrigkeit, von
den schlechten Hirten, die sich selber weiden und fett machen
und die Herde dem Verderben überantworten, auf den
Idealhirten und verkündet eine von Gott ausgehende
Erneuerung des Hirtenstandes. Der neue Fürst, das Vorbild aller Obrigkeiten, wird nichts anderes als das Wohl
seiner Unterthanen im Auge haben; er wird Recht und
Gerechtigkeit für das ganze Volk zu handhaben bemüht sein
(Ez. 34, 12 ff.).

20. So kommen wir auch von hier aus wieder darauf
hinaus, daß die Propheten an einem geordneten Staatswesen festhalten wollen, weil in einem energischen Staats-
oberhaupt das Recht seine Stütze haben soll. Es ist durch
nichts gerechtfertigt, wenn Cornill die Ansicht vertritt,
Osee habe angesichts der Anarchie und Auflösung im Nord-
reiche der Anschauung gehuldigt, das ganze politische und
staatliche Leben sei vom Übel; es sei eine Auflehnung gegen
Gott, der allein Herr und König Israels sei; in der
erhofften künftigen Zeit des Heiles, wo alle Verhältnisse so
seien, wie Gott sie wünsche, da gebe es keine Könige und
keine Fürsten, keine Politik und keine Bündnisse, keine Rosse
und keine Wagen, keinen Krieg und keinen Sieg. Das,
was man gewöhnlich die Theokratie des Alten Testamentes

nenne, habe Osee geschaffen als ein Produkt seiner trostlosen Zeit[1]. Aber in der Stelle, auf welche Cornill anzuspielen scheint, ist diese Behauptung nicht begründet. Wenn es bei Osee (3, 4 f.) heißt: „Viele Tage werden die Söhne Israels bleiben ohne König, ohne Fürsten, ohne Opfer, ohne Altar, ohne Ephod und ohne Teraphim. Und darnach werden die Söhne Israels sich bekehren und den Herrn, ihren Gott, und David, ihren König suchen," so liegt doch darin unverkennbar eine Drohung ausgesprochen, daß Israel ohne Königtum und Tempel sein werde, nicht aber eine Desavouierung des Staates durch den Propheten. Gerade die königlose Zeit gilt ihm als ein Übel. Daraus ergiebt sich, wie irrig es ist, wenn Cornill Osee hinsichtlich der Bewertung der sozialen und politischen Institutionen des künftigen Reiches in direkten Gegensatz zu Isaias setzt, der sich dieses zukünftige Reich Gottes nicht anders denken könne als unter menschlichen Formen. „Das ist sein Haupt-gegensatz gegen Osee, der Gegensatz des Judäers gegen den Israeliten. In Juda, wo die Herrschaft der Davidischen Dynastie niemals ernstlich angefochten war, hatte sich eine sehr segensreiche Stabilität aller Verhältnisse und ein Legitimitätsprinzip gebildet, während das Reich Israel dieses Vorzuges entbehrte und von Revolution zu Revolution, von Anarchie zu Anarchie geführt wurde. Diese segensreichen menschlichen Ordnungen will der Prophet auch in dem künftigen Gottesreiche nicht missen ... So hat denn auch das künftige Gottesreich Richter und Beamte und vor allem einen menschlichen König aus Davids Geschlecht an seiner Spitze: aber unter diesem menschlichen Könige ist es ein Reich des Friedens und der Gerechtigkeit."[2] Aber auch Osee hat nach einer regentenlosen Zeit, die dem Volk zur

---

[1] Cornill, Der israelitische Prophetismus S. 55 f.
[2] Ebd. S. 59 f.

Strafe angedroht wird, wieder einen König in Aussicht gestellt [1].

21. Lassen wir auch hier wieder zur Illustration der prophetischen Gedanken über die gerechte Regierung einige Bemerkungen des Aquinaten folgen! Ein Haupterfordernis für die gedeihliche Existenz des Staates ist den Propheten zufolge die Erhaltung der Eintracht unter den Bürgern, des gesellschaftlichen Friedens. Diesen nennt Thomas von Aquin „das Hauptgut der Gesellschaft". „Das gesellschaftliche Wohl (bonum multitudinis) besteht in der Ordnung und im Frieden, der die Ruhe der Ordnung ist, wie Augustinus sagt." „Der Regent des Staates erstrebt durch seine Thätigkeit den Frieden, der in der geordneten Eintracht der Bürger besteht." Je größer die Eintracht, desto stärker der Staat. „Kleine Dinge werden deshalb durch Eintracht größer, und die größten gehen durch die Zwietracht zu Grunde, weil die Kraft um so stärker ist, je mehr sie geeint ist, dagegen durch eine Spaltung gemindert wird." „Der Friede ist indirekt (negativ) ein Werk der Gerechtigkeit, insofern sie hinwegräumt, was ihm im Wege steht, direkt (positiv) dagegen ist er ein Werk der Liebe, da seine Ursache nach seinem eigentlichen Wesen die Liebe ist." „Die Liebe", sagt Dionysius, „ist die einigende Kraft." „Der Friede ist aber die Einheit der Strebungen."

---

[1] Wenn bei Osee (8, 10) der Herr von Israel sagt: „Ich will sie ein wenig rasten lassen von der Last des Königs und der Fürsten", so ist nicht das Königtum im allgemeinen als Last bezeichnet, sondern nach dem ganzen Zusammenhang solche Könige, wie sie Israel regierten: „Alle ihre Fürsten sind Abtrünnige" (Ebd. 9, 15). Vgl. auch folgende Stellen: „Wir haben keinen König, weil wir den Herrn nicht fürchten, und was soll uns ein König?" (Ebd. 10, 3). „Wo ist denn dein König? Sonderlich jetzt half er dir in allen deinen Städten, und deine Richter? Wovon du gesagt hast: Gieb mir einen König und Fürsten. Ich gab dir einen König in meinem Grimme und nehme ihn weg in meinem Zorne" (Ebd. 13, 10 f.).

„Friede und Eintracht können unter den Menschen durch
die Vorschriften der Gerechtigkeit nur dann hinreichend
erhalten werden, wenn überdies die Liebe unter ihnen
begründet ist. Durch die Gerechtigkeit wird genügend Vorsorge getroffen, daß einer dem andern nichts in den Weg
legt (non inferat impedimentum), nicht aber dafür, daß
einer von andern mit Gegenständen, deren er bedarf, unter-
stützt wird; denn es kann jemand die Unterstützung eines
andern notwendig haben in Dingen, wozu ihm rechtlich
(per iustitiae debitum) niemand verpflichtet ist."

Thomas kommt auch auf die Frage der gerechten
Besteuerung zu sprechen und nimmt hierbei Bezug auf einige
Stellen des Propheten Ezechiel. Die Fürsten dürfen Tribut
annehmen „gleichsam als Lohn für ihre Arbeit." Aber
„die Fürsten können in zweifacher Weise beim Erheben von
Abgaben sündigen: 1. Wenn sie nicht auf den Nutzen des
Volkes, sondern nur auf den Raub seiner Güter bedacht
sind. Darum heißt es Ez. 34, 3: ‚Ihr aßet die Milch und
kleidetet euch mit der Wolle, und was feist war, schlachtetet
ihr; aber meine Herde habt ihr nicht geweidet'. 2. Wenn
sie mehr nehmen als das Gesetz, welches eine Art Vertrag
zwischen Fürst und Volk ist, bestimmt und als das Volk zu
leisten vermag." „Wenn die Fürsten mehr erpressen, als
recht ist, so ist das Raub und Freibeuterei. Deshalb sagt
Augustinus: Nimm die Gerechtigkeit weg, was sind dann
die Königreiche weiter als große Raubnester, und die Räuber-
banden, was sind sie anders als kleine Königreiche." Und
Ez. 22, 27 heißt es: „Ihre Fürsten in ihrer Mitte sind wie
Beute raubende Löwen."[1]

22. Die Propheten erwiesen sich dem Gesagten zufolge
als eifrige Vertreter des Mittelstandes und seiner Interessen.
Da die soziale Frage sich im Altertum bei allen Kultur-

---

[1] Vgl. Schaub a. a. O. S. 407—411.

staaten hauptsächlich als ein Kampf ums Land, als ein Kampf der Parzellenbauern gegen den um sich greifenden Latifundienbesitz darstellte, so zielten auch die sozialen Reform= bestrebungen in der antiken Wirtschaftsepoche immer auf Er= haltung des bäuerlichen Mittelstandes ab und charakterisieren sich also wesentlich als „Mittelstandspolitik". Das ergab sich als notwendige Konsequenz der wirtschaftlichen Struktur der damaligen Gesellschaft, wo die Wohlhabenheit vorzugs= weise in Landbesitz bestand und der Bauernstand die große Majorität der freien Bevölkerung repräsentierte[1]. So mußte die soziale Frage wesentlich als Agrarfrage auftreten, d. h. als Krisis, in welcher sich der bäuerliche Mittelbesitz gegen= über der Ausbreitungstendenz des Großgrundbesitzes befand. Besonders aber mußte im alten Israel, wo ursprünglich ein selbständiger mittlerer Bauernstand viel mehr als ander= wärts gegeben war, als Ideal des einzelnen erscheinen, ein selbständiger Produzent zu sein, und, dem vorwiegend agrari= schen Betriebe des israelitischen Wirtschaftslebens entsprechend, mußten sich die sozialen Reformideen beinahe ausschließlich auf die Erhaltung des bäuerlichen Mittelstandes konzentrieren. Die Maßregeln staatswirtschaftlicher Natur, die im Mosai= schen Gesetz vorgesehen waren und deren Ausführung von den Propheten wieder energisch eingeschärft wurde, stellen nach der Bezeichnung Adlers „das umfassendste und durch= greifendste System der ländlichen Mittelstandspolitik dar, das die Weltgeschichte je gesehen."[2]

Die Anschauungen, welche die Propheten nach dieser Richtung in sozialreformatorischer Absicht vertreten haben, sind bestimmte klar formulierte Programmsätze, die zwar einer näheren Ausführung im einzelnen entbehren, aber dennoch die Zielpunkte der prophetischen Reformgedanken

---

[1] Adler, Geschichte des Sozialismus und Kommunismus S. 6.
[2] Ebd. S. 60 f.

deutlich genug erkennen lassen: Rückkehr zur Agrarpolitik und Erhaltung des bäuerlichen Mittelstandes. Deswegen scheint Adler nicht ganz das Richtige
zu treffen, wenn er sagt, daß erst durch das Deuteronomium,
das man im Jahre 621 entdeckt und eingeführt habe, klar
formuliert worden sei, was die Propheten bisher „in dunkeln
Worten zur Um- und Einkehr Israels gepredigt." [1]

---

[1] Art. „Sozialreform" S. 696.

XIII. Kapitel.

Hindernisse der sozialen Wirksamkeit der Propheten. Schlußbemerkungen.

1. Das Wirken der Propheten, welches sie nach der sozialen Seite entfaltet haben, tritt in ein noch helleres Licht, wenn wir uns zum Schluß die Schwierigkeiten und Hindernisse vergegenwärtigen, mit denen sie dabei zu kämpfen hatten. Zum weitaus größten Teil sind wir denselben auf unserer bisherigen Wanderung schon begegnet, denn überall, wo die Propheten die Axt an die verrotteten Zustände ansetzen, da erheben sich auch Widerstandskräfte, die ihren Einfluß mindern oder ganz paralysieren. Wir können alle diese Schwierigkeiten des prophetischen Wirkens in dem einen Schlagworte „Zeitgeist" zusammenfassen. Es war nun einmal eine Richtung ins Volk hineingedrungen, welche es von der Treue gegen das göttliche Gesetz abspenstig machte und einen heidnischen Zug dem Volkscharakter aufprägte. An allen Punkten, wo die Propheten die bessernde Hand oder das scharfe Messer ihrer unbestechlichen Kritik ansetzen, da reagieren diese Widerstandskräfte. Und besonders empfindlich mußten sich letztere eben dann zeigen, wenn die Propheten ihre Kritik auf das Gebiet der Volkswirtschaft übertragen, auf das Gebiet, wo die menschliche Selbstsucht, der Eigennutz, sich am stärksten regt. Es war nun ganz natürlich, daß besonders aus den

Kreisen, die durch die prophetische Kritik am
schwersten getroffen und kompromittiert waren, sich
der stärkste Widerstand, ja der grimmigste Haß gegen die
freimütigen Sittenprediger erheben mußte. Das waren die
oberen Klassen der Gesellschaft, die sich gerade bei den von
den Propheten bekämpften Zuständen am allerwohlsten befanden: die Fürsten, die Höflinge, der Tempel- und Kriegsadel, es war die Finanzwelt, die reichen Kaufleute, die
Wucherer, die Großgrundbesitzer. Alle diese wußten ja ihre
Situation so gut auszunutzen; das Volk war dazu da, um
ihre Kassen zu füllen. Von der Rechtspflege hatten sie gar
nichts zu befürchten. Diese stand vielmehr ganz in ihren
Diensten, und das „Recht" schlug sich auf die Seite, wo die
größte Macht lag und die stärkste Bestechung geübt wurde.

In diesen Knäuel der Verwirrung und Verdrehung
aller Rechtsbegriffe, in dieses wilde Chaos der sozialen
Auflösung griffen nun die Propheten beherzt und zielbewußt hinein; sie wagten, um es populär zu sagen, kühn
den „Griff ins Wespennest". An die Ausbeuter und
Bedrücker des Volkes, an die Schwindler und Wucherer, die
alle Welt fürchtete, machten sie sich mit glühendem Eifer;
mit solchen Leuten gab es kein friedliches Paktieren. Sie
verkündeten in zahllosen Variationen die große Wahrheit,
daß auch das Gebiet des Wirtschaftslebens nicht
aller sittlichen Ordnung los und ledig sei, und daß
der rohe Egoismus nicht die Triebkraft der Volkswirtschaft sein dürfe. Eure Opfer will ich nicht, übt
Gerechtigkeit, so spricht Gott durch den Mund seiner
Gesandten. All die religiösen Übungen, das Fasten, Opfer-
darbringen, sind wertlos, ja sind eine unsittliche Heuchelei,
wenn nicht auch der rohe Eigennutz und die ausschweifende
Genußsucht eingedämmt werden; auch das Gebiet des materiellen Gütererwerbes und -Genusses untersteht dem idealen
der Sittlichkeit.

2. Da waren nun die Reichen und Mächtigen in ihrem Thun und Treiben unliebsam gestört; aus dem Munde dieser Gottesboten tönte ihnen ein gebieterisches Halt! entgegen. Sie waren an einer Stelle empfindlich getroffen, wo sie am allerwenigsten eine Zurechtweisung ertrugen, in dem Punkte des Gelderwerbes. Daher erblickten sie in den Propheten ihre schärfsten Gegner und suchten sich derselben möglichst zu entledigen. Auf verschiedene Weise suchten sie ihnen beizukommen. Die Propheten sind oft das Opfer blutiger Verfolgung. Im Reiche der Zehnstämme waren sie schon früh unter Achab fast ausgerottet worden (3 Kön. 18, 4). Nichts ist bezeichnender für die Aufnahme, welche die Propheten bei den Ständen fanden, deren sündhaftes Treiben sie schonungslos rügten, als die Art, wie dem Seher Amos bei seinem Erscheinen auf einem Feste in Bethel der Priester dieses Heiligtums, Amasias, gegenübertrat. Amos ließ in den rauschenden Festjubel hinein die gellende Totenklage schallen: „Die Jungfrau Israel ist gefallen, sie liegt hingestreckt in ihrem Lande, und niemand richtet sie auf" (Amos 5, 2), und er bezeichnete zugleich als den Grund des unabwendbaren Unterganges die Verkommenheit und Ungerechtigkeit der oberen Stände (Amos 5, 7. 12): „Weh euch Reichen zu Sion, euch Sichern auf Samariens Berg, euch hohen Häuptern der Völker, die ihr mit Pomp ins Haus Israels kommt" (Amos 6, 1). Da wurde Amos ein Volksaufwiegler, ein Störer der öffentlichen Ordnung geschimpft. Sofort sandte Amasias zu Jeroboam, dem Könige von Israel, und ließ ihm sagen: „Aufruhr stiftet wider dich Amos im Hause Israels; das Land kann all seine Reden nicht ertragen. Denn so spricht Amos: Durchs Schwert wird sterben Jeroboam und Israel in die Gefangenschaft wandern aus seinem Land. Und Amasias sprach zu Amos: Seher, geh, flieh ins Land Juda: dort iß dein Brot und dort prophezeie! Zu Bethel prophezeie nicht

weiter: denn des Königs Heiligtum ist es, ein königliches Haus ist es" (Amos 7, 10 ff.).

3. Es war ein gern gebrauchter Schachzug, den die Reichen gegen die Propheten führten, daß sie dieselben als Umsturzmänner, als Frevler an der staatlichen Ordnung, als Empörer gegen des Königs geheiligte Person hinstellten, um sie in den Augen des Volkes zu diskreditieren und ihren Einfluß zu unterbinden. Und das mochte ihnen so schwer nicht werden; „denn den Untergang des eigenen Volkes voraussagen, das war eine Gotteslästerung: das hieß behaupten, daß Gott nicht willens sei oder nicht die Macht habe, sein Volk zu beschützen und zu erretten, ja das hieß Gott selbst den Untergang verkündigen; denn mit dem Volke, das ihm diente und ihn verehrte, ging auch der Gott selbst zu Grunde" [1].

Besonders in den Lebensschicksalen des Jeremias ist es mit deutlichen Zügen zu lesen, mit welch offener Gewaltthätigkeit und schreiender Ungerechtigkeit die Großen des Landes, die sich durch seine Wirksamkeit bedroht sahen, die Hetze der Verfolgung gegen ihn eröffneten. Der Prophet ist das Opfer öffentlicher Verunglimpfungen und wiederholter Einkerkerung (vielleicht Jer. 36, 5; sicher 37, 15). Er ist bedroht vom Könige Joakim, der nach ihm fahndet, und

---

[1] Cornill, Der israelitische Prophetismus S. 42. Cornill möchte den Propheten Elisäus zum Aufwiegler stempeln (a. a. S. 33 f). Während Elias ein Mann gewesen sei „von reinem Herzen und reinen Händen, der mit geistigen Waffen kämpfte", hätte Elisäus erkannt, „daß mit geistigen Waffen nichts auszurichten sei; er wird Demagog und Verschwörer, Revolutionär und Agitator. Eines der niederträchtigsten Subjekte, welches die israelitische Geschichte kennt, den Reiteroffizier Jehu, stiftet er an, das Haus Achabs zu ermorden und sich selbst auf den Thron Israels zu setzen: dies geschah." Nun hatte aber nach 3 Kön. 19, 16. 17 auch schon Elias eine höhere Weisung erhalten, den Jehu zum König zu salben, um an dem schuldbeladenen Haus das Gericht zu vollstrecken.

er entgeht der Gefangennahme nur dadurch, daß der Herr
ihn verborgen hatte (Ebd. 36, 26). Als er später in Ketten
schmachtet, da liegen die Fürsten dem schwachen König
Sedecias, der dem Propheten das Los der Gefangenschaft
erleichterte (Ebd. 37, 20) in den Ohren: „Wir bitten dich,
laß doch diesen Menschen töten!" (Ebd. 38, 4). Und da zeigt
sich die entsetzliche Abhängigkeit, in die das Königtum gegenüber den Großen des Landes geraten war.   Die Antwort
des Königs Sedecias ist ungemein charakteristisch: „Siehe, er
ist in euren Händen, und dem König geziemt nicht,
euch etwas zu versagen." Da nahmen sie Jeremias
und warfen ihn in die Grube des Melchias . . . die beim
Vorplatze des Kerkers war: und sie ließen ihn an Seilen
hinab in die Grube, worin kein Wasser, sondern Schlamm
war, und Jeremias sank in den Schlamm" (Ebd. 38, 5 f.).
Und was das Traurigste an dem ganzen Vorfall ist: Das
Rechtsgefühl ist im Volke wie erstorben.   Das Volk, dessen
gutes Recht der Prophet mit dem ganzen Eifer seiner
Feuerseele verteidigt hatte, rührt keinen Finger zur Rettung
des dem Tod Geweihten. Eine ganz vereinzelte Empfindung
für das dem Propheten zugefügte Unrecht regt sich. Ein
äthiopischer Kämmerling, also nicht etwa ein Kind des
israelitischen Volkes, hat Mitleid mit dem verfolgten und
dem sichern Tode ausgelieferten Propheten, der in der Grube,
wenn nicht ersticken, doch Hungers sterben sollte (Jer. 38,
7 ff.), und legt warme Fürsprache bei dem schwachen,
unselbständigen König Sedecias ein, die dem Jeremias das
Leben rettet. Aber damit war die dauernde Lebensgefahr,
in welcher der Prophet infolge der Verfolgungen seitens der
Hofpartei und der Geldmänner schwebte, nicht beseitigt
(Jer. 38, 24). Es ist kein Zufall, daß über dem Lebens-
ende so vieler Propheten die teils erweisbare, teils legen-
darische Nachricht liegt, sie seien als das Opfer des Hasses
gefallen.

4. Aber die größte Schwierigkeit, mit welcher die
Propheten zu ringen hatten, das war noch nicht einmal die
blutige Verfolgung, sondern weit mehr die Gegnerschaft, die
ihnen durch die falschen Propheten erwuchs. Denn
nichts war mehr geeignet, die Leute irrezuführen und die
Köpfe der gedankenlosen Menge zu verwirren, als wenn
nun den strengen Propheten, die Lebensbesserung verlangten,
Gegenpropheten erstanden, die darauf los weissagten, was die
Leute gerne hörten. Die Lüge, die alle Lebensverhältnisse
durchseucht und vergiftet hatte, hatte geradezu ihre Verkörperung in diesen Lügenpropheten gefunden; diese leisteten
dem Sinnentaumel und der Ungerechtigkeit professionsmäßig
Advokatendienste. Deswegen kehrt bei den Propheten die
Klage so häufig wieder, daß bei der Knebelung des Rechts
und bei der Ausbeutung der Armen und Schwachen die
„Propheten" mit den Priestern und Vornehmen an einem
Stricke ziehen. Und welch unheilvollen Einfluß dieselben
faktisch auf die sittliche Lebensführung des Volkes ausübten, das hat deutlich genug, wie wir wissen, Michäas
ausgesprochen, wenn er klagt, daß das Volk die Lügenpropheten liebe, die seinen Sinnen schmeicheln; wolle man
es zu Popularität und Einfluß bringen, müsse man das
Volk in seinen Ausschweifungen bestärken.

Die Propheten hatten mit dieser Gegenmacht, die alle
ihre Bemühungen für die soziale und ethische Besserung
Israels zu durchkreuzen suchte, den Kampf aufzunehmen,
einen Kampf auf Leben und Tod. Aber sie thun das im
Bewußtsein ihrer höheren Sendung und im Vertrauen auf
den Sieg der Wahrheit: „Wehe den verrückten Propheten,
die ihrem eigenen Geiste folgen und nichts erschauen. Wie
die Füchse in der Wüste sind deine Propheten, Israel"
(Ez. 13, 3 f.). „Sie erschauen Eitles und weissagen
Lüge; sie sagen: Es spricht der Herr, da doch der Herr sie
nicht gesandt hat, und sie hören nicht auf, zu bestehen auf

ihrer Rede. Sind es nicht eitle Gesichte, die ihr seht, nicht
lügenhafte Weissagungen, die ihr aussprecht? Ihr sprecht:
Es spricht der Herr, da ich doch nicht geredet habe. Darum
spricht so Gott der Herr: Dieweil ihr Eitles gesprochen
und Lügen geredet, darum siehe, komme ich über euch,
spricht Gott der Herr. Und meine Hand wird ergreifen die
Propheten, welche Eitles erschauen und Lüge weissagen . . .
Und ihr sollt erfahren, daß ich, der Herr, Gott bin. Darum,
daß sie mein Volk betrogen und sprachen: Friede, da doch
kein Friede ist" (Ez. 13, 6 ff.)[1].

5. Es muß ein sehr verbreitetes und höchst einträgliches
Geschäft gewesen sein, welches die Zunft der Lügenpropheten zu Gunsten der Volksbedrücker ausübten; denn
falsche Propheten gab es die Menge. Unter Elias werden
mehrere Hundert erwähnt (3 Kön. 18, 21). So müssen es
auch viele gewesen sein, die Jehu vertilgen ließ (4 Kön. 10, 25).
Daß man ein förmliches Geschäft aus dem Prophezeien
machte, legt Amos nahe, wenn er zum Priester von Bethel
sagt: „Ich bin kein Prophet und kein Prophetensohn,
sondern ein Hirt" (Amos 7, 14), d. h. ich bin kein Prophet,
der aus dem Prophezeien ein Gewerbe macht, das sich vom
Vater auf den Sohn forterbt. Auch falsche Prophetinnen,
die für Geld wahrsagen, finden sich erwähnt. Gegen
sie wendet sich im Namen Gottes Ezechiel: „Und du,
Menschensohn," so lautet der im gewordene Auftrag, „richte
dein Angesicht wider die Töchter deines Volkes, die aus
ihrem eigenen Herzen weissagen (d. h. ohne höhere, göttliche Sendung, sondern des schmutzigen Gewinnes wegen,
Allioli), und weissage wider sie und sprich: So spricht
Gott der Herr: Wehe denen, die Pölsterchen machen unter
alle Ellenbogen und Kissen unter das Haupt der Menschen

[1] Vgl. Is. 9, 14 ff.: „Darum wird der Herr von Israel Kopf
und Schweif abhauen. . . Die Alten und Angesehenen sind der Kopf,
der Prophet aber, der Lügen lehrt, ist der Schweif."

jeden Alters", d. h. durch Lehren und Verheißungen, die
der Bequemlichkeit und den Sinnen schmeicheln, alle Klassen
des Volkes in ihren lasterhaften Absichten und Werken
bestärken (Allioli), „um Seelen zu fangen, und die den
Seelen meines Volkes, wenn sie dieselben gefangen, das
Leben verheißen" (Ez. 13, 17 f.).

6. Die Propheten hatten es demnach mit übermächtigen
Gegnern aufzunehmen: Reichtum, Macht, Regierung standen
gegen sie und sogar die Religion wurde in heuchlerischer
Weise von pflichtvergessenen Priestern und falschen Propheten
gegen sie ins Feld geführt, um ihre Autorität zu erschüttern.
Daß die Propheten es dennoch wagten, so ganz auf sich
selbst gestellt, den Auswüchsen des Kapitalismus, dem Treiben
seiner Söldlinge entgegenzutreten und ihre Stimme für
Wahrheit und Recht zu erheben, bleibt ihr unbestrittenes
herrliches Verdienst. Übet Gerechtigkeit! Das ist das Leitmotiv der prophetischen „Wirtschaftspolitik", das in zahllosen Variationen behandelt wird. Wenn die Gerechtigkeit
aus der menschlichen Gesellschaft schwindet, so bedeutet das
den Ruin von Gesellschaft und Volkswirtschaft, und die
äußere Macht der einzelnen wie der Staaten ist außer stande,
denselben aufzuhalten. Größere Staaten als Israel, reiche
Handelsvölker, mächtige Weltreiche, sieht der prophetische
Fernblick in Schutt und Asche sinken. Wenn das Recht
nicht mehr obsiegt, so ist das die Todeswunde, an der sich
Staat und Gesellschaft verbluten. Wo die Gerechtigkeit,
statt das Scepter der Herrschaft zu führen, zu Boden getreten
wird, da wird Vertrauen und Treue schwinden, und damit
muß das Bindemittel zerreißen, welches die Glieder der
Gesellschaft allein auf die Dauer zu einem nicht bloß äußerlich
zusammengeschweißten, sondern innerlich verbundenen Ganzen
zusammenhält; da betreiben statt dessen Arglist und Lüge
ihr dunkles, unheimliches Werk. Wo Plutokratie und
Proletariat einander mit Verachtung und Haß gegenüber-

stehen, da ist auch die Widerstandskraft des Volkes nach
außen gebrochen.

Freilich haben die Propheten es vergeblich den Jahr=
hunderten zugerufen; und was Cornill von Elias sagt,
er sei eine Gestalt, welche in einsamer Größe unverstanden
durch ihre Zeit gegangen sei[1], das gilt mehr oder weniger
auch von den übrigen Propheten. Aber daß sie dem Sinnentaumel und den Lockungen des Goldes gegenüber, von denen
ihre Zeitgenossen bestrickt waren, nicht durchzudringen
vermochten, das kann ihr Verdienst keineswegs schmälern.
Die Propheten haben in ihren Schriften mit kräftigen Zügen
uns das Bild jener tiefbewegten Zeiten entworfen und lassen
deutlich genug die gewaltigen Hindernisse erkennen, die ihrem
Wirken sich entgegenstellten.

*   *
*

7. Kehren wir, nunmehr am Schlusse angelangt, noch
einmal zum Ausgangspunkt unserer Darstellung zurück!
Es wurde dort hervorgehoben, daß die Propheten nicht
eigentlich Politiker, sondern Sittenlehrer, Bußprediger waren.
Aber ganz abgesehen davon, daß wir die Propheten des
öfteren bedeutungsvoll in die politischen Geschicke ihres
Vaterlandes eingreifen sehen, hat es auch der Gang der
vorstehenden Ausführungen klar gemacht, warum sie doch
in einem ganz berechtigten Sinne als Sozialpolitiker gelten
dürfen. Freilich muß gesagt werden, daß diese ihre Wirksamkeit
gegen ihre sittlich=religiöse Aufgabe stark zurücktritt. Aber wenn
auch die Propheten keineswegs in erster Linie Sozialreformer,
Wirtschaftspolitiker sein und in ihren Lehren keine nationalökonomischen Theorien, sondern vor allem sittlich-religiöse
Wahrheiten darbieten wollen, so sind sie doch den sozial-
ökonomischen Problemen des öfteren nahegetreten. Die

---

[1] Cornill, Der israelitische Prophetismus S. 36.

sozialen und ökonomischen Mißstände, die sie
rings um sich her erblicken, sind eben der Ausfluß
ethischer Verirrungen und haben selbst wieder eine
demoralisierende Rückwirkung. Der Mißbrauch
des irdischen Gutes hat das Volk von Gott abgezogen[1]; es
zeigte sich, daß Sittlichkeit und Religion für das wirtschaftliche Leben nicht bedeutungslos sind, sich zu diesem nicht
völlig indifferent verhalten, und daß umgekehrt das Wirtschaftsleben von einem nicht zu unterschätzenden Einfluß auf
die sittliche Lebensführung ist. So kamen die Propheten
dazu, auch mit Problemen Fühlung zu nehmen, die ihrer
obersten Aufgabe scheinbar ferner lagen. Sie mußten,
wollten sie ihrem Berufe als Sittenlehrer voll und ganz
gerecht werden, auch dem Gebrauch des irdischen Gutes
ihr Augenmerk schenken, sie mußten sich mit Verhältnissen
befassen, die zwar nicht unmittelbar religiöser Natur waren,
die aber doch mit dem sittlichen Verhalten im engsten
Zusammenhang stehen. An das Wirtschaftsleben des jüdischen Volkes legen sie deshalb den Maßstab des sinaitischen
Gesetzes[2], üben an der Hand dieses Maßstabes nicht allein
Kritik, sondern wollen nach demselben auch das wirtschaftliche und soziale Leben umgestaltet wissen. Und

---

[1] Sellin a. a. O. S. 209.

[2] Sie führen auch bereits über das Gesetz hinaus und erweitern
die religiöse Erkenntnis des Volkes, aber sie stehen nicht im Gegensatz
zum Gesetz, wie die Worte Stöckers anzudeuten scheinen, mit denen
er seinen zitierten Vortrag schließt: „Mit den vorstehenden Proben sei
es genug. Sie zeigen, in welch scharfer und unerbittlicher Weise die
Propheten in Israel die Sünden der Besitzenden strafen und die Sache
der Elenden führen. Man wird nicht sagen können, das sei ein gesetz-
licher Standpunkt. Denn die Propheten reichen weit über das Gesetz
hinaus. Sie sind es gerade, die den Buchstaben des Gesetzes, wenn
ihm der Geist fehlt, in der schonungslosesten Weise preisgeben und den
evangelischen Standpunkt vorbereiten" (Evangelischer Arbeiterbote 1899,
Nr. 80).

sie suchen des weiteren die berufenen Faktoren der irdischen Gewalt zum Einschreiten gegen die herrschenden Mißstände und zur Anbahnung der sozialen Reformen aufzurufen, ein Moment, das ja zum Begriff der Sozialpolitik wesentlich gehört[1].

8. Die Kritik der Propheten auf volkswirtschaftlichem Gebiet gewährt uns einen tiefen Einblick in den großen Unterschied zwischen Theorie und Praxis, zwischen dem Sittengesetz und seiner Anwendung in damaliger Zeit. Aber unbeugsam, voll Todesmut im Herzen, stehen die Propheten inmitten eines tiefgesunkenen Zeitalters als die Verteidiger der Wahrheit und des Rechtes. Auch nach dieser Seite hin gilt das Wort Cornills: „Das Köstlichste und Edelste, was die Menschheit besitzt, sie verdankt es Israel und dem israelitischen Prophetismus."[2]

Die Propheten haben gegenüber dem einseitigen Materalismus, der sich zu ihrer Zeit in der Auffassung des Wirtschaftslebens breit machte, den Idealismus vertreten, ohne jedoch „Ideologen" zu sein. Diese stellen überspannte Anforderungen, unbekümmert um die realen Verhältnisse, die oft stärker sind als menschliches Können, und ohne Rücksicht auf den Durchschnitt der menschlichen Natur. Aber wenn die Propheten Übertreibungen vermeiden, unerbittlich verlangen sie Gerechtigkeit im wirtschaftlichen Leben. Der Fürst der Propheten, Isaias, vor allem betont die Notwendigkeit, in erster Linie Gerechtigkeit zu üben. Dies ist die unerläßliche Vorbedingung, um Gott durch Opfer und äußeren Gottesdienst

---

[1] Nathusius (a. a. O. S. 19) sagt, Sozialpolitik stehe immer in irgend welchem Zusammenhang zu einer gesetzlichen Neuordnung gesellschaftlicher Verhältnisse. Die Bestrebungen eines Menschenfreundes zur Hebung der unteren Klassen sind soziale Thätigkeit. Sozial= politisch wird diese erst, wenn das Bestreben dahingeht, gewisse Reformen durch gesetzliche Regelung durchzuführen, und wenn man für das Zustandekommen dieser Gesetze politische Agitation treibt.

[2] Cornill, Der israelitische Prophetismus S. 177.

zu gefallen. Das Räucherwerk der Ungerechten ist dem
Herrn ein Greuel: Zuerst Gerechtigkeit und dann Opfer:
„Lernet Gutes thun, suchet was recht ist, kommet zu Hilfe
dem Unterdrückten, schaffet Recht dem Waisen, beschirmet die
Witwe. Alsdann kommet und klaget über mich" (Is. 1, 17).

Die Propheten kennen keinen feindlichen Dualismus
zwischen Zeitlichem und Ewigem, sondern sie erstreben den
Ausgleich zwischen beiden, die Versöhnung des sittlich-
religiösen Gebietes mit dem des Gütererwerbes und -Genusses.
Sie stehen dem letzteren, wie unsere Darstellung bewies,
nichts weniger als schroff und feindselig gegenüber. Ist es
doch ein und dasselbe Menschenwesen, das sich in den beiden
Lebenssphären zu bethätigen hat.

9. Dadurch, daß die Propheten sich vor einseitigem
Idealismus hüten und den Wert der wirtschaftlichen und
gesellschaftlichen Güter sowie ihre Bedeutung für das sittliche
Gebiet voll zu würdigen verstehen, heben sie sich auch scharf
von einer, scheinbar ihnen so verwandten Erscheinung ab, die
uns in der späteren israelitischen Geschichte begegnet. Auch
in dem letzten Jahrhundert vor Christus stehen sich Materialismus und Idealismus gegenüber. Die beiden Welt-
anschauungen finden sich verkörpert in den Parteien der
Sadducäer und Pharisäer. Die ersteren repräsentieren die
Partei der Optimaten, den jüdischen Geschlechtsadel. „Die
Sadducäer sind", wie Cornill sie charakterisiert, „eine rein
politische Partei, sie sind die regierenden Familien, denen
die Sorge um die öffentlichen Angelegenheiten obliegt. Sie
kümmern sich um den Himmel nicht viel, sondern sind
bestrebt, sich auf Erden wohnlich einzurichten ... Wenn
die Anforderungen des himmlischen Königs mit denen des
irdischen nicht übereinstimmen, so entscheiden sie sich für die
letzteren: sie nehmen es mit Gesetz und Religion nicht so
genau, wenn nur Staat und Volk erhalten bleiben und den
Vorteil davon haben." Sie huldigen also einer höchst

praktischen Lebensphilosophie und überlassen die „metaphysi-
schen Spekulationen" andern; die Moral, zu der sie sich
bekennen, ist eine ausgesprochen „diesseitige". Ihre Antipoden
sind die Pharisäer. Diese „sind eine ausschließlich religiöse
Partei, die politische Interessen gar nicht kennt; ihr Wahl-
spruch heißt: Das Gesetz muß erfüllt werden, mag auch
Israel darüber zu Grunde gehen. Völlig blind für die
elementarsten Anforderungen des realen Staates und des
politischen Lebens, beurteilen sie alles rein theoretisch-theo-
logisch; was dem Buchstaben des Gesetzes widerspricht, ist
vom Übel und muß bekämpft werden bis auf den Tod,
wenn es sich auch um die vitalsten Interessen Israels
handelt... Die Pharisäer sind völlig abgekehrt von
der Welt und leben ausschließlich in ihren Ideen;
aber daß sie eine Idee hinter sich haben, das ist ihre
Stärke, und darin liegt das Geheimnis ihrer Macht: sie
sind der personifizierte Genius des Judentums und einer
der stärksten Beweise für die Allgewalt des Idealismus.
Dem praktischen Realismus der Sadducäer gegenüber vertreten sie den transzendenten Idealismus, dem die Thatsache
nichts, dem die Idee alles ist."[1]

10. Zwischen beiden Extremen wissen die Propheten die
Mitte zu halten: Keine feindselige Spaltung des Irdischen
und Transzendenten, sondern eine innige Inbeziehungsetzung
beider; keine Mißachtung des wirtschaftlichen Gebietes mit
einseitiger Überschätzung des idealen Momentes, sondern die
Billigung irdischer Lebensfreude, die Wertschätzung der weltlichen Kultur als eines Hebels auch der sittlichen Vervollkommnung. „Man erhebt heutzutage die Forderung: Die
Nationalökonomie soll ethisch sein. Ja, auch der Prophet
will das. Er zeigt, daß ein Abweichen von den ursprünglichen, unveränderlichen Gesetzen einen Bruch des Bundes

---

[1] Cornill, Geschichte des Volkes Israel S. 189 ff.

bedeutet und schließlich auch zu wirtschaftlichem Verderben führt. Der Prophet vermeidet es aber wohl, den reinen Gottesdienst mit dem wirtschaftlichen Leben der Völker zu vermengen. Das wirtschaftliche Leben bleibt eine Sache für sich. Verlangt muß nur werden, daß die in der sinaitischen Gesetzgebung niedergelegten göttlichen Gebote und Vorschriften als Grundprinzipien auch für das wirtschaftliche Leben maßgebend seien."[1]

Es war von großer Bedeutung, daß gerade die Propheten die Träger der sozialen Reformbewegungen im alten Israel waren: Indem sie in der falschen Auffassung vom Wesen Gottes, im Verlassen seiner Gebote den Urgrund alles Übels der Gegenwart, auch der sozialen Krise, und die Ursache des fürchterlichen Gerichtes in der Zukunft erblickten, kam es, daß, wie Adler sagt[2], die ganze Bewegung einen ausgeprägt religiösen Charakter erhielt, d. h. daß das sittlich-religiöse Moment in den wirtschaftlichen Interessenkämpfen der damaligen Zeit mit aller Schärfe hervorgehoben wurde. Es wurden von den Propheten gleichsam die elementarsten Grundzüge einer Wirtschaftsmoral verkündet, deren Hauptforderungen lauten: „Der Mensch soll sich in allen Lebensbeziehungen zu einer höheren Moral bekennen und gegen seine Mitmenschen, zumal soweit sie arm und niedrig, jederzeit humaner Handlungen befleißigen. Der starre Egoismus soll abgethan werden und eine neue Sozialethik heraufkommen."[3]

11. Damit haben die Propheten eine große fundamentale Wahrheit ausgesprochen, die auch noch in der Gegenwart der vollsten Beherzigung wert ist. Weil Volkswirtschaft und Sittlichkeit so eng miteinander zusammenhängen, dürfen auch der Nationalökonom und der Ethiker sich nicht ängstlich und scheu aus dem Weg gehen. Es besteht kein Grund

---

[1] Memminger a. a. O. S. 87.

[2] Art. „Sozialreform" S. 699.

[3] Adler, Geschichte des Sozialismus und Kommunismus S. 55.

— um mit diesem allgemeinen Gedanken zu schließen — warum die beiden Wissenschaften Ethik und Nationalökonomie aufeinander eifersüchtig zu sein brauchten. Keine soll ja die andere verdrängen. Für das rein Wirtschaftliche ist der Nationalökonom in seinen Forschungen völlig frei und wird er einzig bestimmt durch den Gesichtspunkt der materiellen Volkswohlfahrt. Die Ethik zeigt bloß die Grenzen, die er nicht überschreiten darf. Also in rein ökonomischen Fragen besteht keine Unterordnung der Nationalökonomie unter die Ethik. Diese kann dem Volkswirt im einzelnen Fall gar nicht sagen, was er thun soll; das hat er aus seiner Fachwissenschaft zu lernen. Aber die Ethik hat ihre bestimmten Forderungen zu erheben, die jener zu respektieren hat, gerade wie auch der Arzt den sittlichen Forderungen unterstellt ist, wenngleich auch er aus der Religion und Ethik nicht lernt, welche Heilmittel er zu gebrauchen hat. Nur mit Bezug auf die sittliche Seite kann und will man demnach von einer Abhängigkeit der Nationalökonomie von der Moral reden.

Man wendet dagegen ein, es gebe keine Rangordnung zwischen diesen Gebieten der Wissenschaft. Denn alle menschliche Erkenntnis bilde doch zuletzt eine Einheit des Geistes, bei der es kein oben und unten, kein erstes und zweites gäbe. Gewiß ist das menschliche Wissen kein systemloses, zerrissenes Durcheinander von Detailkenntnissen, sondern stellt vielmehr ein einheitliches Ganzes dar. Aber damit ist nicht widerlegt, daß die einzelnen Erkenntnisobjekte der verschiedenen Wissensgebiete eine gewisse Rangordnung innehalten, daß die sittlichen Interessen gemeinhin als höher gelten als die materiellen, und daß im Konfliktsfalle das Höhere, Wertvollere den Ausschlag zu geben hat. Die Anforderungen des sittlichen Lebens müssen auch vom Nationalökonomen gebührend berücksichtigt werden. Und das allein ist es, was die Ethik von der Nationalökonomie verlangt.

Anhang.

Bibliographie der israelitischen Wirtschaftsgeschichte[1].

Adler, Dr. Georg, Sozialreform im alten Israel. Artikel im Handwörterbuch der Staatswissenschaften, II. Supplementband (Jena 1897) S. 695—699.

— Geschichte des Sozialismus und Kommunismus von Plato bis zur Gegenwart. Erster Teil (Leipzig 1899) S. 53—69.

Bäck, Geschichte des jüdischen Volkes und seiner Litteratur vom babylonischen Exile bis auf die Gegenwart. 2. Aufl., Frankfurt a. M. 1894.

Beer, Beitrag zur Geschichte des Klassenkampfes im hebräischen Altertum (Neue Zeit, Jahrg. XI, Bd. I, Stuttgart 1893).

Berruyer, J. J., Histoire du peuple de Dieu depuis son origine jusqu'à la naissance du Messie. 5 tomes. Paris 1728 ss.

---

[1] Die Quellen, aus welchen wir unsere Kenntnis der altisraelitischen Wirtschaftsgeschichte schöpfen, fließen überhaupt sehr spärlich. Darauf bezügliche Angaben sind in der Litteratur nur ganz verstreut zu finden. Zum Beweise, wie wenig Beachtung von seiten der Nationalökonomie der israelitischen Wirtschaftsgeschichte geschenkt wird, diene folgendes· Das große Handbuch der Politischen Ökonomie von Gustav v. Schönberg übergeht diese Partie der Geschichte völlig. Das Handwörterbuch der Staatswissenschaften, herausgegeben von Lexis u. s. w., enthält in den sechs Hauptbänden der ersten Auflage nichts hierauf Bezügliches, erst der zweite Supplementband bietet unter „Sozialreform im alten Israel" (Adler) eine kurz zusammengefaßte Darstellung der alttestamentlichen Gesetzgebung mit einigen geschichtlichen Ausblicken. — Die meisten der in unserer Abhandlung benutzten Geschichtswerke enthalten bloß ganz gelegentliche, das soziale und wirtschaftliche Moment streifende Ausführungen. Man ist daher genötigt, das Material aus vielen, die hier einschlägigen Fragen nur ganz nebenher behandelnden Arbeiten zusammenzutragen. Es empfiehlt sich vielleicht aus den angegebenen Gründen, hier eine Zusammenstellung der hauptsächlichsten Litteratur zu bieten, zumal die von Professor Georg Adler in seiner „Geschichte des Sozialismus und Kommunismus" S. 270 gegebene dankenswerte Bibliographie dadurch mehrfache Ergänzung finden kann.

Büsching, Geschichte der jüdischen Religion oder des Gesetzes. Berlin 1779.

Buhl, Die sozialen Verhältnisse der Israeliten. Berlin 1899.

Cornill, Der israelitische Prophetismus. Straßburg 1894.

— Geschichte des Volkes Israel. Chicago-Leipzig 1898.

Darmesteter, Les Prophètes hébreux (Revue des Deux Mondes, 1er avril. Paris 1891).

Dictionary of the Bible. Bd. I, herausgegeben von Hastings. Edinburg 1898.

Döllinger, Heidentum und Judentum. Regensburg 1857.

Düsterbieck, Soziales aus dem Alten Testament. 1893.

Duncker, Geschichte des Altertums. 3 Bde. 4. Aufl. Leipzig 1872—1875.

Farbstein, Das Recht des unfreien und freien Arbeiters nach jüdisch-talmudischem Recht. Frankfurt a. M. 1896.

Fonck, Soziales aus dem Heiligen Land (Stimmen aus Maria-Laach LV [Freiburg 1898], 260 ff.).

— Handwerk und Handwerker im Heiligen Land. („Der Arbeiter". Berlin 1897. Nr. 24 und 25.)

Geiger, Das Judentum und seine Geschichte. I. Bd. Breslau 1865.

Giesebrecht, Beiträge zur Jesaiakritik. Göttingen 1890.

Graetz, Geschichte der Juden vom Untergang des jüdischen Staates bis zum Abschluß des Talmud. Berlin 1853.

— Geschichte der Juden. 10 Bde. Leipzig 1874 ff.

Guthe, Das Zukunftsbild des Jesaja. Leipzig 1895.

Hamburger, Realencyklopädie für Bibel und Talmud. Strelitz 1884.

Haneberg, Geschichte der biblischen Offenbarung. 4. Aufl. Regensburg 1876.

Hauck, Realencyklopädie für protestantische Theologie und Kirche. 3. Aufl. 1896 (siehe die zitierten Artikel).

Hendewerk, Des Propheten Jesaja Weissagungen. Königsberg 1838.

Herzfeld, Handelsgeschichte der Juden des Altertums. Braunschweig 1879.

— Geschichte des Volkes Israel. Braunschweig 1874.

Herzog, Realencyklopädie für protestantische Theologie (siehe die zitierten Artikel).

Jastrow, Ein deutsches Utopien (darin u. a. über Jesajas Gottesreich) [Jahrbuch für Gesetzgebung und Verwaltung Jahrg. XV, Heft 2. Leipzig 1891].

Jones, The book of the Prophet Jesaiah. Oxford 1830.

Kaulen, Art. „Geld und Gewicht" (Wetzer und Weltes Kirchenlexikon, V [2. Aufl.], 231).

Kaulen, Art. „Rechabiten" (ebb. X, 846).

Kautz, Geschichtliche Entwicklung der Nationalökonomie und ihrer Litteratur. Wien 1860.

— Theorie und Geschichte der Nationalökonomie. 2 Bde. Wien 1858.

Keil, Handbuch der biblischen Archäologie 2. Aufl. Frankfurt 1875.

Kirchenlexikon, Wetzer und Weltes (siehe die zitierten Artikel); ferner die Litteratur beim Art. Israeliten. VI, 1050.

Knobel, Der Prophet Jesaja. 2. Aufl. Leipzig 1854.

— Der Prophetismus der Hebräer. 2 Bde. Breslau 1837.

Kübel, Die soziale und volkswirtschaftliche Gesetzgebung des Alten Testamentes. Wiesbaden 1870. (2. Aufl. 1891).

Küper, Das Prophetentum des Alten Bundes. Leipzig 1870.

Loeb, Littérature des pauvres dans la Bible: Revue des études juives. Paris 1890.

Meinhold, Jesaja und seine Zeit. Freiburg 1898.

Memminger, Die wirtschaftlichen Ansichten der Propheten des Alten Bundes (Monatsschrift für Christliche Sozialreform [Basel 1899] S. 72—87).

Meyer, Ed., Die Entstehung des Judentums. Eine historische Untersuchung. Halle 1896.

— Art. „Bevölkerungswesen" (Handwörterbuch der Staatswissenschaften II [2. Aufl., Jena 1899], 680).

Michaelis, Mosaisches Recht. 6 Bde. Frankfurt a. M. 1770—1775.

Movers, Das phönizische Altertum. 2. Bd. Berlin 1856.

Nathusius, v., Die Mitarbeit der Kirche an der Lösung der sozialen Frage ([2. Aufl., Leipzig 1897] § 29: Die soziale Gesetzgebung des Alten Testamentes, S. 298 ff.). Hier ist auch ein Teil der vorhandenen Litteratur angegeben.

Nowack, Die sozialen Probleme in Israel und deren Bedeutung für die religiöse Entwicklung dieses Volkes (Rektoratsrede, Straßburg 1892).

Paulus, E., Die Bibel und die Alkoholfrage (Katholische Mäßigkeitsblätter, Beilage zur „Charitas", Freiburg, Mai 1898).

Rau, Die Ethik Jesu (Gießen 1899) I. Kapitel: Alte Geschichte der Juden.

Reuß, Geschichte der heiligen Schriften des Alten Testamentes. 2. Aufl. Braunschweig 1890.

Riehl, Deutsche Arbeit (Stuttgart 1861) S. 185 ff. über die Arbeit im Alten Testament.

Roscher, Nationalökonomie des Ackerbaues. 11. Aufl. Stuttgart 1885.

Ruhland, Jüdische Wirtschaftsgeschichte (7. Jahrg., Berlin 1898) S. 447—458. 496—507.

Schall, Die Staatsverfassung der Juden. Leipzig 1896.

Schegg=Wirthmüller, Biblische Archäologie. Freiburg 1887.

Schulte, Zum mosaischen Privatrecht. Paderborn 1871.

Schuster, Handbuch zur biblischen Geschichte. 5. Aufl. Freiburg 1891.

Sellin, Beiträge zur israelitischen und jüdischen Religionsgeschichte. Leipzig 1896 und 1897.

Soziale Zustände des hebräischen Volkes im Altertum (Historisch= polit. Blätter XXVI [München 1850]), 71 ff.

Stade, Geschichte des Volkes Israel. 2. Bd. Berlin 1887.

Stöcker, Die Bibel und die soziale Frage (in der Sammlung „Christ= lich=sozial" 2. Aufl. 1890).

— Die soziale Bedeutung der alttestamentlichen Propheten (Vortrag, gehalten auf der ersten Hauptversammlung des Gesamtverbandes der Evangelischen Arbeitervereine zu Altona 1899. Abgedruckt im „Evangelischen Arbeiterboten" Nr. 77—80 [Hattingen 1899]).

Wachter, S. G., Der Spinozismus im Jüdenthumb 2c. Amsterdam 1699.

Walter, Das Prophetentum des Alten Bundes in seinem sozialen Beruf. (Zeitschrift für katholische Theologie. Innsbruck 1899. Heft 3 u. 4).

— Über Agrar= und Mittelstandspolitik im hebräischen Altertum. („Die Wahrheit" V. Bd., 2. Heft, München 1900.)

Weber, Sim., Evangelium und Arbeit (Freiburg 1898). „Das Alte Testament und die Arbeit" S. 42—57.

Wellhausen, Israelitische und jüdische Geschichte. Berlin 1894.

Namen- und Sachregister.

Kulturentwicklung, höhere unter Salomo 81 f.
Küper 12, 78, 84, 91, 103, 112, 190 f., 206, 248 ff., 254.
Kyros 110.

Latifundienbildung 68, 101, 152 ff., 167, 170 ff., 200 ff., 247.
Lebensgenuß, Stellung der Propheten zum irdischen 228 f.
Leibeigene in Israel 11.
Lohnarbeiter 161 f.
Luxus 27, 39; L. am Königshof 69 ff., 100; Kampf der Propheten gegen den L. 111 ff., 129 ff.; die Auffassung der Propheten vom L. 133 f., 136 ff., L. und Produktion 138, 183, 228 ff.

Malachias 145, 147 f., 194 f.
Manasse 189.
Marx 2, 93, 239, 254.
Materialismus in der israelitischen Wirtschaftsgeschichte 6, 121.
Memminger 158, 167, 221, 234, 237, 240, 243 f., 274.
Menschenhandel 168.
Meyer Ed. 110.
Michäas 105 ff., 128, 144, 152, 160 f., 169, 171, 180, 185, 200 ff., 222, 236, 238, 266.
Michaelis 63.
Militärkönigtum 26.
Militärrevolutionen 182.
Minnithweizen 46.
Mischehen 144 f., Kampf der Propheten gegen M. 147.
Mittelstand, günstiger Boden für Pflege der Sittlichkeit 100; sein Rückgang 102, 152 f., 155, 178 ff., 229, 234, 244 ff.

Mittelstandsideal der Propheten 227 ff., 236, 246 ff.
Mittelstandspolitik in Israel 176; M. der Propheten 217 ff., 258 ff.
Moben bei den Israeliten 130.
Mohl 209.
Monopole 37, 45; im Getreidehandel 158.
Mord, Häufigkeit desf. 186 f.
Moses 4, 18; seine Stellung zum Handel 29, 154.
Movers 32, 35 ff., 42 ff., 50 ff., 59, 74.
Münzwesen 35; geordnet durch Salomo 35, 55 f.

Naboth 103.
Nasiräer 118.
Nathan 143.
v. Nathusius 2, 241, 271.
Nationalökonomie, historische 2; moderne ethische 5; N. und Sittlichkeit im Alten Testament 5; N. und Ethik 273 ff.
Nationalvermögen 66.
Naturalwirtschaft 14 ff.; Übergang zur Tauschwirtschaft 22, 27, 30, 48, 50, 57, 246.
Nebukadnezar 62, 102.
Nehemias 110, 147.
Nietzsche 88.
Nowack 2, 22 f., 140, 158.

Objektivität der prophetischen Sittenschilderungen 97 ff.
Ofirfahrten 38 ff., 49, 64.
Öhler 163, 219.
Optimismus, sozialer 88.
Osee 65, 85, 97, 108, 120, 148, 151, 157, 185, 192 f., 202, 220, 235, 238, 255 ff.
Ozias 65, 68, 103, 112, 150, 214.